Baedeker

Allianz

D1100325

Weimar

www.baedeker.com

Verlag Karl Baedeker

TOP-SEHENSWERTES ✶✶

Weimar – das ist für viele »nur« Goethe und Schiller. Natürlich gehören die beiden Literatur-Dioskuren zu den absoluten Attraktionen der Kunststadt, aber neben »literarischen« Highlights hat Weimar noch viel mehr zu bieten.

✶✶ Bauhaus-Museum

Innovatives und Wegweisendes in Architektur, Kunst und Kunstgewerbe aus der Zeit zwischen 1900 und 1930.
► Seite 106

✶✶ Belvedere

Im einstigen herzoglichen Sommersitz blüht noch immer die höfische Kultur des 18. und frühen 19. Jahrhunderts. ► Seite 111

✶✶ Gedenkstätte Buchenwald

Auf dem Ettersberg, nur wenige Kilometer von der Klassikerstadt entfernt, errichtete das nationalsozialistische Regime im Juli 1937 eines der größten Konzentrationslager auf deutschem Boden.
► Seite 114

✶✶ Deutsches Nationaltheater · Goethe- und Schillerdenkmal

Einzigartige Theaterspielstätte und Bühne für große Politik – das Repertoire des Deutschen Nationaltheaters ist damit aber noch lange nicht erschöpft. Dafür sorgen nicht zuletzt Goethe und Schiller, die vor dem Theater ihr berühmtestes Denkmal erhalten haben.
► Seite 121

✶✶ Goethehaus

Das Highlight für Literaturliebhaber steht am Frauenplan und erlaubt einen Blick in das Privatleben des Dichters und »Geheimen Rats« Goethe. ► Seite 135

Preiswürdige Architektur: die neue Bibliothek der Bauhaus-Universität

Im Hausgarten der Familie Goethe findet sich manchmal ein ruhiges Plätzchen.

✶✶ Fürstengruft
Neben den Weimarer Herzögen fand auch der Dichterfürst Johann Wolfgang von Goethe in der Fürstengruft seine letzte Ruhe. ▶ **Seite 153**

✶✶ Herzogin Anna Amalia Bibliothek
Das »literarische Zentrum« der Weimarer Klassik mit dem berühmten Rokokosaal ▶ **Seite 149**

✶✶ Liszt-Museum
Ein ganz besonderes »Musikhaus«: die »Sommerresidenz« von Franz Liszt ▶ **Seite 163**

✶✶ Wieland-Museum
In Oßmannstedt erfüllte sich Wieland seinen Traum vom Leben als »poetischer Landjunker«. ▶ **Seite 175**

✶✶ Park an der Ilm · Goethes Gartenhaus
Grotten und Denkmäler, Goethes Gartenhaus und eine künstliche Ruine – ein Spaziergang durch den Ilmpark ist eine kleine Entdeckungsreise. ▶ **Seite 178**

✶✶ Schillerhaus
Hier, an der einstigen Esplanade, verbrachte Friedrich Schiller seine letzten Lebensjahre. ▶ **Seite 188**

✶✶ Herderkirche
Absolutes Prunkstück ist der imposante Cranach-Altar. ▶ **Seite 194**

✶✶ Stadtschloss
Das herrliche Barockschloss ist heute eine reich bestückte Kunstgalerie. ▶ **Seite 198**

✶✶ Schloss und Park Tiefurt
Die wunderschöne Gartenlandschaft lockte bereits die »klassischen Häupter« in das Refugium der Herzogin Anna Amalia. ▶ **Seite 203**

DIE BESTEN BAEDEKER-TIPPS

Von allen Baedeker-Tipps in diesem Buch haben wir hier die interessantesten für Sie zusammengestellt. Erleben und genießen Sie die Klassikerstadt Weimar von ihrer schönsten Seite!

■ Konkurrenz für den Jägermeister

»Aro«, die ostdeutsche Antwort auf den berühmten Kräuterschnaps, gibt's selbstverständlich auch in Weimar.
► **Seite 61**

■ Wie wär's mit Ginkgo?

Im Spezialmuseum für Goethes Lieblingsbaum gibt es auch etwas zu naschen.
► **Seite 72**

■ iGuide für iNdividualisten

Auf einer iGuide-Tour führen Goethe und Schiller die Besucher höchstpersönlich zu den Sehenswürdigkeiten ihrer Stadt.
► **Seite 79**

■ Musikalische Sommerreise im nächtlichen Weimarhallenpark

Im illuminierten Weimarhallenpark geht's jedes Jahr im Juli mit der Staatskapelle auf eine musikalische Reise.
► **Seite 81**

Auf ihn trifft man fast überall in der Stadt.

Über 80 Jahre Bauhaus – und immer noch modern

■ Mit Goethe durch Weimar

Wer schon zu Hause das Weimar der Goethezeit kennenlernen will, sollte sich diese CD zulegen!
► **Seite 70**

■ Kostenlos ins Internet

Günstiger als im ACC kann man keine E-Mails mit Grüßen aus Weimar verschicken. ► **Seite 72**

⚠ Sonntag ist Cafétag

Sonntags wird auf der Terrasse der schönen Park-Villa Kaffee und Kuchen serviert. ► Seite 99

⚠ Bauhaus-Spaziergang

Unterhaltsame Tour zu den »Originalschauplätzen« des Staatlichen Bauhauses. ► Seite 110

⚠ Goethe-Wanderweg

Die 30 km von Weimar nach Großkochberg sind zu schaffen – schließlich hat schon Goethe den Weg recht häufig hinter sich gebracht, um seine Freundin Charlotte von Stein zu besuchen. ► Seite 145

⚠ Pilgerstätte für Schiller-Fans

Schiller-Fans pilgern nicht nur zum einstigen Wohnhaus des Dichters, sondern besuchen auch den Jakobsfriedhof. ► Seite 162

⚠ Die Beste...

... aller Thüringer Bratwürste gibt es – laut einheimischen Bratwurstkennern – auf dem Marktplatz. ► Seite 169

Klassiker in Gelb

Die Thüringer Bratwurst ist das kulinarische Aushängeschild der Region und gehört zu Weimar wie Schiller und Goethe.

⚠ »Nackt unter Wölfen«

Der Roman von Bruno Apitz beschreibt authentisch den alltäglichen Überlebenskampf im ehemaligen KZ Buchenwald. ► Seite 119

⚠ Oldtimer aus Eisenach

Der Oldtimerhof in der Drei-Schlösser-Stadt Dornburg beschert jedem Wartburg-Fan feuchtglänzende Augen. ► Seite 127

⚠ Kleinod für Gartenfans

Erdbeerspinat und Moosrosen gedeihen auch heute noch im »historischen« Garten des Oberhofpredigers Johann Gottfried Herder. ► Seite 196

Salve – Willkommen in Weimar und im Goethehaus am Frauenplan.
▶ **Seite 135**

HINTERGRUND

Preiskategorien

Restaurants
siehe S. 61

Hotels
siehe S. 82

PRAKTISCHE INFORMATIONEN

TOUREN

*Die beiden Publikumsmagneten
Goethe und Schiller stehen –
natürlich – auf dem Theaterplatz.*
▶ Seite 125

SEHENSWERTES VON A BIS Z

nachdenken · klimabewusst reisen
atmosfair

Hintergrund

WISSENSWERTES ÜBER DIE
ENTWICKLUNG DER KLEINEN
STADT AN DER ILM ZUM
KULTURHIGHLIGHT
»KLASSISCHES WEIMAR« – UND
NATÜRLICH ÜBER WEIMARER
UND WEIMARANER

STADT DER GROSSEN NAMEN

Weimar = Goethe und Schiller: Kaum eine Stadt ist so eng mit den Namen ihrer berühmtesten Bewohner verknüpft. Jährlich ziehen vor allem diese beiden bald zwei Millionen Touristen an.

Vielleicht war es Glück, vielleicht Geschick: Dem Weimarer Hof gelang es über die Jahrhunderte hinweg immer wieder, Künstlerpersönlichkeiten, deren Ruf die Zeiten überdauert hat, in die Stadt zu holen. So verbrachte hier Lucas Cranach der Ältere sein letztes Lebensjahr und hinterließ u. a. den wunderbaren Hauptaltar in der Stadtkirche. 1708 erhielt Johann Sebastian Bach eine Anstellung als Hoforganist und wurde später zum Konzertmeister befördert. In seinen neun Weimarer Jahren entstanden einige seiner wichtigsten Orgelkompositionen und Kantaten.

Goldenes Zeitalter

Knapp 60 Jahre danach begann das »Goldene Zeitalter«. Wieland, Herder, Goethe und später Schiller zogen in die kleine Fürstenstadt. Eine Art intellektueller Tourismus begann, denn viele Zeitgenossen suchten den Austausch mit den großen Dichtern und Denkern: Weimar wurde zum wichtigen kulturellen und geistigen Zentrum. Nur wenige Jahre nach Goethes Tod verlieh dann Franz Liszt als Hofkapellmeister der Stadt erneute Strahlkraft. Nun zog es vor allem Musiker nach Weimar, darunter Johannes Brahms, Robert Schumann oder Richard Wagner, dessen »Lohengrin« hier seine Uraufführung erlebte.

Wuchtig *erhebt sich das politsch wichtigste Gebäude der Stadt: das neogotische Rathaus.*

Das Erbe der Klassik

Als Besucher der Stadt wandelt man zunächst einmal auf den Spuren dieser großen Namen. Man besichtigt die Wohnhäuser von Goethe, Schiller und Liszt. Ein Spaziergang durch den herrlichen Park mit der idyllisch mäandernden Ilm führt zu Goethes berühmtem Gartenhaus und zum Römischen Haus, ein Ausflug ins nahe Oßmannstedt zum Gut Christoph Martin Wielands. Wie tief die Verehrung für die großen Dichter noch heute ist, zeigen die frischen Blumen an den Särgen von Goethe und Schiller in der Fürstengruft, aber auch am

Weimarer Graffiti-Kunst
Weil das Original im Frankfurter »Städel« hängt, gibt's hier eine gesprühte Version von Tischbeins »Goethe in der römischen Campagna«.

Weltliterarisches Hotel
Thomas Mann genießt den Blick vom Balkon des Hotels »Elephant«, dem er in seinem Roman »Lotte in Weimar« ein literarisches Denkmal gesetzt hat.

So ein Theater...
... macht auch Musik: Inszenierung von Mozarts Singspiel »Die Zauberflöte« im Deutschen Nationaltheater.

Lichtspektakel
*am Jugendtreff »mon ami«, Weimars einstigem
Konzert- und Ballhaus am Goetheplatz.*

Museum en gros ...
*... bietet sich bei einem Ausflug ins Ilmtal
zum »Freilichtmuseum Hohenfelden«, das die
Thüringer Bauernkultur des
18. und 19. Jahrhunderts bewahrt.*

Zwiebelzöpfe ...
*... Zwiebelmännchen und natürlich
lecker-warmen Zwiebelkuchen
gibt's auf dem jährlichen »Zwiebelmarkt«.*

Grab von Christiane Vulpius auf dem Friedhof der Jakobskirche. Die generelle Bedeutung dieser Epoche unterstreicht die Weltkulturerbeliste der UNESCO, auf der das gesamte Kulturgut des Klassischen Weimars sowie der handschriftliche Nachlass Goethes stehen.

Baugeschichte und Bauten mit Geschichte

Und die Weltkulturerbeliste würdigt Weimar sogar ein drittes Mal, denn hier gründete Walter Gropius 1919 das Bauhaus. Bereits vorher setzte Henry van de Velde an der Kunstgewerbeschule wie auch in der Stadt architektonische Akzente. Gropius schuf dann mit seiner Lehre vom Bauen die Grundlagen modernen Architektur. Weil er Architektur als Gesamtkunstwerk sah, holte er u. a. Paul Klee, Lyonel Feininger und Wassily Kandinsky als Professoren nach Weimar. Doch mit dem »Haus am Horn« wurde lediglich ein Bau realisiert. 1925 zog das Bauhaus nach Dessau, da Konservative und Nationalisten, die mittlerweile in der Stadt das Sagen hatten, die Mittel kürzten. An die darauf folgenden finsteren Jahre des Nationalsozialismus erinnern das mächtige Gauforum und das Mahnmal am ehemaligen Konzentrationslager Buchenwald, das eindrucksvoll verdeutlicht, wie nah dieser Ort des Grauens an der Stadt der Klassiker lag.

Erhaben
blicken die beiden »Dichterheroen« von ihrem Denkmalsockel vor dem Deutschen Nationaltheater.

Lebendige Stadt

Wer heute nach Weimar reist, wird beim Bummel durch die malerischen Gassen der Altstadt auch auf eine junge Stadt treffen, denn von den knapp 65 000 Einwohnern sind rund 5500 Studierende. Gleich zwei Hochschulen knüpfen an die Geschichte an: Die Bauhaus-Universität verpflichtet sich dem ganzheitlichen Gedanken des Bauhauses, daher gibt es hier nicht nur Fakultäten für Architektur und Bauwesen, sondern auch für Gestaltung und Medien. An der Hochschule für Musik »Franz Liszt« studieren ungefähr 800 angehende Musiker. Das ist aber nur eine Erklärung dafür, dass es in dem kleinen Weimar eine so erstaunliche Zahl an Cafés, Kneipen, Kinos und interessanten Läden gibt.

Auch das vielfältige Veranstaltungsprogramm trägt dazu bei, dass die Stadt keineswegs einen verstaubten Eindruck hinterlässt. Theater und Konzerte sind hier schon immer selbstverständlich. So ist heute nicht nur der »Zwiebelmarkt«, sondern auch das »Kunstfest« ein fester Termin im Veranstaltungskalender.

Fakten

Wer sind die Einwohner des kleinen Ilmstädtchens? Wie sehr bestimmt die »klassische« Vergangenheit Weimars ihr Leben? Und wie hat sich die Stadt Goethes in den letzten Jahren entwickelt?

Bevölkerung · Verwaltung · Wirtschaft

Weimar liegt, eingebettet in das Tal der Ilm, am südlichen Fuß des Großen Ettersbergs, des mit 478 m ü.d.M. höchsten Bergs im Thüringer Becken. Wirtschaftsgeografisch gilt die von einem Oberbürgermeister regierte kreisfreie Stadt als Mittelzentrum – das Oberzentrum Erfurt ist nur etwa 20 km entfernt –, doch besitzt Weimar auch einige Funktionen eines Oberzentrums wie z.B. Fachkliniken, zahlreiche Museen von überregionaler Bedeutung, eine Musikhochschule und eine Universität.

Kreisfreie Stadt am Ettersberg

> ## *i* Hier irrte Goethe
>
> ■ Als Weimarbesucher sollten Sie die Bewohner von Weimar niemals »Weimaraner« nennen. Denn Weimaraner sind bis zu 70 cm große Jagdhunde, die zwar als ausgesprochen klug gelten, aber trotzdem: In diesem Punkt verstehen die Weimarer keinen Spaß. Immerhin: Selbst Goethe machte es in einem seiner Gedichte einmal falsch.

Die Eingemeindung von Ehringsdorf, Oberweimar und Tiefurt 1922 brachte Weimar ein Anwachsen der **Bevölkerung** von ca. 50 000 auf etwa 65 000. Die wirtschaftlich schwierige Situation nach der Wende führte zu einem Rückgang auf etwa 59 000 Einwohner. Im Zuge der Gebietsreform in Thüringen von 1994 wurden die Ortschaften Gaberndorf, Gelmeroda, Legefeld, Niedergrunstedt, Possendorf, Süßenborn, Taubach und Tröbsdorf eingemeindet; heute hat die Stadt rund 64 700 Einwohner.

Die heute architektonisch prägenden Gebäude sind die Stadtkirche St. Peter und Paul und das Schloss, das aus einer im 12. Jh. begonnenen Wasserburg hervorging, sowie die unter Carl August II. errichteten klassizistischen Gebäude. Wichtige Bauten wurden liebevoll restauriert oder – falls im Zweiten Weltkrieg zerstört – wieder aufgebaut. Als Stätte nationaler kultureller Bedeutung wurde Weimar auch in der DDR angesehen. Trotzdem ereilte die Stadt das Schicksal vieler DDR-Städte: Die Vernachlässigung der innerstädtischen Bausubstanz ging einher mit der Errichtung von Plattenbausiedlungen und Industriegebieten am Stadtrand.

◀ Stadtbild

1990 begann ein **umfangreiches Aufbau- und Förderprogramm** insbesondere hinsichtlich der kulturhistorisch wichtigen Gebäude, das noch verstärkt wurde, als Weimar 1999 als »Kulturhauptstadt Europas« zu Thüringens klassischem Aushängeschild avancierte. Bis dahin wurden jahrelang dauernde Sanierungen zum Abschluss gebracht, z.B. das Goethe-Nationalmuseum, das klassizistische Bertuchhaus mit dem Stadtmuseum oder das Kirms-Krackow-Haus.

← *Mitten in der Stadt und doch draußen im Grünen beim Spaziergang durch den Park an der Ilm*

Zahlen und Fakten Weimar

© Baedeker

Weimar

Lage
- ▶ Thüringer Becken
- ▶ 50° 58' 51" nördliche Breite, 11° 19' 51" östliche Länge
- ▶ Höhe: 208 m ü.d.M.
- ▶ Höchster Punkt: Großer Ettersberg (478 m ü.d.M.)

Fläche und Ausdehnung
- ▶ Fläche: 84,46 km²
- ▶ Ausdehnung: Ost-West: 11,8 km, Nord-Süd: 13,5 km

Bevölkerung
- ▶ Einwohnerzahl: 64 700
- ▶ Religionszugehörigkeit:
  - – ca. 20 % evangelisch,
  - – ca. 8 % katholisch,
  - – ca. 72 % konfessionslos

Verwaltung
- ▶ Bundesland: Freistaat Thüringen
- ▶ Status: Kreisfreie Stadt
- ▶ Stadtoberhaupt: Oberbürgermeister Stefan Wolf (SPD; seit 2006)
- ▶ Stadtwappen: goldfarbener Schild mit 14 roten Herzen und einem aufgerichteten schwarzen Löwen. Das Wappen geht zurück auf die einstigen Landesherren aus dem 13. Jh., die Grafen von Orlamünde, und gilt in seiner heutigen Form seit 1975.
- ▶ Telefon-Vorwahl: 03643 (Taubach: 036 453)
- ▶ KfZ-Kennzeichen: WE

Städtepartnerschaften
- ▶ Hämeenlinna (Finnland; 1971)
- ▶ Trier (1987)
- ▶ Siena (Italien; 1994)
- ▶ Blois (Frankreich; 1995)

Wirtschaft
- ▶ Beschäftigtenstruktur:
  - – Dienstleistungen, Handel, Finanzen: 83,1 %
  - – Industrie und Bau: 16,5 %
  - – Landwirtschaft: 0,4 %
- ▶ Arbeitslosenquote 2009: 12,2 %

Tourismus
- ▶ jährlich ca. 3,5 Mio. Tagestouristen; ca. 570 000 Übernachtungen

Wirtschaft Wie wenig die Industrie in Weimar Fuß gefasst hat, zeigt ein Blick auf die Verteilung der Arbeitsplätze: Nur gut 16 % sind dem Industrie- und Bausektor zuzurechnen, weit über 80 % hingegen fallen in den Dienstleistungsbereich, wovon wiederum ein beträchtlicher Teil vom Tourismus bestimmt ist: Dank des modernen Kongresszentrums rangiert Weimar unter den beliebtesten Kongressstädten in Deutschland. Gleichwohl ist die Arbeitslosenquote hier eine der höchsten in Thüringen.

In Weimar gibt es 42 Beherbergungsbetriebe, die zusammen rund ◀ Motor
3500 Betten zur Verfügung stellen. Rund 285 000 Übernachtungsgäs- Tourismus
te strömten 2008 in die Stadt und blieben durchschnittlich zwei
Nächte: Die Zahl der Tagestouristen liegt bei ca. 3,5 Mio. jährlich.

Weimar ist ein wichtiger Schienenknoten in Thüringen: Im Weima- ◀ Verkehr
rer Bahnhof halten insbesondere die ICEs auf dem Weg von Frankfurt nach Leipzig und von Düssel-
dorf nach Berlin bzw. Dresden, der
Regionalexpress von Göttingen
nach Chemnitz bzw. Zwickau und
die Regionalbahn von Eisenach
nach Halle. Mit 16 Regionalbusli-
nien ist die nähere Umgebung gut
angebunden. Den Öffentlichen
Personennahverkehr im Stadtgebiet
bewältigen zehn Stadtbuslinien.

Neun Grundschulen, vier Regel-
schulen, drei Gymnasien, eine
Freie Waldorfschule, die Thuringia
International School (this), das

_i_ Menschenrechtspreis

■ Seit 1995 verleiht die Stadt Weimar –
eingedenk der im KZ Buchenwald verüb-
ten Gräueltaten – alljährlich am
10. Dezember, dem von der UNO festge-
setzten »Tag der Menschenrechte«, den
»Menschenrechtspreis der Stadt Weimar«
an Personen, Gruppen oder Organisatio-
nen, die sich in besonderem Maß gegen
Unterdrückung und Gewalt zur Wehr
setzen (www.menschenrechtspreis.de).

Thüringenkolleg (zweiter Bildungsweg), die Musikschule »Otto Gers-
ter«, das Musikgymnasium »Schloss Belvedere«, drei berufsbildende
Schulen, die Hochschule für Musik »Franz Liszt« und die Bauhaus-
Universität stehen in Weimar zum Lernen und Studieren zur Verfügung. Die **Europäische Jugendbildungs- und Jugendbegegnungsstätte** (EJBW) im Musäuspark veranstaltet Seminare, Tagungen und
Trainings für Jugendliche aus Europa und ist u. a. Kooperationspart-
ner von »JUGEND für Europa«.

Stadtgeschichte

Wie entstand aus der mittelalterlichen Siedlung »Wigmara« das weltbekannte »klassische Weimar«? Die folgenden Seiten zeichnen den Weg der kleinen Ilm-Stadt nach – von der ersten Ansiedlung der Germanen bis zur Kulturhauptstadt Europas.

Die Weimarer Gegend gehört zu den wichtigeren Fundstätten früher menschlicher Besiedlung in Deutschland, liegt sie doch an der sog. mitteleuropäischen Feuersteingrenze, wo der begehrte Stein offen zutage lag. Zudem war das Thüringer Becken bedeutender Wanderkorridor der frühen Menschen. Dies belegen bis zu 400 000 Jahre alte Funde im südöstlichen Stadtteil Taubach und der vor ca. 200 000 Jahren lebende **Ehringsdorfer Urmensch**, 1925 in Gestalt eines Schädelknochens in einem Travertinsteinbruch bei Ehringsdorf gefunden. Er wird möglicherweise schon Neandertalern begegnet sein, die ebenfalls gut nachgewiesen sind. Viele der Fundstücke aus jener Zeit wie auch aus der Band- und Schnurkeramikzeit sind heute im Weimarer Museum für Ur- und Frühgeschichte zu sehen.

Vor- und Frühgeschichte

Königreich Thüringen

ca. 100 v. Chr.	Hermunduren und weitere Germanenstämme wandern ins Thüringer Becken ein.
3. Jh. bis 531 n. Chr.	Königreich Thüringen
899 n. Chr.	Erste schriftliche Erwähnung von Weimar

Seit etwa 100 v. Chr. zogen die Hermunduren, ein Germanenstamm aus dem oberen Elbetal, in das Gebiet um Weimar, mussten es sich aber mit den schon vorher zugewanderten Kelten teilen. Sie trieben regen Handel mit den Römern (die das heutige Thüringen nie ihrem Reich einverleiben konnten), was u. a. durch Münzfunde belegt ist. Im Zuge der Völkerwanderung kamen Angeln aus Ostfriesland und Warnen aus Ödland nach Thüringen und verschmolzen mit den Hermanduren zum **Großstamm der Thüringer**. Ab dem 3. Jh. spricht man vom Thüringer Königreich. Doch im Jahr 531, in der Schlacht bei Burgscheidungen an der Unstrut, besiegten die mit den Sachsen verbündeten Franken den somit letzten thüringischen König und teilten sich die Beute: Das Gebiet nördlich des Harzes verleibten sich die Sachsen ein, der Süden ging an die Franken. Östlich der Saale behaupteten sich die Slawen, weshalb die ursprüngliche Bevölkerung ins Thüringer Becken auswich. Im heutigen Weimarer Jakobsviertel ist eine Siedlung aus jener Zeit nachweisbar.

Der Stamm der Thüringer

Lange Zeit wurde eine Urkunde, auf der anlässlich eines Fürstentags im Jahr 975 Kaiser Otto II. die Ansiedlung »Burg Weimar« erwähnt, für den ältesten schriftlichen Beleg über die Stadt gehalten. Jedoch

»Wigmara«

← *Denkwürdige Begegnung: Im Oktober 1808 trifft Goethe den Besatzer des kleinen Herzogtums Weimar – Kaiser Napoleon I.*

stammt nach neuesten Forschungen die erste Nennung des Orts als
»Wigmara« aus einer 899 abgefassten Urkunde des Kaisers Arnulf
von Kärnten. Der Name setzt sich zusammen aus der Ableitung des
altgermanischen »wih« – heilig oder geweiht – und dem althoch-
deutschen »mari« – Sumpf- oder Moorgebiet.

Kriegerisches Mittelalter

984 – 1214	Weimar wird immer wieder von Truppen konkurrierender Fürsten bedrängt.
1245 – 1249	Bau der ersten Kirche St. Peter und Paul
1372	Weimar fällt an die Wettiner.
1410	Verleihung der Stadtrechte
1440	Der letzte thüringische Wettiner stirbt, Sachsen übernimmt die Herrschaft in Thüringen.
1445	Der sächsische Herzog Wilhelm III. wird Landgraf von Thüringen.
1485	»Leipziger Teilung«: Weimar fällt an die ernestinische Linie des Hauses Sachsen.

**Von den Ludo-
wingern zu den
Wettinern**

Bereits 984 standen die Truppen Ottos III. vor der Burg, schafften es
aber ebenso wenig wie 1002 Ekkehard I., Markgraf von Meißen, die
Feste zu erobern. Dies gelang erst 1174 Landgraf Ludwig III. Die bis
1247 in Thüringen regierenden Ludowinger bauten nach der Erobe-
rung die Burg wieder auf.

Wie die Burg hatte auch die in ihrem Schutz entstandene Siedlung
wechselnde Herren: 1060 kam sie
an die **Grafen von Orlamünde** und
1140 als Erbe an ihren Verwandten
Albrecht den Bären, Markgraf von
Brandenburg. Das Ende der Ludowinger löste den thüringisch-hessi-
schen Erbfolgekrieg aus, in dem
die Wettiner die Oberhand behiel-
ten. 1365 schließlich mussten sich
die Grafen von Weimar-Orlamün-
de dem immer stärker werdenden

? WUSSTEN SIE SCHON …?

■ Als ob die verlorene Schlacht bei Burgscheidungen und das Ende des Königreiches nicht
schon Strafe genug gewesen wären, mussten
die Thüringer außerdem den sogenannten
Schweinezins berappen, d. h. jährlich 500
Schweine an den fränkischen Königshof
liefern. Erst Heinrich II. hob im Jahr 1002
auf Bitten des Grafen von Weimar den
Schweinezins auf.

Druck beugen und Weimar als Lehen an die Wettiner abtreten, die
nach dem Aussterben der Orlamünder Siedlung und Burg ganz über-
nahmen. Erst 1410 erhielt Weimar das wettinische Stadtrecht und
1430 die niedere Gerichtsbarkeit. Der Bau eines Rathauses wurde in
Angriff genommen. Doch wie schon 1299 zerstörte auch 1424 ein
Brand Burg und Kirche. Die Wettiner halfen den Stadtoberen u. a.

durch finanzielle Förderung in Form von weiteren Marktrechten, die Stadt wiederzuerrichten. 1440 starb der letzte thüringische Wettiner Fürst Friedrich der Einfältige ohne eigene Nachkommen, das Land fiel an seine in Sachsen regierenden Neffen. Damit endete die Selbstständigkeit des Thüringer Landes.

Schon unter Herzog Wilhelm III., dem neuen Landgrafen von Thüringen, avancierte Weimar zur Residenzstadt. Nach dem Tod von Wilhelms Bruder, des sächsischen Kurfürsten Ernst, regierten dessen Söhne Kurfürst Ernst und Herzog Albrecht lange Zeit gemeinsam. Allmählich gerieten sie jedoch über ihre Ländereien und die daraus resultierenden Machtverhältnisse in Streit, der 1485 mit der **Leipziger Teilung** endete: Albrecht erhielt die Länder mit dem Zentrum Dresden, während der Hauptteil Thüringens mit Weimar als Residenz an die ernestinische kurfürstliche Linie des Hauses Sachsen fiel.

Sächsische Residenzstadt

Herzogtum Sachsen-Weimar

1525	Weimar wird evangelisch.
ab 1554	Thüringen wird nach und nach in mehrere Fürstentümer aufgeteilt.
1613	»Thüringer Sintflut«

Die wachsende Bedeutung Weimars als Residenzstadt belegt auch die Stadtkirche, die ab 1498 im gotischen Stil aus- und umgebaut wurde. Ab 1518 hielt ein neuer Glaube in Weimar Einzug: **Martin Luther** besuchte mehrfach die Stadt und 1525 setzten die Ernestiner die Reformation durch. Weimar wurde evangelisch gemäß dem Rechtsgrundsatz »Cuius regio eius religio«: Der regierende Fürst entschied über die Religionszugehörigkeit seiner Untertanen.
1531 schlossen sich die protestantischen Reichsstände im **Schmalkaldischen Bund** gegen den katholischen Kaiser Karl V. zusammen. 1546 wurden die führenden Köpfe des Schmalkaldischen Bundes geächtet, unter ihnen auch der sächsische Kurfürst Johann Friedrich der Großmütige, dem Thüringen und Weimar gehörte. Im daraus resultierenden Schmalkaldischen Krieg unterlag Johann Friedrich und verlor nicht nur einen Teil seiner Ländereien, darunter seine Hauptstadt Wittenberg, sondern auch die Kurwürde. Er zog sich nach Weimar zurück, das nun zur Haupt- und Residenzstadt des Herzogtums Sachsen-Weimar aufstieg (und diesen Status, ab 1741 für Sachsen-Weimar-Eisenach, bis 1918 behielt). Nach dem Tod Johann Friedrichs 1554 begann im Zuge der Erbteilung der Ernestinischen Lande die Aufsplitterung Thüringens in bis zu zehn ebenso kleine wie machtlose Einzelstaaten.

Die Reformation hält Einzug

◀ Schmalkaldischer Krieg

Die »Fürstliche Residenzstadt Weimar « um 1650 (Kupferstich von Matthäus Merian)

»Thüringer Sintflut« Die Bevölkerung hatte nicht nur immer wieder unter den Erbstreitigkeiten ihrer Fürsten zu leiden, sondern auch unter den Launen der Natur. In der Thüringer Sintflut genannten Hochwasserkatastrophe von 1613 wurden weite Teile Thüringens überschwemmt. Die Fluten der Ilm forderten in Weimar 65 Menschenleben und machten 44 Häuser unbewohnbar.

Kultureller Aufstieg

1617	Gründung der »Fruchtbringenden Gesellschaft«
1653	Erster Weimarer Zwiebelmarkt
1708–1717	Johann Sebastian Bach ist Organist und Konzertmeister am Hof von Weimar.
1728–1748	Ernst August I. ruiniert das Herzogtum finanziell.

Erste kulturelle Aktivitäten Schon 1552 war **Lucas Cranach d. Ä.** mit Johann Friedrich dem Großmütigen nach Weimar gekommen und hatte in seinem letzten Lebensjahr mit der Arbeit am heute berühmten Flügelaltar der Stadtkirche begonnen, der von Lucas Cranach d. J. vollendet wurde. In das Jahr 1617 fällt die Gründung der »Fruchtbringenden Gesellschaft« durch den regierenden Herzog Johann Ernst den Jüngeren: Sie verschrieb sich einer durchaus modern anmutenden Aufgabe, nämlich der Pflege der Muttersprache, und konnte sich bald rühmen, **eine der wichtigsten Literatur- und Sprachgesellschaften des Deutschen Reichs** geworden zu sein.

Nach dem Dreißigjährigen Krieg, in dem Weimar militärisch verschont, aber von zahlreichen Flüchtlingen aufgesucht worden war, ging **Herzog Wilhelm IV.** energisch an den Wiederaufbau seines geschundenen Landes. Der Weimarer Zwiebelmarkt, bis heute eine weithin bekannte Attraktion, wurde 1653 erstmals als »Viehe- und Zippelmarkt« erwähnt.

Aufstieg zur Kulturstadt

1695 erhielt das abgebrannte und wiedererrichtete Schloss eine höchst moderne Errungenschaft, nämlich eine Opernbühne. **Herzog Wilhelm Ernst** veranlasste auch den Bau von Schloss Ettersburg und zog 1708 Johann Sebastian Bach als Hoforganist und Konzertmeister nach Weimar.

1728 kam Ernst August I. auf den Herzogsthron. Der prunksüchtige, verschwenderische Herrscher trieb das Land finanziell praktisch in den Ruin. Sein **Versuch, den Absolutismus einzuführen**, stieß auf erbitterten Widerstand der thüringischen Landstände. Auf kulturellem Gebiet war er erfolgreicher, gehen doch das Barockschloss Belvedere und das Dornburger Renaissanceschloss auf das Konto seiner Regierungszeit. Seit 1741 Herzog von Sachsen-Weimar-Eisenach, führte er die Primogenitur ein, d. h. die Nachfolge in der Herzogswürde ging jeweils an den ältesten Sohn. So blieb das nun entstandene Herzogtum, allerdings ein Flickenteppich aus Ländereien und den Hauptresidenzen Weimar und Eisenach, bis zur napoleonischen Zeit erhalten.

? **WUSSTEN SIE SCHON ...?**

■ ... dass Johann Ernst der Jüngere seine finanziellen Probleme durch eine damals weitverbreitete Idee zu lösen versuchte? Er stellte einen Goldmacher an. Der Alchimist schaffte es zwar nicht, das edle Metall herzustellen, dafür brannte dank seiner Bemühungen 1618 das Schloss bis auf die Grundmauern nieder. Der Wiederaufbau zog sich wegen der nach wie vor fehlenden Geldmittel über Jahrzehnte hin.

Das Goldene Zeitalter – Weimarer Klassik

1772	Christoph Martin Wieland kommt als Prinzenerzieher nach Weimar.
1775 – 1828	Regentschaft Carl Augusts I.
1775 – 1799	Goethe (1775), Herder (1776) und Schiller (1787 / 1799) kommen nach Weimar.
1832	Goethe stirbt in seinem Haus am Frauenplan.

Ernst August II. (1737 – 1758) war bereits in jungen Jahren kränklich. Um ein Aussterben der Weimarer Herzogslinie zu verhindern, drängte man ihn zur Heirat und so fand bereits 1756 seine Hochzeit

Anna Amalia bereitet den Boden

*»Weimars goldene Tage« mit der Herzogsfamilie und dem klassischen »Viergestirn«
(Gemälde von Theobald von Oer, 1860)*

mit der 16-jährigen **Prinzessin Anna Amalia von Braunschweig-Wolfenbüttel**, einer Nichte Friedrichs des Großen, statt. Bevor Ernst August mit noch nicht 21 Jahren starb, hatte er zwei Söhne gezeugt und Anna Amalia testamentarisch die Vormundschaftsregentschaft für den 1757 geborenen Carl August übertragen. Die umfassend gebildete, kluge und kunstsinnige Fürstin holte 1772 **einen der großen Geister der Aufklärung, Christoph Martin Wieland**, als Prinzenerzieher an ihren Hof. Durch umsichtige wirtschaftliche und soziale Maßnahmen konnte sie ihrem Sohn bei dessen Regierungsantritt 1775 ein schuldenfreies Land übergeben.

Carl August I. initiiert die Weimarer Klassik

Carl August I. hatte 1774 bei der Rückkehr von seiner Bildungsreise durch Frankreich in Frankfurt Halt gemacht und den von ihm verehrten Johann Wolfgang Goethe nach Weimar eingeladen. 1775 kam Goethe und wurde schon 1776 zum Geheimen Legationsrat mit Sitz und Stimme im Ministerrat ernannt; 1779 wurde seine »Iphigenie« in Weimar uraufgeführt. Ihm folgten 1776 Johann Gottfried Herder und 1787 Friedrich Schiller – **das klassische Weimarer »Viergestirn« war komplett**. Die Freundschaft zwischen Goethe und Schiller machte Weimar zum Fixstern der deutschen Literaturgeschichte und das von Goethe geleitete Theater zu einer der wichtigsten Bühnen Deutschlands, auf der u. a. Schillers »Wallenstein«-Trilogie ihre Uraufführungen erlebte. Nach dem Tod Johann Gottfried Herders 1803 und dem Tod Friedrich Schillers 1805 ging die Kunstepoche der »Weimarer Klassik« allmählich zu Ende und war mit dem Tod Goethes im März 1832 endgültig abgeschlossen.

Das Gesicht Weimars änderte sich unter der Regentschaft Carl Augusts nachhaltig: Ab 1778 wurde der **Park an der Ilm** angelegt, 1789 unter der Leitung Goethes das 1774 durch einen Brand erneut zerstörte Schloss wieder aufgebaut, 1791 das neue Weimarer Theater eröffnet und 1816 Clemens Wenzeslaus Coudray als Oberbaudirektor nach Weimar berufen. **Die Stadt verändert sich**

Außenpolitisch spielte Carl Augusts Weimar nur eine kleine Rolle. 1806 war Weimar während der Doppelschlacht von Jena und Auerstedt preußisches Hauptquartier, anschließend jahrelang von den Franzosen besetzt. Eines der berühmtesten Bilder Johann Wolfgang von Goethes zeigt dessen durchaus selbstbewussten Auftritt bei Kaiser **Napoleon I.** (▶Abb. S. 18) – das Treffen fand 1808, allerdings in Erfurt, statt. Carl August hatte es aber immerhin geschafft, seinen Sohn Carl Friedrich 1804 mit Maria Pawlowna, der Tochter des russischen Zaren, zu verheiraten, was eine gewisse Unabhängigkeit garantierte, da Napoleon zunächst an einem Ausgleich mit Russland gelegen war, und was sich schließlich beim Wiener Kongress auszahlte, als Carl August zum Großherzog erhoben wurde und er sein kleines Reich beträchtlich vergrößern konnte. **Kluge Politik**
Innenpolitisch agierte Carl August gemäß den Grundsätzen eines aufgeklärten Absolutismus als »erster Diener seines Staates«. Er gab dem Land 1816 eine vergleichsweise liberale Verfassung, gestattete die Gründung von Burschenschaften und 1817 das »Wartburgfest«.

Das Silberne Zeitalter

1842	Franz Liszt wird Hofkapellmeister.
1853–1901	Regierung Carl Alexanders
1860	Die Weimarer Malerschule nimmt ihre Arbeit auf.
1885	Gründung der Goethe-Gesellschaft

Obwohl Weimar 1846 einen ersten Bahnanschluss an die Linie Halle – Erfurt erhielt und ab 1876 auf dem Schienenweg auch mit Jena und Gera verbunden war, hielt sich der industrielle Aufschwung in engen Grenzen. Dafür waren die Musen der Verwaltungs- und Residenzstadt weiterhin hold. **Die industrielle Revolution bleibt aus**

Maria Pawlowna und ihrem Sohn Carl Alexander, der 1853 Großherzog wurde und mit der niederländischen Prinzessin Sophie verheiratet war, verdankt Weimar seine zweite große kulturelle Blütezeit, das »Silberne Zeitalter«. Insbesondere Carl Alexander zog Musiker und Maler an seinen Hof. Den Beginn machte der gefeierte Pianist **»Gründerjahre«**

Franz Liszt, der 1842 eine Stelle als außerordentlicher Hofkapellmeister antrat; 1848 floh der wegen Unterstützung der März-Revolution gesuchte Richard Wagner nach Weimar. 1860 gründete Carl Alexander die Weimarer Malerschule, an der so illustre Persönlichkeiten wie Arnold Böcklin und Franz von Lenbach arbeiteten. Ein Jahr darauf gründete man den Allgemeinen Deutschen Musikverein, 1864 die Deutsche Shakespeare-Gesellschaft, 1885 die **Goethe-Gesellschaft und das Goethe-Archiv**.

i **»Don Juan« in Weimar**

■ Zu den illustren Kapellmeistern des Silbernen Zeitalters gehörte ab 1889 der junge Richard Strauss (1864–1949), der dem Weimarer Musikleben kurzzeitig neuen, intensiven Glanz verlieh. Unter seiner Ägide wurden nicht nur Gluck, Mozart und Wagner gespielt, er brachte auch seinen »Don Juan« (1889) und Engelbert Humperdincks »Hänsel und Gretel« (1893) zur Uraufführung auf die Weimarer Bühne.

Für Carl Alexander und Sophie war aber auch das Andenken an die Weimarer Klassik wichtig: 1850 erhielt Herder ein Denkmal vor der Weimarer Stadtkirche, 1857 enthüllte man die Denkmäler für Goethe und Schiller auf dem Theaterplatz und das Denkmal für Wieland auf dem Wielandplatz.

Die Weimarer Republik

1901–1918	Regierungszeit des Großherzogs Wilhelm Ernst
1907	Henry van de Velde ruft die Weimarer Kunstgewerbeschule ins Leben.
1919	Die Deutsche Nationalversammlung tagt in Weimar. Walter Gropius gründet das Staatliche Bauhaus.
1920	Weimar wird Hauptstadt des neuen Landes Thüringen.

Wilhelm Ernst setzt die Tradition fort
Auch der letzte regierende Großherzog Wilhelm Ernst war an Kunst und Kultur interessiert. Er gründete 1905 die Weimarer Bildhauerschule und auf seine Initiative hin rief **Henry van de Velde** 1907 die Kunstgewerbeschule ins Leben. Nach Ausbruch des Ersten Weltkriegs wurde der Druck auf Van de Velde immer stärker, sodass er Weimar schließlich 1917 verließ.

1918 wurde Wilhelm Ernst zur Abdankung gezwungen. Van de Veldes Nachfolger Walter Gropius vereinigte 1919 die Kunstgewerbeschule mit der Kunstakademie zum **Bauhaus**, einer der wichtigsten Architektur-, Kunst- und Design-Schulen des 20. Jahrhunderts. Doch in Weimar war das international ausgerichtete und als »links« geltende Bauhaus zunehmend politischem Druck ausgesetzt. In Dessau boten sich deutlich bessere Arbeitsbedingungen, weshalb das Bauhaus 1925 dorthin übersiedelte.

Am 11. August 1919 feiern die Mitglieder der Nationalversammlung auf dem Balkon des Deutschen Nationaltheaters die neue Republik.

1919 erfasste die große Politik Weimar: Die Januarunruhen in Berlin veranlasste die am 19. Januar 1919 gewählte **Nationalversammlung**, in das sichere Verwaltungsstädtchen Weimar auszuweichen. Hier trat das Gremium am 6. Februar 1919 zu seiner konstituierenden Sitzung zusammen, wählte Friedrich Ebert zum Reichspräsidenten und erarbeitete bis Anfang Mai in Weimar, dann wieder in Berlin, eine demokratische Verfassung – die **»Weimarer Republik«** war geboren.

Weimar, seit 1920 Hauptstadt des Landes Thüringen und 1922 durch Eingemeindungen gewachsen, eine Verwaltungs- und Beamtenstadt mit kaum nennenswerter Industrie, hatte sich aber bereits in den ersten Jahrzehnten des 20. Jh.s zu einem **Zentrum konservativer und nationaler Kräfte** entwickelt. Die NSDAP hatte zwei Gründe, die Stadt zu vereinnahmen: Hier wollte sie sich als Hüterin deutscher Kultur profilieren, gleichzeitig war die verhasste demokratische Republik, die es zu vernichten galt, mit dem Namen Weimar verbunden. Folgerichtig hielt die Hitler-Partei 1926 ihren zweiten Reichsparteitag in Weimar ab.

Keimzelle des demokratischen Deutschlands

Das »Dritte Reich«

1937	Das Konzentrationslager Buchenwald wird errichtet. Die Arbeiten zum Gauforum beginnen.
Febr./März 1945	Luftangriffe zerstören Teile der Innenstadt.
11. April 1945	Die US-Armee befreit die verbliebenen Häftlinge im KZ Buchenwald.

Jährliche Gedenkfeier am 11. April in Erinnerung an die Befreiung Tausender Häftlinge aus dem ehemaligen Konzentrationslager Buchenwald

Terrorherrschaft und Größenwahn Vier Jahre nach der Machtübernahme durch die Nazis wurde auf dem Ettersberg im Nordwesten der Stadt das Konzentrationslager Buchenwald errichtet, eines der größten im SS-Staat. Etwa 56 000 der rund 250 000 dorthin verschleppten Menschen wurden ermordet, darunter im August 1944 Ernst Thälmann, der Vorsitzende der KPD, der ab 1933 praktisch ununterbrochen als »Schutzhäftling« eingesperrt war. Die KZ-Häftlinge mussten u. a. in der 1942 errichteten Gewehrfabrik der Fritz-Sauckel-Werke, den »Gustloff-Werken II«, arbeiten.

Wenige Tage vor der Befreiung der Häftlinge am 11. April 1945 wurden noch Tausende Menschen aus Buchenwald auf sog. Todesmärsche geschickt.

Die Nazis beabsichtigten, das Stadtbild von Weimar durch eine in ihrem Sinne geprägte Monumentalarchitektur zu verändern: Hitler persönlich vollzog den ersten Spatenstich für das neue Gauforum in der Innenstadt. Diesem überdimensionalen Ensemble aus Verwaltungsgebäuden und Aufmarschplatz mussten viele historische Gebäude weichen.

? WUSSTEN SIE SCHON …?

■ Zu den bekanntesten Häftlingen im KZ Buchenwald gehörten u. a. Jean Améry, Bruno Bettelheim, Willi Bleicher, Léon Blum, Dietrich Bonhoeffer, Rudolf Breitscheid, Imre Kertész, Eugen Kogon, die Tochter des italienischen Königs Mafalda de Savoyen, Jorge Semprún, Jura Soyfer, Ernst Thälmann, Ernst Wiechert und Elie Wiesel.

Den schwersten Luftangriff, bei dem 462 Menschen starben, erlebte Weimar am 9. Februar 1945. Vor allem wegen der Rüstungsbetriebe auf dem Ettersberg und in der Stadt – selbst das Deutsche Nationaltheater war seit Oktober 1944 in eine Rüstungswerkstatt umfunktioniert worden – war Weimar ein wichtiges Ziel. Am 3. April 1945 hatte sich die Nazi-Führung aus Weimar abgesetzt, am 11. April wurde das KZ Buchenwald befreit, am 12. April fuhren die ersten US-Panzer durch die Stadt – der Zweite Weltkrieg war damit für Weimar zu Ende gegangen.

Kriegsende

Nachkriegszeit und DDR

1945	Thüringen ist zunächst US-, ab Juli sowjetische Besatzungszone.
1945–1950	Neu- oder Wiedereröffnung diverser kultureller Einrichtungen
1958	Das ehemalige KZ Buchenwald wird »Nationale Mahn- und Gedenkstätte«.
1975	Die Stadt feiert ihr 1000-jähriges Bestehen.

Die amerikanische Besatzungszeit dauerte nicht lange. Im Zuge der bei der Konferenz von Jalta beschlossenen Aufteilung Deutschlands gelangte Weimar mit dem Land Thüringen bereits Anfang Juli 1945 im Austausch für die Westzonen Berlins in den sowjetischen Einflussbereich. Die sowjetische Militärverwaltung nutzte das ehemalige Konzentrationslager als Internierungslager für Regimegegner: Im sogenannten **Speziallager Nr. 2** waren bis zur Auflösung im Januar 1950 insgesamt rund 28 000 Menschen inhaftiert, von denen mindestens 7000 starben.

Buchenwald existiert weiter...

Weimar besann sich auf seine kulturelle Tradition: 1946 wurde die Hochschule für Architektur und Bauwesen, Vorgängerin der heutigen Bauhaus-Universität, gegründet. Das im Krieg schwer beschädigte und wieder aufgebaute Deutsche Nationaltheater beging seine Wiedereröffnung an Goethes Geburtstag am 28. August 1948 mit einer Aufführung des »Faust I«. Ein Jahr später wurde auch das Goethehaus am Frauenplan wieder eröffnet. 1975 feierte man ein ganzes Jahr lang »1000 Jahre Weimar« – auch wenn sich später herausstellte, dass die Stadt doch einige Jahre älter ist.

... doch auch die kulturelle Tradition

Politisch hingegen erfuhr Weimar eine Degradierung: Die Verwaltungsreform 1952 machte es zur kreisfreien Stadt im Bezirk Erfurt. Im Zuge der Aufarbeitung der jüngsten Vergangenheit ließ die Regie-

Politischer Wandel

Im Januar 1990, nur wenige Wochen nach dem Fall der Mauer, rufen Weimarer Bürger dazu auf, im Lande zu bleiben.

rung der DDR 1958 auf dem Gelände des ehemaligen Konzentrationslagers Buchenwald die »Nationale Mahn- und Gedenkstätte« errichten, allerdings ohne dass dabei die Verwendung des KZs in der allerjüngsten Vergangenheit thematisiert wurde. 1989 schließlich erlebte auch Weimar – auf dem Platz der Demokratie – seine »Montagsdemonstrationen«, die das Ende der DDR einleiteten.

Nach der Wende

1990	Im neu geschaffenen Bundesland Thüringen wird Weimar kreisfreie Stadt.
1991	Die »Stiftung Weimarer Klassik« wird ins Leben gerufen.
1998	Zwei Bauhaus-Stätten und das »klassische Weimar« gehören nun zum UNESCO-Weltkulturerbe.
1999	Weimar ist »Kulturhauptstadt Europas«.
2004	Im September zerstört ein Brand große Teile der Herzogin Anna Amalia Bibliothek.
2007	Wiedereröffnung der Herzogin Anna Amalia Bibliothek.

Kulturhauptstadt Europas Auch nach der Wende bestimmte die Kultur das politische und gesellschaftliche Leben Weimars. So wurde 1991 die »Stiftung Weimarer Klassik« gegründet, heute zusammen mit den Kunstsammlungen zu Weimar unter der Bezeichnung »Klassik Stiftung Weimar« eine namhafte Institution zur Erhaltung und Präsentation von nunmehr 25 Museen, Schlössern, Archiven, historischen Häusern, Bibliotheken und Archiven. 1996 erhielten neben Dessauer Bauhaus-Gebäuden auch zwei Bauhaus-Stätten in Weimar höhere Weihen: Die von Henry van de Velde gestalteten **Bauten der Kunst- und Kunstgewerbeschule und das Musterhaus am Horn** gehören seither zum Weltkulturerbe der UNESCO. Außerdem wurden 1998 elf historische Gebäude und Parkanlagen der Weimarer Klassik in die Liste des Weltkulturerbes aufgenommen, darunter die Wohnhäuser von Schiller und Goethe, der Historische Friedhof, die Herzogin Anna Amalia Bibliothek, das Stadtschloss und das Wittumspalais, der Park an der Ilm und die Schlossanlagen von Belvedere, Ettersburg und Tiefurt. Passend zum neuen Status als Weltkulturerbe präsentierte sich Weimar schließlich 1999 als **»Kulturhauptstadt Europas«**. Gleich mitfeiern konnte man in diesem Jahr Goethes 250. Geburtstag und das 80-jährige Bestehen des Bauhauses.

Im Jahr 2001 wurde Weimar ein drittes Mal von der UNESCO mit Ehren bedacht: Seitdem steht der im Goethe- und Schiller-Archiv aufbewahrte literarische Nachlass von Johann Wolfgang von Goethe auf der Liste des Weltdokumentenerbes – des »Memory of the World«.

Ein **Brand in der Herzogin Anna Amalia Bibliothek** im September 2004 zerstörte u. a. den Rokokosaal und beschädigte einen beträchtlichen Teil der wertvollen und teils unersetzlichen Bestände, darunter die Musikaliensammlung der Herzogin. Die Sanierung des Gebäudes war im Oktober 2007 abgeschlossen, die Restaurierung bzw. Wiederbeschaffung der auch durch Löschwasser beeinträchtigten bibliophilen Schätze wird wohl noch viele Jahre dauern.   **Eine Katastrophe**

Kunst und Kultur

Wenige Städte Deutschlands, und schon gar nicht solche von der Größe Weimars, können auf ein derart reiches kulturelles Erbe und auf eine so lebendige Kunstszene verweisen.

Kulturstadt Weimar

Die Grundlagen für Weimars einzigartige kulturelle Position wurden durch viele Jahrhunderte hindurch von kunstliebenden, aufgeklärten Herrschern gelegt, denen die Anwesenheit berühmter Dichter, Maler, Sänger, Komponisten und Gelehrter stets mehr bedeutete als bloße Repräsentanz ihrer Machtfülle. Dies **Kunstsinnige Fürsten und große Geister** begann schon 1552, als Lucas Cranach d. Ä. im Gefolge des Herzogs Johann Friedrich des Großmütigen von Wittenberg nach Weimar umzog, und setzte sich 1617 mit der Gründung der »Fruchtbringenden Gesellschaft« fort. Unbestrittener Höhepunkt dieser Entwicklung waren die Jahre zwischen 1775 und 1832, in denen Johann Wolfgang von **Goethe die alles beherrschende Figur** im gesellschaftlichen und kulturellen Leben der Stadt war. Als unmittelbare Folge seines Wirkens oder um in seiner Nähe zu sein, kamen bedeutende deutsche und europäische Dichter, Philosophen und Künstler, denn Weimar bot ihnen ungleich mehr Freiraum für ihre Entfaltung als die meisten anderen Städte in Deutschland. Dass die Weimarer (literarische) Klassik keine vorübergehende Erscheinung war, zeigt das mit dem Zuzug von **Franz Liszt**

Durch Johann Wolfgang von Goethe entwickelte sich Weimar zu einem »Mekka der Kunst«.

eingeleitete »Silberne Zeitalter«, das Weimar eine Blüte auf musikalischem Gebiet bescherte. Damit war der Ruf Weimars als ein **wichtiges Zentrum deutscher, ja europäischer Kultur** endgültig gefestigt.

Dass die Musik den Weimarer Fürsten schon früh lieb und teuer war, zeigt der Umstand, dass bereits 1695 im Schloss **eine der ersten Opernbühnen Deutschlands** eingerichtet wurde und Herzog Wilhelm Ernst 1708 Johann Sebastian Bach als Hoforganisten verpflichtete. Insbesondere Carl Alexander tat sich als Förderer der Musik hervor. Der von ihm in die Stadt geholte Franz Liszt protegierte **Richard Wagner** und beide schufen in Weimar einige ihrer Hauptwerke. Wagners »Lohengrin« erlebte hier gar unter Liszts Leitung 1850 seine Uraufführung. Einer der bekanntesten Liszt-Schüler war **Hans von Bülow** (1830–1894), der mehrere Jahre lang als Hofmusikintendant in **Musik** ◄ weiter auf S. 38

← Eine der größten kulturellen Leistungen Weimars ist die umfassende Restaurierung der wunderschönen historischen Altstadthäuser.

LITERATURSTADT WEIMAR

Durch Goethe, Schiller und Wieland wurde das kleine thüringische Städtchen an der Ilm weltbekannt. Doch Weimars »literarische« Zeit ist noch längst nicht vorbei. Noch immer wohnen Dichter in der Klassikerstadt. Zum Beispiel der Drehbuch- und Kinderbuchautor Wolfgang Held, die Schriftstellerin und Übersetzerin Gisela Kraft oder – der bekanntesten unter ihnen – der mit zahlriechen Preisen geehrte Lyriker Wulf Kirsten.

Nichts, notiert der 75-jährige **Johann Wolfgang von Goethe** 1824 über sein schriftliches Erbe gebeugt, nichts dürfe nunmehr »vernachlässigt noch unwürdig geachtet werden.« Also sammelt er, ordnet und kompiliert und konzentriert sich in den ihm »noch vergönnten Jahren auf die Redaction, Reinigung und Sicherstellung der aufgehäuften Papiermassen.«

Längst haben ihn zu diesem Zeitpunkt die Freunde, die Weimarer Kollegen verlassen. Wieland, der Alte. Als Erster von ihnen in das 6000 Einwohner zählende Städtchen gerufen, Erzieher des Erbprinzen Carl August, stirbt er als Achtzigjähriger 1813. Schiller, der Dichterphilosoph, schon 1805; da ist er gerade 46 Jahre alt und die intensive Freundschaft mit Goethe hat erst begonnen; bereits zwei Jahre zuvor stirbt Herder, den Goethe 1776 kurz nach seiner eigenen Ankunft nach Weimar rief.

Die deutsche Klassik aber lebt ohne sie weiter. Sie lebt in den Papierbergen und Erinnerungen des Greises am Frauenplan und in seinem unbändigen Willen zur Ewigkeit. Bis heute bildet dieses **»Archiv der Goethezeit«** den Fundus des »Mythos Weimar« und den Ursprung einer einzigartigen, weit über 200-jährigen Literaturgeschichte.

»Literarisches Zentrum«

Im kleinen Duodezfürstentum Weimar-Sachsen-Eisenach waren sie durch eine geborene Wolfenbüttlerin zusammengerufen worden: 36-jährig übergab die **Herzogin Anna Amalia** ihre Amtsgeschäfte dem Sohn und versammelte nun Adlige des Weimarischen Hofs wie auch bürgerliche Schriftsteller und Künstler zur »Tafelrunde« im Wittumspalais und im Schloss Ettersburg.

Das kleine Weimar wurde zu jenem europaweit beachteten literarischen Zentrum, an dem – wie ein Zeitgenosse resümierte – »der Fürst (Carl August) ein schöner Geist und Mäzen

aller guten Köpfe ist, der Geheime Rat (Goethe) ein Genie, der Oberbrahmin des ganzen Priestertums (Herder) ein Sänger in dem Geiste Ossians, Deutschlands Horaz und Lukian (Wieland) der Lehrer und Liebling und ein Belletrist (Bertuch) der Schatullenaufseher des Regenten«.

So wurde Weimar zur **Pilgerstätte für Schriftsteller**, die sich hier Inspiration und Unterstützung erhofften: Johann Joachim Christoph Bode, Nikolaus Lenau, Jean Paul, Heinrich von Kleist, Friedrich Hölderlin, Heinrich Heine, Franz Grillparzer, Ludiwg Börne und viele andere kamen und hinterließen in Weimar ihre Spuren.

Nicht alle aber fanden, was sie suchten. Im Gegenteil! Den Publikumserfolg hatten in diesen Jahren eines um sich greifenden »Lesefiebers« ganz andere: **August von Kotzebue** zum Beispiel, der gebürtige Weimarer, der mit seinen Rührstücken auch Goethes Bühne dominierte (sein Onkel, der Märchensammler Johann Carl August Musäus, unterrichtete am Wilhelm-Ernst-Gymnasium am Herderplatz), oder auch Goethes Schwager **Christoph August Vulpius**, der mit seinen trivialen Ritter- und Räuberromanen

zu den meistgelesenen Autoren seiner Zeit avancierte gehörte. Und dann war da noch Johannes Daniel Falk, der Sozialreformer und Dichter des Weihnachtsliedes »O Du Fröhliche«.

Jenseits der Massenliteratur aber spielten die Dichter der Tafelrunde auf Zeit und Ewigkeit. Schon zu Lebzeiten Goethes fordert Karl August Böttiger ein Goethe-Nationalmuseum; doch für den Nachruhm sorgt anfangs eher die schreibende Zunft: Johann Peter Eckermann, der schreibende Sekretär, Madame de Staël, die mit ihrem Buch »D'Allemagne« Weimars Ruhm als »schöngeistige Hauptstadt Deutschlands« nach Frankreich trug, oder Reiseschriftsteller wie Adolf Stahr.

»Magische Kreise«

Es folgte Mitte des 19. Jahrhunderts eine zweite Generation, die, auf dem Ruhm der Klassiker aufbauend, gemeinsam mit ihrem neuen Spiritus rector **Franz Liszt** »die magischen Kreise« ihrer literarischen Vorfahren »zu Furchen« vertiefen wollten.

In der Altenburg trafen sie sich in den 1850er-Jahren: Heinrich August Hoffmann von Fallersleben, der Dichter

des Deutschlandlieds, gründet den Neu-Weimar-Verein, Ferdinand Freiligrath, Karl Gutzkow, Bettina von Arnim und Fanny Lewald arbeiteten hier, Gustav Freytag schrieb an »Soll und Haben«, Friedrich Hebbel, wie Fallersleben vom Großherzog Carl Alexander persönlich eingeladen, beendete in der Altenburg seine »Nibelungen«-Trilogie, deren erste beide Teile 1859/1861 im Weimarer Theater uraufgeführt wurden. Zu diesem Zeitpunkt aber sind die Hoffnungen auf eine erneute Literaturhochburg Weimar schon ausgeträumt, die Dichter zogen von dannen, froh, »von dieser Acker- und Dorfresidenz, den Hof- und sonstigen Räten und Hungerleidern erlöst« zu sein (Hoffmann von Fallersleben).

»Aufgehäufte Papiermassen«

Der Versuch, Weimar noch einmal zum literarischen Zentrum zu entfalten, wird abgelöst durch die Arbeit der Philologen und Archivare. 1885 vermacht Walther von Goethe das Erbe seines Großvaters dem Staat, 1896 wird über den Häusern der Stadt das **Goethe- und Schiller-Archiv** eingeweiht, das, so sein damaliger Direktor Bernhard Suphan, Pantheon »für die Fürsten und Ritter deutschen Geistes«.

Zu seinen ersten Mitarbeitern gehört Rudolf Steiner, der in Weimar seine »Philosophie der Freiheit« schreibt. Es entsteht die noch heute berühmte Weimarer **Sophienausgabe** von Goethes Werken, Band für Band, 143 an der Zahl. Aus den »aufgehäuften Papiermassen« wird so endgültig ein Weltkulturerbe, als im Jahr 2001 die UNESCO Goethes Nachlass in ihre Liste des »Memory of the World« aufnimmt.

Immer wieder Weimar

Neben all den Philologen und Archivaren versucht erneut eine Schriftstellergeneration um dieses Erbe herum Fuß zu fassen: Ernst von Wildenbruch, der mit seinen pathetischen Hohenzollernstücken auf Weimars Bühne gern gesehen ist und der im Jahr 1900 als Ruheständler zunächst ins Haus »Alisa« (Am Horn 3), dann in das neubarocke Haus »Ithaka« (Am Horn 25) zieht. Am Posseckschen Garten, vis à vis vom Hauptfriedhof, wurde ihm ein Denkmal gebaut. Nach ihm kommen die Neuklassiker **Paul Ernst**, **Johannes Schlaf** und ihr antisemitischer Schriftstellerkollege Adolf Bartels.

Auch die Moderne versucht sich in der Klassikerstadt: **Helene Böhlau** und **Gabriele Reuter**, die beiden Feministinnen avant la lettre, Hauptvertreterinnen einer Ende des 19. Jahrhunderts entstehenden naturalistisch geprägten Frauenliteratur.

*Literatur aus Weimar,
über Weimar – und eine
»literarische« Faust*

Die Verlegertochter Böhlau belebt mit ihren »Ratsmädelgeschichten« aus der Windischengasse die poetische Biedermeierzeit neu. Gabriele Reuter, verehrt von Thomas Mann, befreundet mit Rudolf Steiner und als Analytikerin geschätzt von Siegmund Freud, schreibt ihren 1895 erschienenen Bestseller »Aus guter Familie. Die Leidensgeschichte eines Mädchens« in einer Laube im heutigen Weimarhallenpark. 1929 kehrt Gabriele Reuter nach fast drei Jahrzehnten in Berlin nach Weimar zurück und bleibt hier bis zu ihrem Tod im November 1941. Aber da war natürlich auch **Harry Graf Kessler**, der Direktor des neuen »Museums für Kunst und Kunstgewerbe« – die heutige »Kunsthalle« am Goetheplatz trägt seinen Namen –, dessen Schriften erst heute der Öffentlichkeit wirklich zugänglich gemacht werden. Seine Wohnung in der Cranachstraße 13, eingerichtet von dem Jugendstilkünstler Henry van de Velde, war Mittelpunkt eines neuen, aufgeklärten Weimar. Hier trafen sich, lasen und diskutierten u. a. Rainer Maria Rilke, Hugo von Hofmannsthal, Gerhart Hauptmann und André Gide.

»Symbolort deutscher Geschichte«

Andere Namen, eine andere Zeit: Jean Améry, Eli Wiesel, Ernst Wiechert, Jorge Semprún, Imre Kertész, Fred Wander, Bruno Apitz, Jura Soyfer, Jacques Lusseyran, Ivan Ivanji, Stéphane Hessel – so heißen die Autoren, die zwischen 1937 und 1945 nach Weimar kamen, aber kaum in einem Nachschlagewerk über die Stadt zu finden sind. Das Konzentrationslager Buchenwald war keine Adresse zum Wiederfinden.

Die »Buchenwald-Literatur« aber – Jorge Semprúns Roman »Was für ein schöner Sonntag!«, Imre Kertész' »Roman eines Schicksallosen«, aber auch immer noch Bruno Apitz' »Nackt unter Wölfen« oder Ernst Wiecherts »Der Totenwald« – gehören als literarische Meisterwerke in die Nachkriegszeit und lassen Weimar, den »Symbolort der deutschen Geschichte«, im unauflösbaren Widerspruch von **Humanismus und Barbarei** noch lange nicht zur klassizistischen Ruhe kommen:

»Geben wir zu, es ist schon ein wenig pervers, den deutschen Klassizismus und das nazistische Konzentrationslager in einem zu sehen. Andererseits aber scheint der Lauf der Zeit diese seltsame Gedankenverbindung mit zeitgemäßem Inhalt zu füllen. Die Schande ist leider ebenso unsterblich wie die Größe und der Zusammenhang zwischen beiden ist keineswegs so weit hergeholt, wie manche es uns glauben machen wollen« (Imre Kertész, 1994).

Meiningen wirkte und auf Gastspielreisen mit der Meininger Hofkapelle viel Erfolg hatte. Am 24. Juni 1872, zum Geburtstag des Großherzogs Carl Alexander, wurde die Weimarer Musikschule gegründet, aus der die heutige Hochschule für Musik »Franz Liszt« hervorgegangen ist.

Architektur Seit 1860 wurden in Weimar Baumeister und Architekten an der damals gegründeten Kunstschule ausgebildet. Die spätere Staatliche Hochschule für bildende Künste, Baukunst und Handwerk und heutige Bauhaus-Universität Weimar gehört zu den bedeutendsten Bildungseinrichtungen auf diesem Gebiet in Deutschland.

Zu Beginn des 20. Jh.s trat der belgische Architekt **Henry van de Velde** seine Lehrtätigkeit in Weimar an. Er entwarf und baute eine Reihe von Jugendstilgebäuden für die Hochschule sowie einige Villen, darunter sein Wohnhaus »Hohe Pappeln« in der Belvederer Allee und das »Haus Henneberg« in der Gutenbergstraße. 1919 wurde **Walter Gropius** nach Weimar berufen. Er gründete das Bauhaus, in dem handwerkliche, künstlerische und kunstpädagogische Disziplinen vereint waren (► Baedeker Special S. 108). Zwar zog das Bauhaus 1925 nach Dessau um, aber schon in seiner Weimarer Zeit hatte es der Architektur und Formgestaltung des 20. Jh.s entscheidende Impulse gegeben. 1946 wurde die Hochschule in Weimar reorganisiert und neu eröffnet.

? WUSSTEN SIE SCHON ...?

■ … dass mit der Klassik-Stiftung nicht nur die zweitgrößte deutsche Kulturstiftung ihren Sitz in Weimar hat, sondern mit dem »K & K Zentrum für Kultur und Mode« auch das kleinste Kulturzentrum der Republik? Eingerichtet in einem ehemaligen Zeitschriftenkiosk der Produktionsserie K600, Baujahr 1968, zeigt das K & K an Weimars verkehrsintensivstem Knotenpunkt, dem Sophienstiftsplatz, Wechselausstellungen aus dem Bereich von Kunst, Mode und Alltagskultur.

Malerei Auf dem Gebiet der Malerei ist Weimar vergleichsweise bescheiden geblieben. Immerhin sorgte die **Weimarer Malerschule** für eine Öffnung der deutschen Malerei zu neuen gestalterischen Mitteln und Inhalten. Das Neuartige lag in der Abkehr vom Historismus und der Hinwendung zur Freiluftmalerei. Getragen von der 1860 gegründeten Großherzoglichen Kunstschule, ist sie aber nur teilweise mit deren Entwicklung gleichzusetzen. Ihren ersten Höhepunkt erlebte die Weimarer Malerschule unter Theodor Hagen, der von 1876 bis 1881 die Akademie leitete. Weitere wichtige Vertreter sind Karl Buchholz, Christian Rohlfs, Paul Tübbecke und Leopold von Kalckreuth.

Schön bunt geht's zu auf Weimars sommerlichem Kunstfest. →

Berühmte Persönlichkeiten

Herzogin Anna Amalia und ihr Sohn Carl August, Goethe, Schiller und Liszt bescherten Weimar kulturelle Glanzzeiten. Von all den vielen berühmten und auch weniger bekannten Persönlichkeiten, die die Ilmstadt geprägt haben, stellen wir hier eine ausgewählte »Tafelrunde« vor.

Anna Amalia (1739 – 1807)

Dem Kunstinteresse der Herzogin von Sachsen-Weimar-Eisenach verdankt Weimar zweifellos seinen Aufstieg zum »Olymp« der deutschen Literatur. Anna Amalia, seit 1756 Gemahlin Herzog Ernst Augusts II. (1737 – 1758), führte seit 1758 fast zwanzig Jahre lang die Regentschaft für ihren unmündigen Sohn Carl August.

Regentin und Förderin der Künste

Die im Alter von 16 Jahren nach Weimar verheiratete braunschweigische Prinzessin war **eine vielseitig begabte Frau** – sie komponierte, spielte Harfe und Cembalo – und ließ sich schon früh durch französische Literatur und Philosophie begeistern. Als sie ihre Herrschaft mit 19 Jahren antrat, war Weimar ein heruntergewirtschaftetes Herzogtum, dessen Schul- und Sozialsystem sie als Erstes reformierte. Nach der wirtschaftlichen Stabilisierung machte sie sich daran, der Residenz durch bauliche Veränderungen ein städtisches Aussehen zu geben. Besonders vorteilhaft sollte sich jedoch ihre 1772 getroffene Entscheidung auswirken, **Christoph Martin Wieland** als Lehrer für ihren Sohn nach Weimar zu holen. Damit begann das Engagement vieler bedeutender Literaten, Philosophen und Musiker jener Zeit bei Hofe. Nachdem sie 1775 den Thron ihrem Sohn überlassen hatte, kümmerte sie sich verstärkt um die Kunst und den Kulturbetrieb. Die Hofkapelle erreichte ein beachtliches Niveau und es begann die Tradition, die Werke der in Weimar ansässigen Dichter und Komponisten hier auch zur Uraufführung zu bringen. 1788 machte sie sich gar zu einer zweijährigen Italienreise auf.

Goethe hat ihr Wirken mit folgenden Worten charakterisiert: »Es ist kein bedeutender Name von Weimar ausgegangen, der nicht in ihrem Kreis früher oder später gewirkt hätte.«

Johann Sebastian Bach (1685 – 1750)

Der im thüringischen Eisenach geborene Musiker und Komponist erhielt zunächst bei seinem wesentlich älteren Bruder Christoph, einem Organisten, eine Ausbildung am Cembalo und an der Orgel. Früh verdingte er sich auch als Chorsänger, erst in Eisenach, später in Lüneburg, und war dann von 1703 bis 1707 als Organist und Chorleiter in Arnstadt tätig. Nach einem einjährigen Intermezzo in Mühlhausen trat er 1708 in den Dienst des Weimarer Herzogs Wilhelm Ernst und bekleidete zunächst die Stellung eines Hoforganisten und Kammermusikers. In Weimar entstanden nicht nur die meisten seiner Orgelwerke, hier wurden auch **sechs der sieben Kinder aus seiner Ehe mit Maria Barbara geboren** – weshalb ihm seine Bestal-

Komponist

← Das »klassische Viergestirn« und ihr Gönner: Wieland, Schiller, Herzog Carl August, Herder und Goethe (v. li.; Holzstich v. H. Merte, 1879)

lung als Konzertmeister im Frühjahr 1714 sicher auch aus finanziellen Gründen willkommen war. Fruchtbar für die Musik war die mit dieser Stellung verbundene Pflicht, alle vier Wochen eine Kirchenkantate zu liefern – rund 20 Kantaten sind in der Weimarer Zeit entstanden. Als Herzog Wilhelm Ernst ihn bei der Neubesetzung der Kapellmeisterstelle überging, suchte Bach nach einer neuen Herausforderung und fand sie, sehr zum Ärger des Herzogs, 1717 am Hof von Fürst Leopold von Anhalt-Köthen. Auch die intensive »Überzeugungsarbeit« des Herzogs – er ließ Bach wochenlang einkerkern – konnte den Musiker nicht in Weimar halten.

Friedrich Justin Bertuch (1747 – 1822)

Ein Multitalent Der in Weimar geborene Friedrich Justin Bertuch war ein umtriebiger Mensch: Er verwaltete seit 1775 als »Geheimer Sekretär« des Herzogs Carl August dessen Privatschatulle und sanierte die Staatsfinanzen. 1780 baute er sich am Baumgarten das damals größte Haus der Stadt und richtete dort seinen Verlag mit Druckerei ein, 1782 kam eine Fabrik für die damals sehr begehrten Kunstblumen hinzu. 1791 gründete er das »Landes-Industrie-Comptoir«, eine Manufaktur für Tongeschirr und Kunstblumen; 1804 begann er sein wirtschaftlich erfolgreichstes Projekt, das »Geographische Institut«, in dem die Globen und Atlanten entstanden.

Als literarisch interessierter Mann übersetzte er Cervantes' »Don Quijote«, war Mitbegründer der »Jenaer Allgemeinen Literatur-Zeitung« und verlegte das »Bilderbuch für Kinder«. In die Literaturgeschichte eingegangen ist er vor allem durch das 1786 ins Leben gerufene **»Journal des Luxus und der Moden«**. Sein Erfolgsrezept war eine gelungene Mischung aus aktueller Information, populären Texten und hervorragenden Bildern. Goethe nannte ihn einmal ironisch-bewundernd den **»Allerweltskerl von Weimar«**, weil es kaum eine Unternehmung gab, die nicht von seiner Energie und seinen Ideen profitierte. Das wirkt bis heute: In Bertuchs Haus am Baumgarten befindet sich nun das Stadtmuseum.

> *i* ## Kam Rübezahl aus Weimar?
>
> ▪ Wer kennt ihn nicht, den Rübezahl? Der Riese aus dem Riesengebirge wurde in Deutschland durch die Sammelleidenschaft von Johann Carl August Musäus (1735 – 1787) bekannt. Der Lehrer für klassische Sprachen und Geschichte am Weimarer Gymnasium hat, angeregt von Wieland, in seinen »Legenden aus dem Riesengebirge« und den »Deutschen Volksmärchen« eine große Anzahl von Sagen und Märchen zusammengetragen.

Carl August I. (1757 – 1828)

Herzog von Sachsen-Weimar-Eisenach Gemeinsam mit seiner Mutter Anna Amalia war Carl August I. **der maßgebliche Förderer der Weimarer Klassik**. Der kunstsinnige, musisch begabte Fürst wurde bereits mit einem Jahr Halbwaise. Auf dem Rückweg von seiner obligatorischen Kavaliersreise nach Frankreich stellte Carl August 1774 zwei entscheidende Weichen in seinem Leben: Zum einen verlobte er sich mit Prinzessin Luise von Hessen-Darmstadt, zum anderen besuchte er Goethe und lud ihn an seinen Hof ein.

Mit 18 Jahren wurde er für volljährig erklärt, übernahm die Regentschaft, heiratete Luise und begrüßte Goethe in Weimar – der Beginn einer langjährigen Freundschaft. Ungeachtet seiner musischen Interessen absolvierte Carl August eine militärische Laufbahn in preußischen Diensten und nahm u. a. 1792 an der Kampagne in Frankreich, begleitet von Goethe, und 1806 – als Generalmajor – an der Doppelschlacht von Jena und Auerstedt teil. Im selben Jahr musste er sich dem von Napoleon geführten Rheinbund anschließen. Innenpolitisch war der Freimaurer und Illuminat einer der liberalsten Fürsten seiner Zeit. Seine dem Land verordnete Verfassung enthielt das Recht auf Meinungs- und Pressefreiheit. Carl August I. wurde in der Weimarer Fürstengruft beigesetzt.

Clemens Wenzeslaus Coudray (1775 – 1845)

Der gebürtige Koblenzer kam 1816 als Oberbaudirektor nach Weimar und gilt neben dem Berliner Heinrich Gentz als eigentlicher Baumeister des klassischen Weimar. In den neunzehn Jahren seines

Baumeister des klassischen Weimar

Coudray, der Baumeister des klassischen Weimar

Wirkens entwarf und baute er ganze Straßenzüge, leitete die Umgestaltung des ehemaligen Schweinemarkts zum ansehnlichen Goetheplatz, war Architekt der Bürgerschule (1822–1825) neben dem Bertuchhaus, die 1825 zum 50. Regierungsjubiläum Carl Augusts eröffnet wurde, und leitete zwischen 1835 und 1840 den Umbau des Westflügels des Schlosses mit den teilweise von Schinkel gestalteten Dichterzimmern, die Goethe, Schiller, Herder und Wieland gewidmet sind. Als Höhepunkt seines Schaffens gilt aber **die Fürstengruft** (1825–1826). Sein einstiges Wohnhaus, ein nach seinen Plänen 1817/1818 errichtetes klassizistisches Gebäude, steht in der Heinrich-Heine-Straße Nr. 12.

Johann Peter Eckermann (1792–1854)

Goethes Sekretär und literarischer Nachlassverwalter

Ohne den in Winsen an der Luhe geborenen Eckermann wüsste man wahrscheinlich wesentlich weniger über Goethe, denn kaum ein Buch gibt solch tiefe Einsichten in das Denken des Olympiers wie die von Eckermann aufgezeichneten **»Gespräche mit Goethe in den letzten Jahren seines Lebens«**, erschienen 1836 bzw. 1848.

1822 hatte Eckermann die »Beyträge zur Poesie unter besonderer Hinweisung auf Goethe« verfasst und sie an seinen »untrüglichen Leitstern« geschickt, der davon angetan war. Ermutigt wanderte er 1823 von Hannover über Göttingen nach Weimar und wurde bei Goethe vorstellig, der ihn alsbald in seine Dienste nahm. Neun Jahre lang war Eckermann nun Goethes Vertrauter und Mitarbeiter und dabei u. a. an der redaktionellen Vorbereitung der »Vollständigen Ausgabe letzter Hand« (seit 1827; 55 Bände) beteiligt.

Er bezog ein Haus in der Brauhausgasse am Frauenplan, wo er bis zu seiner Heirat 1831 lebte. In seinem Testament bestimmte Goethe ihn 1831 zum Herausgeber seines literarischen Nachlasses. 1836 und 1837 brachte der Verlag von Johann Friedrich Cotta Goethes Schriften in Lieferungen heraus, einen ersten »Volksgoethe«, den Eckermann gemeinsam mit Friedrich Wilhelm Riemer betreut hatte.

Nach Goethes Tod und dem Tod seiner Frau 1834 vereinsamte Eckermann; 1854 starb er krank und verschuldet. Großherzog Carl Alexander sorgte dafür, dass er in unmittelbarer Nähe Goethes ein Grab erhielt – an der Ostseite der Fürstengruft.

Johann Wolfgang von Goethe (1749–1832)

Dichterfürst und Universalgenie

Mit keiner anderen Persönlichkeit ist Weimar seit jenem Novembermorgen des Jahres 1775, als Goethe auf Einladung Herzog Carl Augusts hier eintraf, mehr verbunden. Hier fühlte er sich wohl, hier lebte er seine Leidenschaften mit Charlotte von Stein und Christiane Vulpius aus, hier hatte er seine großen literarischen Erfolge und hierher kehrte er stets von seinen Reisen in sein Haus am Frauenplan zurück, wo er seit dem Spätsommer 1792 bis zu seinem Tod wohnte und das ihm Carl August 1794 geschenkt hatte. Weitere Wohnungen

Goethes liegen am Burgplatz, im Park an der Ilm (Goethes Garten-haus), in der Seifengasse 16 neben dem Haus der Frau von Stein und im Jägerhaus in der Marienstraße 3, in dem später die Weimarer Zeichenschule untergebracht war und das im Zweiten Weltkrieg größten-teils zerstört wurde.

Was Goethe in Weimar schrieb, sprengt alle Maßstäbe und liest sich wie der deutsche Literaturkanon schlechthin: »Iphigenie auf Tauris« (1787), »Egmont« (1788), »Torquato Tasso« (1790), »Faust I« (1808), »Faust II« (1832), »Wilhelm Meisters Lehrjahre« (1796), »Die Wahlverwandtschaften« (1809), »Italienische Reise« (1816/1817), »Wilhelm Meisters Wanderjahre« (1821), »Aus meinem Leben – Dichtung und Wahrheit« (1811–1833), die »Novelle« (1828), naturwissenschaftliche und kunsttheoretische Arbeiten und natürlich Gedichte.

Darüber vergisst man fast, dass Goethe von 1776 bis 1786 auch einen »Brotberuf« als herzoglicher Minister hatte und sich u. a. um die Finanzen und das Wegenetz im Herzogtum zu kümmern hatte und von der Wiederbelebung des Bergbaus im Thüringer Wald träumte.

 WUSSTEN SIE SCHON …?

■ … dass Johann Wolfgang von Goethe mit Lucas Cranach d. Ä. verwandt war? Die Linie des Dichters führt mütterlicherseits auf den Maler zurück.

Herzog Carl August (links) und Goethe reisten 1779 zusammen durch die Schweiz.

Johann Gottfried Herder (1744 – 1803)

Philosoph, Theologe, Literat

Der im ostpreußischen Mohrungen als Kind pietistischer Eltern geborene Herder studierte Theologie und Philosophie an der Universität Königsberg. Während seiner Jahre im Lehr- und Pfarrdienst im lettischen Riga entstanden erste größere Schriften wie die »Fragmente über die neuere deutsche Literatur«. 1770 hielt er sich wegen einer Augenoperation in Straßburg auf und begegnete dort Goethe, dessen literarische Erstlingswerke er ebenso kundig wie unbarmherzig begutachtete. In Straßburg begann er auch mit seiner berühmten Abhandlung **»Über den Ursprung der Sprache«**.

Durch Goethes Vermittlung wurde er 1776 in Weimar zum Pfarrer der Hof- und der Stadtkirche und Oberkonsistorialrat berufen und prägte das geistige Leben der Stadt mehr als ein Vierteljahrhundert lang. Mit der Sammlung »Stimmen der Völker in Liedern« wurde Herder zum **Begründer der Volksliedforschung in Deutschland**. 1785 begann er mit der Herausgabe seines philosophischen Hauptwerkes, der **»Ideen zur Philosophie der Geschichte der Menschheit«**. Herder war in seinen letzten Lebensjahren ausgesprochen reizbar, neigte zu Verbitterung, kränkelte viel und war von finanziellen Sorgen geplagt. Die Beziehung zwischen Goethe und Schiller betrachtete er mit Misstrauen und beendete schließlich die nie spannungsfrei gewesene Freundschaft mit dem Dichterfürsten. Zum Schluss verscherzte er es sich endgültig mit dem Herzog, da er seine Erhebung in den pfalzbayerischen Adelsstand erwirkt hatte, um seine Familie finanziell besser absichern zu können. Herder starb im Alter von noch nicht 60 Jahren und wurde in »seiner« Stadtkirche beigesetzt.

Karoline Jagemann (1777 – 1848)

Schauspielerin

Karoline Jagemann war eine der bekanntesten und gefeiertsten Schauspielerinnen ihrer Zeit, nach deren Anblick Arthur Schopenhauer gar das einzige Liebesgedicht seines Lebens schrieb. Jagemann wurde in Weimar geboren, erhielt ihre schauspielerische Ausbildung aber am Nationaltheater Mannheim, u. a. bei August Wilhelm Iffland. Nach ihrer Rückkehr nach Weimar begann ihre große Zeit am Hoftheater unter dessen Intendanten Goethe.

Mit Herzog Carl August unterhielt sie eine lange Affäre, der mehrere Kinder entstammten. Der Fürst erhob sie in den Adelsstand, schenkte ihr das Rittergut Heygendorff und verschaffte ihr eine Anstellung auf

Gegen sie war selbst der große Goethe machtlos.

Lebenszeit am Theater mit einem üppigen Salär. Derartig protegiert, wagte sie sogar den Konflikt mit der Intendanz über die künstlerische Ausrichtung des Hoftheaters mit dem Ergebnis, dass Goethe 1817 seinen Posten räumte. Nach Carl Augusts Tod zog sich Karoline Jagemann ins Privatleben zurück und verließ Weimar. Am Herderplatz steht ihr Wohnhaus, das sog. »Deutschritterhaus« (heute Restaurant »Gastmahl des Meeres«). Herzog Carl August hatte ihr das 1566 errichtete Renaissancegebäude 1808 geschenkt (▶ S. 197).

August Ferdinand von Kotzebue (1761 – 1819)

Dramatiker Als Verfasser trivialer Lustspiele einer der meistgespielten Theaterschriftsteller der Goethezeit, hat der in Weimar geborene August von Kotzebue nicht unbedingt große Literaturgeschichte, aber doch – ungewollt – deutsche Geschichte geschrieben.

Denn der nach einer Karriere in St. Petersburg und längeren Aufenthalten in Reval, Paris und Mainz seit 1817 wieder in Weimar lebende Kotzebue profilierte sich als einer der schärfsten Gegner der nach Freiheit rufenden Burschenschafter. Zudem wurde er, der als Konsul in den Diensten des Zaren stand, als russischer Spion verdächtigt. 1819 ermordete ihn in Mannheim der Jenaer Burschenschafter Karl Ludwig Sand. Unmittelbare Folge dieser Tat waren die **Karlsbader Beschlüsse**, die für lange Jahre jegliche demokratischen Bestrebungen im Keim erstickten.

Franz Liszt (1811 – 1886)

Musiker Der Pianist, Dirigent und Komponist aus Raiding (ungar. Doborján, heute zum österreichischen Burgenland gehörend) gab 1841 erstmals Konzerte in Weimar und erhielt 1842 die Stelle eines außerordentlichen Hofkapellmeisters, die er 1844 antrat. Seine Wohnung in der Altenburg im Haus der Fürstin Sayn-Wittgenstein entwickelte sich ab 1848 zum gesellschaftlichen Mittelpunkt Weimars: Berühmtheiten wie Bettina von Arnim, Hector Berlioz, August Hoffmann von Fallersleben, Gustav Freytag und Friedrich Smetana trafen sich dort. Mit Liszt begann das **»Silberne Zeitalter«** Weimars, in dessen Verlauf sich die Stadt zu einem Zentrum internationaler Opernkunst entwickelte. Unter seiner Leitung kamen Werke von Berlioz, Verdi, Wagner und Peter Cornelius auf die Bühne. Allerdings war das meist eher konservativ eingestellte Weimarer Publikum nicht immer glücklich über

? WUSSTEN SIE SCHON ...?

- ... dass Liszt sein Weimarer Amt durch einen Skandal verlor? Die Uraufführung der Oper »Der Barbier von Bagdad« (1858) des Liszt-Freundes und Komponisten Peter Cornelius (1824 – 1874) fiel durch, denn die Gegner Liszts, darunter der Generalintendant des Weimarer Theaters Franz Dingelstedt, hatten dafür gesorgt, dass die Vorstellung kräftig gestört wurde. Liszt trat unmittelbar nach der missglückten Premiere als Hofdirigent zurück.

die von Liszt favorisierte zeitgenössische Musik. 1858 legte er sein Amt als Hofkapellmeister nieder und folgte 1861 der Fürstin Sayn-Wittgenstein nach Rom. Die letzten eineinhalb Jahrzehnte seines Lebens verbrachte er abwechselnd in Rom und Weimar. Seine 1869 bezogene Wohnung Marienstraße 17 ist heute Museum.

Maria Pawlowna (1786 – 1859)

Großherzogin von Sachsen-Weimar-Eisenach

Die Tochter des späteren Zaren Paul I. und dessen Frau Sophie-Dorothea von Württemberg-Mömpelgard heiratete 1804 in einer prunkvollen Zeremonie am St. Petersburger Hof Carl Friedrich, den künftigen Herzog von Sachsen-Weimar-Eisenach, und zog im November desselben Jahres, mit einer beträchtlichen Aussteuer und wertvollen Geschenken im Gepäck, in Weimar ein. Mehrfach musste sie mit ihrem Gefolge vor den Truppen Napoleons I. fliehen, doch ihre enge Beziehung zum russischen Hof bedeutete für das kleine Herzogtum einen gewissen Schutz und war beim Wiener Kongress 1815 mit ausschlaggebend für die Erhebung zum Großherzogtum.

Weimars große Mäzenin

Nach der Geburt zweier Töchter, darunter 1811 geborene Augusta, die nachmalige Deutsche Kaiserin, kam 1818 Erbprinz Carl Alexander zur Welt. Maria Pawlowna war wie die Großmutter ihres Mannes, Anna Amalia, eine große Liebhaberin und Förderin der Künste. Den vergleichsweise liberalen Anschauungen, die sie mit Carl Friedrich teilte, verdankten manche in der Zeit der Restauration anderswo verfolgte Künstler ihre Entfaltungsmöglichkeiten, so Franz Liszt und Richard Wagner. Die Großherzogin zeigte darüber hinaus **soziales Engagement**, unterstützte etwa die Gründung eines Sparkassenvereins, gewährte aber auch so manche finanzielle Hilfe aus ihrem eigenen Vermögen, wovon u. a. Johann Peter Eckermann profitierte. In der russisch-orthodoxen Kapelle der Fürstengruft fand die hoch verehrte Maria Pawlowna ihre letzte Ruhestätte.

Friedrich Schiller (1759 – 1805)

Neben dem Dichterfürsten Johann Wolfgang von Goethe ragt nur noch eine Gestalt ebenbürtig aus der Vielzahl Weimarer Dichter und Literaten heraus – die des stets im gleichen Atemzug mit Goethe genannten Friedrich Schiller. **Dichter**

Geboren im schwäbischen Marbach am Neckar, besuchte Schiller zunächst in Stuttgart die sog. Hohe Carlsschule, die »Kaderschmiede« des württembergischen Herzogs Carl Eugen, um das Handwerk des Feldarztes zu erlernen. Als Schiller 1782 in Mannheim sein Drama »Die Räuber« uraufführen ließ und trotz herzoglichen Verbots dort anwesend war, untersagte ihm Carl Eugen jede weitere schriftstellerische Tätigkeit. In der Nacht vom 22. auf den 23. September 1782 floh Schiller aus Stuttgart. Über Mannheim, Braunbach, Meiningen und Loschwitz kam er schließlich 1787 nach Weimar, um Goethe kennenzulernen und sich eine freie Existenz als Dichter aufzubauen.

Im Jahr 1789 folgte er einem Ruf als Geschichtsprofessor nach Jena, kehrte jedoch zehn Jahre später endgültig nach Weimar zurück. Dort wohnte er zunächst in der Windischengasse, von wo er 1802 in das heutige Schillerhaus an der damaligen Esplanade umzog.

In seinen ersten Weimarer Jahren schrieb er die großen Dramen »Maria Stuart« (1800) und »Die Jungfrau von Orléans« (1801). Im Haus an der Esplanade entstanden »Die Braut von Messina« (1803), »Wilhelm Tell« (1804) und das »Demetrius«-Drama, das Fragment blieb. Sie alle wurden in Weimar uraufgeführt. Mit seinem Tod 1805 endete auch die von der Freundschaft zu Goethe geprägte große Zeit der Weimarer Klassik.

Charlotte von Stein (1742 – 1827)

Charlotte, die in Eisenach geborene Tochter des Hofmarschalls Johann Christian Wilhelm von Schardt, wurde mit 15 Jahren Hofdame der Herzogin Anna Amalia und heiratete 1764 den herzoglichen Oberstallmeister von Stein. Der allerdings interessierte sich mehr für Pferde und hatte für die künstlerischen Interessen seiner Frau wenig übrig. In Goethe, dem sie 1775 erstmals begegnete, fand Charlotte von Stein jedoch einen Seelenverwandten und möglicherweise mehr. Jedenfalls überschüttete das junge Genie sie mit **mehr als 800 teils glühend formulierten Briefen**. Was auch immer zwischen beiden geschah – Goethe stieß sich bei Frau von Stein offenbar die Hörner ab, was in der Literaturgeschichte gemeinhin als »Läuterung« umschrieben wird und Charlotten den Titel einer »Besänftigerin« und »Ratgeberin« einbrachte. Allerdings zog es den unruhigen Liebhaber allmählich aus Wei- **Goethes Angebetete**

mar fort: 1786 brach Goethe, ohne Abschied zu nehmen, nach Italien auf. Das bald nach seiner Rückkehr 1788 beginnende Verhältnis mit Christiane Vulpius führte vollends zum Bruch zwischen Goethe und Charlotte von Stein. Trotzdem war sie in die Erziehung von Goethes Sohn August einbezogen und in späteren Jahren entwickelte sich wieder eine wenn auch distanzierte Freundschaft, die bis zum Tod Charlotte von Steins anhielt.

Christiane Vulpius (1765 – 1816)

Goethes Ehefrau Christiane Vulpius, Kunstblumenmacherin in der Bertuch'schen Fabrik und Tochter eines wegen seiner Alkoholsucht stellungslos gewordenen Amtsarchivars, lebte mit ihrer Familie in bedrängten Verhält-

Goethes »Blumenmädchen«

nissen. Ihr Bruder Christian (1762 – 1827) stand noch ganz am Anfang seiner Schriftstellerkarriere und bedurfte der Unterstützung. Daher trat Christiane 1788 im Park an der Ilm an Goethe heran – und die beiden kamen sich rasch näher. Die Weimarer zerrissen sich das Maul über das ungleiche Paar, doch der Dichterfürst genoss es offenbar, **die Liebe von ihrer unbekümmerten und handfesten Seite** her kennenzulernen, zumal er damit keine größeren Verpflichtungen verband. Christiane lebte zwar bei ihm, sie hatten auch mehrere Kinder, von denen bis auf den Sohn August alle früh starben, aber Goethe ließ sich geschlagene 18 Jahre lang Zeit, die Verbindung zu legalisieren. Entscheidend dafür war wohl das tapfere Dazwischengehen Christianes, als 1806 marodierende französische Soldaten

Goethe in seinem Haus bedrohten. Einige Tage danach heirateten die beiden. Christiane von Goethe versah insgesamt fast 30 Jahre lang Goethes Haushalt mit praktischem Verstand und energischer Hand. In ihren letzten Lebensjahren begann sie zu kränkeln, erlitt 1815 einen Schlaganfall und starb ein Jahr später an Nierenversagen. Sie ist auf dem Jakobsfriedhof in Weimar begraben.

Ihr Bruder Christian avancierte zu einem erfolgreichen Schriftsteller mit dem dreibändigen Abenteuerroman **»Rinaldo Rinaldini, der Räuberhauptmann«**, einer turbulenten Komödie, die mehrfach verfilmt wurde und in dramatisierter Form heute noch auf so mancher Bühne gespielt wird.

Christoph Martin Wieland (1733 – 1813)

Der im schwäbischen Biberach geborene, umfassend humanistisch **Schriftsteller**
gebildete Wieland entwickelte sich vom pietistisch geprägten Dichter
zu einem der wichtigsten Schriftsteller der Aufklärung und gilt als
Begründer des Bildungsromans. Außerdem trat er als Übersetzer,
u. a. von Shakespeares Werken,
hervor. 1772 kam er, bis dahin
Professor der Philosophie an der
Universität Erfurt, auf Bitten der
Herzogin Anna Amalia als Lehrer
und Erzieher für den künftigen Regenten Carl August an den Weimarer Hof.

Als der junge Herzog sein Amt antrat, konzentrierte sich Wieland –
durch eine Pension finanziell abge-
sichert – auf seine äußerst vielfältigen literarischen Aktivitäten:
Er gab die literarische Zeitschrift
»Teutscher Merkur« heraus, übersetzte für seine Zeitschrift »Atti-
sches Museum« Werke von Aristo-
phanes und Euripides, schrieb Ge-
sellschaftssatiren wie die »Neuen
Göttergespräche«, das romantische
Gedicht »Oberon«, Romane und
Erzählungen.
Von 1797 bis 1803 bewohnte Wieland das Rittergut Oßmannstedt in
der Nähe von Weimar, wo ihn u. a.
Heinrich von Kleist besuchte; sein

Der 50-Jährige in Bronze auf dem Wielandplatz

letztes Lebensjahrzehnt verbrachte
er wieder in Weimar. Begraben ist
der hoch geehrte Dichter in Oßmannstedt, gemeinsam mit seiner
Frau und Sophie Brentano, der Enkelin seiner einstigen Verlobten
Sophie von La Roche.

Praktische Informationen

OB DIE BESTE BRATWURST
ODER DEN GRÖSSTEN KLOSS,
DAS SCHÖNSTE FEST, DIE
NETTESTE KNEIPE ODER DAS
IDEALE HOTEL: AUF DEN FOLGENDEN
SEITEN FINDEN SIE WICHTIGE HINWEISE FÜR EINEN
GELUNGENEN AUFENTHALT IN WEIMAR.

Anreise

Mit dem Auto Aus westlicher Richtung ist Weimar zu erreichen über die dreispurig ausgebaute Autobahn A 4. Diese führt von Frankfurt/M. südlich an Erfurt und Weimar vorbei weiter in Richtung Osten nach Chemnitz und dann nach Dresden.

Aus dem Norden (Leipzig) und Süden (Nürnberg) gelangt man über die A 9 zum Hermsdorfer Kreuz, wo man auf die A 4 abzweigt. Aus Richtung Würzburg führt die neue A 71 direkt zum Erfurter Kreuz. Prinzipiell ist Weimar mit dem Auto sehr gut erreichbar. Dieses wird allerdings nach der Ankunft schnell zur Last. Die Innenstadt ist für den Verkehr gesperrt, die Zahl der Parkplätze begrenzt. Auch für einen Besuch der touristischen Ziele im Weimarer Umland ist der eigene Pkw nicht zwingend erforderlich, denn diese sind mit dem öffentlichen Nahverkehr gut erreichbar.

Mit der Bahn Weimar ist mit der Bahn sehr gut zu erreichen. Keine drei Stunden dauert die ICE-Fahrt von Berlin hierher. Von der **ICE-Strecke**, die Frankfurt (ca. 2,5 Std. Fahrt) mit Dresden (ca. 2 Std. Fahrt) verbindet, profitieren nicht nur Reisende aus diesen beiden Städten, die Weimar ebenfalls direkt erreichen. Auch Stuttgarter erreichen Weimar nach nur vier Stunden. Allerdings müssen diese einmal umsteigen, genau wie Hamburger (knapp 4 Std.) oder Münchner (ca. 4,5 Std.).

Per Pedes kommt man natürlich auch nach Weimar.

Flugverbindungen nach Weimar führen nur über den rund 30 km entfernten Flughafen Erfurt-Bindersleben oder über den ca. 120 km entfernten Leipziger Flughafen. Der kleine Flughafen Weimar-Umpferstedt liegt etwa 5 km östlich an der B 87 und ist höchstens für Privatflieger relevant.

Mit dem Flugzeug

Ausgehen

Weimar ist eine Studentenstadt. So muss man keine Angst haben, dass die Stadt nach Museumsschluss verödet. Zu DDR-Zeiten spielte sich das Nachtleben vor allem in den **Studentenclubs** ab, von denen sich einige erhalten haben. Dort ist die Chance auf ein Live-Konzert am Abend recht gut. Neben den einschlägigen Nachtadressen gibt es aber auch einige Restaurants und Cafés, in denen man sehr gut den Abend verbringen kann. Dazu gehören das »Residenz-Café«, genannt »Resi«, das Restaurant-Café »Christoph Martin« und das ACC (▶Essen und Trinken, S. 63).

Nachtleben vorhanden!

▶ AUSGEHADRESSEN

▶ ① **siehe Plan S. 56 / 57**

BARS UND CLUBS

▶ ① *Beatcorner*
Carl-von-Ossietzky-Str. 42
Tel. 0171 / 642 27 29
www.beatcorner.de
In der Musikkneipe gibt's die Hits der 1960er- und 1970er-Jahre – samt entsprechendem Ambiente.

▶ ② *C. Keller*
Markt 21
Tel. 50 27 55
www.c-keller.de
Tagsüber bietet die Teestube rund 20 verschieden Teesorten an, aber auch etwa 10 Biersorten, abends öffnet dann die Bar im Keller.

▶ ③ *Planbar*
Jakobsplan 6
Tel. 50 27 85; www.planbar-we.de

Wie es sich für eine echte Szenebar gehört, legen hier fast täglich DJs von Independent über Elektro bis Rock auf. Das Cocktailangebot ist das vielleicht beste der Stadt.

▶ ④ *Studentenclub Kasseturm*
Goetheplatz 10
Tel. 85 16 70; www.kasseturm.de
Der ehemalige Wehrturm war zu DDR-Zeiten vor allem das Domizil der Architekturstudenten. Der Bierkeller hat täglich geöffnet, Party gibt es u. a. beim Mittwochsmix; dienstags tanzt man Salsa und donnerstags Tango.

▶ ⑤ *Studentenclub Schützengasse*
Schützengasse 2
Tel. 90 43 23
www.schuetzengasse.de
In der »Schütze« trafen sich einst hauptsächlich die Bauingenieure. Neben dem täglichen Kneipen-

Weimar Ausgehen, Essen & Übernachten

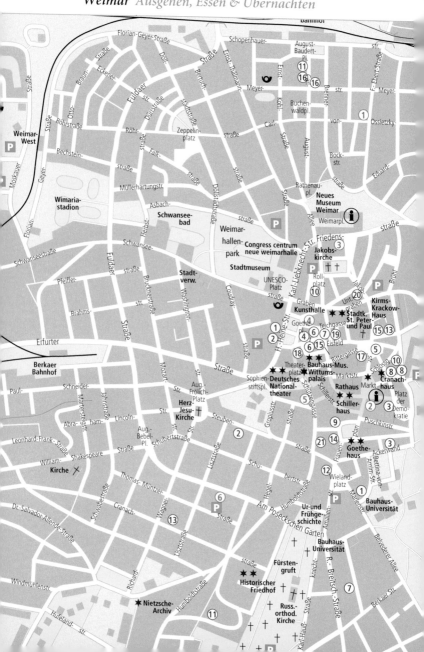

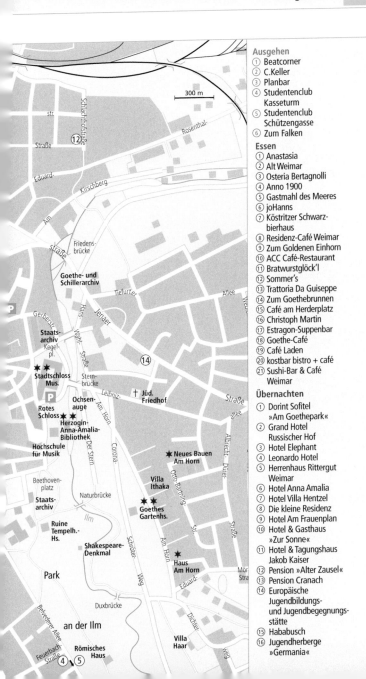

Ausgehen
1. Beatcorner
2. C.Keller
3. Planbar
4. Studentenclub Kasseturm
5. Studentenclub Schützengasse
6. Zum Falken

Essen
1. Anastasia
2. Alt Weimar
3. Osteria Bertagnolli
4. Anno 1900
5. Gastmahl des Meeres
6. joHanns
7. Köstritzer Schwarzbierhaus
8. Residenz-Café Weimar
9. Zum Goldenen Einhorn
10. ACC Café-Restaurant
11. Bratwurstglöck'l
12. Sommer's
13. Trattoria Da Guiseppe
14. Zum Goethebrunnen
15. Café am Herderplatz
16. Christoph Martin
17. Estragon-Suppenbar
18. Goethe-Café
19. Café Laden
20. kostbar bistro + café
21. Sushi-Bar & Café Weimar

Übernachten
1. Dorint Sofitel »Am Goethepark«
2. Grand Hotel Russischer Hof
3. Hotel Elephant
4. Leonardo Hotel
5. Herrenhaus Rittergut Weimar
6. Hotel Anna Amalia
7. Hotel Villa Hentzel
8. Die kleine Residenz
9. Hotel Am Frauenplan
10. Hotel & Gasthaus »Zur Sonne«
11. Hotel & Tagungshaus Jakob Kaiser
12. Pension »Alter Zausel«
13. Pension Cranach
14. Europäische Jugendbildungs- und Jugendbegegnungsstätte
15. Hababusch
16. Jugendherberge »Germania«

betrieb gibt es regelmäßig Live-Musik oder Disko, donnerstags ist Salsa-Party.

► ⑥ *Zum Falken*
Trierer Straße 7
Tel. 50 55 66
www.zumfalken.de
Was von außen wie eine normale Eckkneipe aussieht, entpuppt sich als Szenetreff mit Musik, Schachspielen und gemeinsamem Fußballgucken.

KINOS

► 3-D-Kino
Weimar Atrium, Tel. 49 97 56
www.cinemagnum.de
Das dreidimensionale Leinwand-Spektakel zeigt im Obergeschoss des Weimar Atriums Filme u.a. über Dinos, ägyptische Mumien und über die Klassikerstadt selbst.

► CineStar
Schützengasse 14, Tel. 47 57 67
www.cinestar.de
Das »Cinestar« bringt den einschlägigen Mainstream auch nach Weimar.

► Kommunales Kino mon ami
Goetheplatz 11
Tel. 84 77 45
www.monami-weimar.de
Im »mon ami« stehen aktuelle Filmkunstperlen und Klassiker auf dem Programm.

► Lichthaus
Am Kirschberg 4
www.lichthaus.info
Im ehemaligen Straßenbahn-Depot laufen aktuelle Arthouse-Hits und anspruchsvolles Hollywood-Kino. Im Sommer auch Open-Air-Veranstaltungen.

Auskunft

▶ WICHTIGE INFO-ADRESSEN

AUSKUNFTSTELLEN

► Tourist-Information
Markt 10
D-99423 Weimar
Tel. 036 43 / 74 50
Fax 74 54 20
www.weimar.de
Öffnungszeiten:
April – Okt. Mo. – Sa.. 9.30 bis 19.00, So. 9.30 – 15.00;
Nov. – März Mo. – Fr. 9.30 bis 18.00, Sa. u. So. 9.30 – 14.00 Uhr.

► Welcome-Center
Friedensstr. 1

Filiale der Tourist-Information im »Weimar Atrium«
Öffnungszeiten:
Mo. – Sa. 10.00 – 18.00 Uhr

► Fremdenverkehrsverband Weimarer Land e. V.
Markt 10
D-99423 Weimar
Tel. 036 43 / 74 54 33
Fax 74 54 20
www.im-weimarer-land.de
Der Verband vermittelt Unterkünfte und empfiehlt sehenswerte Ausflugsziele im Umland

Mit Behinderung unterwegs

Viele öffentliche Einrichtungen Weimars sind auf die Bedürfnisse be- **Detaillierte**
hinderter Menschen eingestellt. Über die ▶ Tourist-Information ist **Auskunft**
die kostenlose **Broschüre** »reise[n] nach weimar« erhältlich. Diese
beinhaltet auch detaillierte Hinweise über die behindertengerechte
Ausstattung der einzelnen touristischen Attraktionen. Noch ausführ-
licher ist die **Internetseite** www.weimar.de; der Servicebereich unter-
stützt unter dem Stichwort »Gäste mit Handicap« mit Informationen
zu behindertengerechten Stadtführungen oder zur Ausstattung der
einzelnen Hotels hervorragend die Planung einer Weimar-Reise. Aus-
künfte erteilt auch der Senioren- und Behindertenbeauftragte der
Stadt Weimar (Tel. 036 43 / 76 27 64).

Essen und Trinken

Thüringens berühmtestes Gericht sind die Rostbratwürste (auch **Thüringer**
Roster genannt). Wenn von den Plätzen Thüringer Städte ihr ange- **Rostbratwurst**
nehmer Duft aufsteigt (manchmal mit dem Aufruf »Rost brennt«
garniert), spricht man auch vom Thüringer Weihrauch. Man ver-
wendet für sie fast ausschließlich
fein gehacktes Schweinefleisch, ge-
würzt mit Salz, Pfeffer und Majo-
ran. In rohem Zustand sind die
Würste eher unansehnlich und
schlaff, aber das ist der Trick: Denn
nur so werden sie auf dem mit einer Speckschwarte eingefetteten
Rost prall und platzen dennoch
nicht. Rundum hübsch knusprig-
braun über Holzkohle gebraten
(und nicht über Gas!), werden sie
in ein Brötchen gepackt und mit
Senf bestrichen gegessen.

? WUSSTEN SIE SCHON ...?

■ Die Brat-Lust der Weimarer war Bernd
Kauffmann, Intendant der Kulturhauptstadt
1999, ein Dorn im Auge oder besser zu viel
Rauch in der Nase. Er strebte – in völliger
Verkennung der Lage – ein »Bratwurstverbot«
an. Nach einer Medienkampagne und Protesten der Bevölkerung (angeführt von der
Initiative »Rettet die Thüringer Bratwurst«)
und nachdem der damalige OB von Weimar
die Wurst zum Kulturobjekt erklärt hatte,
wurde das Verbot lediglich auf bestimmte
Veranstaltungsorte beschränkt.

Kaum weniger beliebt als die Bratwurst (aber nicht mit ihr auf dem
Teller): die **Thüringer Klöße** – die regional ganz verschiedene Namen
haben können: »Hütes«, »Höbes«, »Hebes«, »Knölla« oder »Gleeß«.
Dazu werden rohe Kartoffeln gerieben und aus der daraus entstehenden Masse die Stärke ausgepresst. Darunter mischt man zerdrückte
gekochte Kartoffeln (das Mischungsverhältnis macht die Kunst aus),
und aus dieser Masse formt man nun die kugelrunden Klöße, wobei
in jeden einige geröstete Weißbrotwürfel eingearbeitet werden. Die

Typisch Thüringer Küche: Roulade mit Klößen

Klöße müssen in heißem Wasser sieden (und nicht kochen!). Klöße sind streng genommen ein Hauptgericht, doch bekommt man sie in der Regel als Begleitung zu allerlei Gebratenem (Schwein, Wild, Gans, Rouladen) mit dunklen Soßen oder zu Gulasch.

Thüringer Rostbrätel

Ebenfalls auf einem mit Speckschwarte gefetteten Holzkohlengrill – jedenfalls wenn es stilecht zubereitet wird – wird das Thüringer Rostbrätel gebraten, ein zuvor mit Senf bestrichenes und mehrere Stunden in Bier mit Zwiebelringen mariniertes Stück vom Schweinenacken. Während des Bratens wird das Fleisch immer wieder mit Bier bespritzt. Rostbrätel serviert man mit den angedünsteten Zwiebeln; meistens isst man nur Brot dazu.

Kuchen und Stollen

Thüringens Kuchenbäcker bevorzugen Blechkuchen, im Sommer mit Beeren aller Art (Stachelbeeren, Johannisbeeren, Preiselbeeren), Rharbarber und Zwetschgen belegt. »Nasse« Kuchen haben einen Belag aus Quark, als »trockenen« Kuchen bezeichnet man Streuselkuchen. Im Winter ist besonders der schwere Christstollen mit Rosinen und Orangeat begehrt, den man in Südthüringen »Christsaamel« nennt, in Mittel- und Ostthüringen »Krescheit« oder »Christscheit«.

In Thüringen trinkt man gern und auch oft Bier. Platzhirsch in Weimar ist das »Ehringsdorfer« aus der 1836 gegründeten Brauerei in Weimar-Ehringsdorf, die sich insbesondere auf zwei Biersorten spezialisiert hat: »Ehringsdorfer Urbräu« und »Weimarer Pilsener«. Wer anderes Bier aus der Region sucht: Gut vertreten in Weimars Gaststätten sind die Biere aus der Apoldaer Vereinsbrauerei und von Braugold aus Erfurt.

Bier

! Baedeker TIPP

Konkurrenz für den Jägermeister

1828 beginnt die Geschichte des »Aromatique« aus Neudietendorf bei Arnstadt. Der von seinen Fans liebevoll »Aro« genannte Magenbitter gehört zum Standardsortiment jedes Thüringer Supermarkts und vieler Kneipen. Sehr lecker und mindestens genauso gut wie der »Wessi«-Bruder. Unbedingt probieren!

Den Aufenthalt in Weimar kann man auch zum kulinarischen Erlebnis werden lassen. Einige **Restaurants** haben echte Spitzengastronomie zu bieten. So wurde Marcello Fabbri, Küchenchef des »Anna Amalia« im Hotel »Elephant« (► S. 84), als einziger Koch Thüringens mit einem der begehrten Michelin-Sterne ausgezeichnet. Doch nicht nur die noblen Adressen wissen zu gefallen. In vielen kleinen Lokalen wird regionale Küche auf gutem Niveau geboten.

 RESTAURANTAUSWAHL

► ① **siehe Plan S. 56 / 57**

► **Preiskategorien**
Fein & teuer: ab 15 €
Erschwinglich: 10 – 15 €
Preiswert: bis 10 €
Für ein Hauptgericht

FEIN & TEUER

► ① *Anastasia*
Tel. 77 48 14
Goetheplatz 2
Im exquisiten Gourmet-Restaurant des »Russischen Hofs« werden erlesene Fischgerichte und fantasievolle Kreationen nach dem Angebot der Saison serviert.

► ② *Alt Weimar*
Prellerstr. 2
Tel. 8 61 90
In das ehemalige Wohnhaus

Rudolf Steiners zog Anfang des 20. Jhs. eine Weinstube, die zum Künstlertreff der Stadt avancierte. Heute zählt die Küche zu den besten Adressen der Stadt, hier speisten bereits Wladimir Putin, Gerhard Schröder und Michail Gorbatschow. Das Haus bietet auch 17 Gästezimmer.

Baedeker-Empfehlung

► ③ *Osteria Bertagnolli*
Seifengasse 16
Tel. 80 83 43
Der ehemalige Chefkoch des »Alt Weimar« setzt in seiner gemütlichen Osteria beim Haus der Frau von Stein mit Einsprengseln der regionalen Küche kreative Akzente in der ansonsten italienisch ausgerichteten Karte. Mittags gibt es leckere Pasta bereits ab 5 €.

ERSCHWINGLICH

► ④ *Anno 1900*
Geleitstr. 12a
Tel. 90 35 71
Der ehemalige Wintergarten des legendären Hotel Chemnitius fällt sofort ins Auge. Den äußeren Charme greift auch die Innenein-richtung auf, sodass man sich hier gern zu Kaffee und Kuchen oder zum Essen niederlässt.

► ⑤ *Gastmahl des Meeres*
Herderplatz 16
Tel. 90 12 00
Zu DDR-Zeiten war ein Platz in den »Gastmahl des Meeres« genannten Fischgaststätten nur schwer zu ergattern. Und noch heute ist der »Gemischte Grill-teller« ein Klassiker der Karte.

► ⑥ *joHanns Hof*
Scherfgasse 1
Tel. 49 36 17
Saisonorientierte, frische Küche, eine beeindruckende Auswahl an Saale-Unstrut-Weinen, eine gut sortierte Bier- und Cocktail-Karte sowie eine spezielle Karte für Kinder.

► ⑦ *Köstritzer Schwarzbierhaus*
Scherfgasse 4
Tel. 77 93 37
Die Wirtschaft im schönen, alten Fachwerkhaus der Geleitschenke setzt auf regionale Küche mit Braten und Rouladen. Spezialität des Hauses sind gebratene Kloß-scheiben, zu denen man sich eine Beilage wählt.

Für den kleinen Hunger zwischendurch braucht man nur 'nen Bratwurststand.

Natürlich hat er das getan ...

► ⑧ *Residenz-Café Weimar*
Grüner Markt 4
Tel. 594 08
Das »Resi« ist das älteste Kaffee-
haus und zu DDR-Zeiten einer
der wichtigsten Treffpunkte der
Stadt – und das ist bis heute so
geblieben. Man trifft sich auf
einen Kaffee, zum Abendessen
oder zu einem Absacker spät in
der Nacht.

► ⑨ *Zum Goldenen Einhorn*
Im Dorfe 16, Mechelroda
Tel. 03 64 53 / 806 35
Wer den Weg in das 14 km
südöstlich von Weimar gelegene
Dörfchen nicht scheut, wird mit
regionaler Küche vom Feinsten
belohnt. Zu den Bratengerichten
wird jeweils ein riesiger Kloß
serviert.

PREISWERT

► ⑩ *ACC Café-Restaurant*
Burgplatz 1
Tel. 85 11 61
Nicht nur die angeschlossene
Galerie, sondern vor allem auch
die sehr gute Küche mit günstigen,
wöchentlich wechselnden Ge-
richten zieht Künstler und Studenten ins ACC. Im Sommer sitzt
man herrlich unter alten Bäumen
direkt gegenüber vom Stadtschloss.

► ⑪ *Bratwurstglöck'l*
Carl-August-Allee 17a
Tel. 20 28 75
Altes Lokal in der Nähe des
Bahnhofs. Wenn es warm ist, wird
vor der Tür gebraten – praktisch
für die schnelle Wurst auf dem
Bahnsteig.

► ⑫ *Sommer's*
Humboldtstr. 2
Tel. 40 06 91

In den historischen Gaststuben
von 1868 wird hauptsächlich ver-
feinerte thüringische Küche angeboten, dazu eine gute Auswahl
regionaler Weine. In den Sommermonaten wird bei »Sommer's«
auch der hübsche, kleine Garten
im Hof bewirtschaftet (tgl. außer
So. ab 18.00 Uhr).

► ⑭ *Zum Goethebrunnen*
Frauenplan 13
Tel. 90 22 26
Nicht nur die Einrichtung der
»Altweimarischen Bierstuben« ist
rustikal, sondern auch die Küche:
Serviert wird deftige Hausmanns-
kost (tgl. 11.00 – 1.00 Uhr
geöffnet).

► ⑬ *Trattoria Da Guiseppe*
Vorwerksgasse 3
Tel. 81 48 38
Damit er immer frische Gerichte
anbieten kann, hat sich der aus
Kalabrien stammende Besitzer
entschlossen, die Karte klein zu
halten. Und weil das auch die
Preise sind, fühlt man sich in der
sympathischen Trattoria wirklich
ein bisschen wie in Italien.

CAFÉS & BISTROS

► ⑮ *Café am Herderplatz*
Herderplatz 15
Tel. 90 56 84
Hier genießt man leckere Kuchen
und Torten aus der hauseigenen
Bäckerei.

Vor dem Einkauf im Bioladen des »Erstragon« gibt's eine leckere Suppe.

▶ ⑯ **Christoph Martin**
Carl-August-Allee/Meyerstraße
Tel. 77 95 88
Das ehemalige »Wieland-Café«
genoss bereits zu Zeiten der
DDR als Studententreff Kultstatus
und noch immer kann man
hier bis spät in die Nacht sitzen.
Auch die gute, saisonal abge-
stimmte Küche ist sehr empfeh-
lenswert.

▶ ⑰ **Estragon-
Suppenbar**
Herderplatz 3
www.estragon-suppenbar.de
Gegenüber der Herderkirche sind
hinter einer detailgenau restaurierten klassizistischen Häuserfas-
sade zwei Läden zu finden: Den
Bioladen und die Suppenbar verbindet eine gemeinsame Theke
und die Verwendung frischer
Produkte aus ökologischem Anbau
– für knackige Salate und köstliche
Suppen.

▶ ⑱ **Goethe-Café**
Wielandstr. 4
Tel. 90 34 32
Direkt an der »Einflugschneise«
zur Fußgängerzone gelegenes Café;
Spezialität des Hauses sind die
Palatschinken.

▶ ⑲ **Café-Laden**
Karlstr. 8
Tel. 49 58 50
In dem etwas versteckt liegenden
Laden kann man aus einer großen
Auswahl feinster Kaffee- und
Schokoladenkreationen wählen
sowie hochwertige Kaffees,
Maschinen und Designer-Mobiliar
für die Frühstücksecke daheim
mitnehmen.

▶ ⑳ **kostbar
bistro + café**
Große Kirchgasse 2
Tel. 773 72 00
Eine gute Adresse für den Snack
zwischendurch. Die Küche ist auf
Suppen und fantasievolle Sand-
wich-Kreationen spezialisiert
(Mo. – Fr. 9.00 – 20.00, Sa. bis
16.00 Uhr geöffnet).

▶ ㉑ **Sushi-Bar & Café Weimar**
Schützengasse 9
Tel. 49 23 31
Günstige und gute Sushi-Bar in
schönem Ambiente. Für Qualität
und Authentizität garantiert der
Betreiber, ein Koreaner, der sich
nach dem Medien-Studium lieber
um die kulinarischen Belange der
Weimarer kümmern wollte (tgl.
bis Mitternacht geöffnet).

Feste und Events

Gleich zwei kostenlose Veranstaltungskalender informieren über das aktuelle Geschehen. Beide Publikationen erscheinen alle zwei Monate. Das von der Tourist-Information herausgegebene, ausführliche Heft »veranstaltungen weimar« bezieht auch das Umland mit ein. Die Broschüre der »Klassik Stiftung Weimar« ist auf die Einrichtungen der Stiftung fokussiert; sie umfasst neben den Ausstellungen und Veranstaltungen auch die Termine der öffentlichen Führungen in den Institutionen.   Immer aktuell

 VERANSTALTUNGSKALENDER

FEBRUAR

▶ Fasching
Im protestantischen Kernland sammeln sich alle Narren in Apolda zum großen Straßenumzug.

MÄRZ / APRIL

▶ Haseneier-Suchen
Immer am Gründonnerstag lud Goethe Kinder zum sogenannten Haseneier-Suchen in seinen Garten. Dieser Brauch ist bis heute lebendig. Jährlich wird ein Weimarer Kindergarten eingeladen, ab 10.00 Uhr an Goethes Gartenhaus nach Ostereiern zu suchen. Es ist richtig nett, den Kleinen heimlich dabei zuzusehen.

▶ Weimarer Reden
Traditionsreiche Veranstaltungsreihe im Nationaltheater mit jährlich wechselndem Thema, zu dem sich an den vier Sonntagen im März prominente Redner äußern.

MAI

▶ Köstritzer Spiegelzelt
Von Anfang Mai bis Mitte Juni bietet das Zelt auf dem Beethovenplatz kulinarische, vor allem aber kulturelle Leckerbissen von Musik über Theater bis Comedy. www.koestritzer-spiegelzelt.de

▶ Blumenmarkt
Am dritten Mai-Wochenende zieht es Blumenfreunde wie Hobbygärtner auf den Marktplatz.

▶ Open Gardens
Ende Mai / Anfang Juni öffnen schöne Privatgärten in Weimar und Umgebung ihre Tore für Besucher. www.thueringen.bdla.de

> **! Baedeker TIPP**
>
> **Tollkühne Piloten**
> Aus einem kleinen Studenten-Spaß ist mittlerweile ein richtiges Event geworden, zu dem viele »Ehemalige« extra in die Stadt reisen: das Seifenkistenrennen oder neudeutsch der »Spacekidheadcup«. Am Rennen (immer am 1. Mai in der Belvederer Allee unterhalb des Schlosses) kann jeder teilnehmen, Hauptsache, das selbst gebastelte Gefährt verfügt über Lenkung und Bremse und ist nicht schwerer als 150 kg: www.spacekidheadcup.de.

JUNI

▶ backup_festival

Das Festival widmet sich den neuen Medien im Film (u. a. Experimentelles und Musikclips) und findet im Juni auf dem Gelände des E-Werks statt. www.backup-festival.de

▶ Museumsnacht

Auch in Weimar haben Museen, Kirchen und Archive in der Museumsnacht bis 24.00 Uhr geöffnet (Termin zwischen Ende Mai und Anfang Juni).

▶ Brunnenfest in Bad Berka

Traditionelles Fest inklusive Turmblasen und Höhenfeuerwerk, mit dem die Bewohner einst ihre »Bad-Werdung« feierten. Alle zwei Jahre findet ein großer Themenumzug statt. www.brunnenfestbad-berka.de

▶ Trachtenkirmes in Oßmannstedt

Die bodenständige Trachtenkirmes steigt Mitte bis Ende Juni im benachbarten Oßmannstedt. »Sportliche« Höhepunkte sind Stiefeleintrinken und Bierkastenstapeln …

▶ Rosenfest Kranichfeld

Ein Ausflug in das im Ilmtal gelegene schmucke Städtchen Kranichfeld lohnt nicht nur, wenn dort im Juni das Rosenfest gefeiert wird.

JULI

▶ Yiddish Summer Weimar

Einen Monat lang gibt's Konzerte, Tanzveranstaltungen und Workshops mit Klezmermusik und Musik der Roma (www.yiddishsummer-weimar.de).

AUGUST

▶ Weinfeste in Bad Sulza und Weimar

Guten Wein, besonders aus dem Anbaugebiet Saale-Unstrut, gibt es auf beiden Festen, die Thüringer Weinprinzessin wird allerdings in Bad Sulza (am dritten August-Wochenende) gekürt.

▶ Kunstfest Weimar

Trotz ständiger finanzieller Schwierigkeiten mit dem Kunstfest »pèlerinages«, gelingt es den Organisatoren jedes Jahr Musiker und Theaterensembles von internationalem Rang in die Stadt zu holen (Mitte August bis Mitte September). www.kunstfest-weimar.de

▶ Goethes Geburtstag

Am 28. August wird Weimars wichtigster Mann mit diversen Veranstaltungen gefeiert.

▶ Party.San Bad Berka

Es muss ja nicht immer Klassik sein: Mitte August sind alle Strömungen der Metal-Musik von internationalen Top-Acts beim dreitägigen Open-Air-Festival zu genießen (www.party-san.net).

SEPTEMBER

▶ Kartoffelfest

Am 1. Samstag des Monats wird im 6 km entfernten Heichelheim u.a. die skurrilste Kartoffel prämiert.

▶ Töpfermarkt

Anfang September bieten Thüringer Töpfer drei Tage lang auf dem Marktplatz ihre Waren an. Weiterer Höhepunkt: die Freisprechung der Gesellen.

Eine Tasse mit Heißem wärmt Groß und Klein auf dem Weihnachtsmarkt.

▶ **Tag der offenen Ateliers**
Ende September kann man zur Entdeckungsreise in die Ateliers der Weimarer Künstler aufbrechen.

OKTOBER

▶ **Zwiebelmarkt**
Weimars berühmtestes Volksfest findet immer am zweiten Wochenende im Oktober statt (s. S. 168).

NOVEMBER/DEZEMBER

▶ **Weihnachtsmarkt**
Ab Ende November werden die Schillerstraße und der Marktplatz zu einem romantischen Weihnachtsmarkt umgestaltet. Eine besondere Attraktion ist dann das Rathaus, dessen Fenster sich in einen riesigen Adventskalender verwandeln.

? WUSSTEN SIE SCHON ...?

■ ... dass nach derzeitigen Erkenntnissen in Weimar weltweit erstmals ein Weihnachtsbaum öffentlich auf einem Marktplatz stand? Der Hofbuchhändler Johann Wilhelm Hoffmann stellte den Baum 1815 vor seinem Laden im Cranachhaus gegenüber dem Rathaus auf, damit auch Kinder ärmerer Menschen etwas abbekommen konnten vom weihnachtlichen Glanz.

Gesundheit

APOTHEKEN

▶ **Adler-Apotheke**
Steubenstr. 48
Tel. 85 21 50

▶ **Bahnhof-Apotheke**
Carl-August-Allee 14
Tel. 543 20

▶ **Hofapotheke**
Markt 4
Tel. 50 00 04

▶ **Liszt-Apotheke**
Lisztstr. 1
Tel. 531 11

▶ **Löwen-Apotheke**
Goetheplatz 1
Tel. 247 60

▶ **Nord-Apotheke**
Friedrich-Naumann-Str. 2
Tel. 20 27 87

▶ **Sonnen-Apotheke**
Marcel-Paul-Str. 48
Tel. 42 20 96

▶ **Stadt-Apotheke**
Frauentorstr. 3
Tel. 20 20 93

▶ **Theater-Apotheke**
Steubenstr. 30
Tel. 50 22 50

KLINIKUM

▶ **Sophien- und
Hufeland-Klinikum**
Henry-van-de-Velde-Str. 2
Tel. 570
Fax 57 20 02
www.klinikum-weimar.info
Kliniken, Ambulanz und
Unfallnotdienst

Mit Kindern unterwegs

Gegen die Langeweile Auch für die Kinder der Weimar-Gäste hat die Klassikerstadt einiges zu bieten. Der Musumspädagogische Dienst der Klassik Stiftung organisiert in den meisten zur Stiftung gehörenden Museen und Gedenkstätten spezielle Führungen für Kinder. Einige Museen dürften auch schon allein aufgrund ihrer lebendig gestalteten Ausstellung für Kinder interessant sein. So fasziniert das Museum in der Albert-Schweitzer-Gedenkstätte mit seiner Entdeckungsreise über den Globus. Auch das Deutsche Bienenmuseum , das Museum für Ur- und Frühgeschichte oder das WeimarHaus sind für einen Besuch mit Kindern bestens geeignet. Näheres erfährt man auf der Homepage der Klassik Stiftung: www.klassik-stiftung.de. Von der Tourist-Information erhält man die Broschüre **»Weimar für Kinder«** (als Download auf www.weimar.de) mit vielen weiteren nützlichen Tipps – von der kindgerechten Stadtführung und Malkursen im »Offenen Atelier« (www.malschule-weimar.de) bis zum Blick hinter die Kulissen des Deutschen Nationaltheaters.

Für ausreichend Outdoor-Aktivitäten der Kleinen sorgen die zahlreichen **Spielpätze** in der Stadt, u.a. im Ilm-Park, auf dem Frauenplan, hinter dem Bauhaus-Museum, in der Böttchergasse nahe des Nationaltheaters oder im Weimarhallenpark. Und bei schlechtem Wetter geht's zum »Andilli Indoorspielplatz« in der Friedensstraße.

◀ An der frischen Luft

ANGEBOTE FÜR KINDER

▶ **Kinderbüro der Stadt Weimar**
Platz der Demokratie 5
Tel. 49 49 90
http://kinderbuero-weimar.de
Auskunft über aktuelle Veranstaltungen für Kinder

▶ **Kinder- und Jugendzirkus Tasifan**
Tel. 95 30 20; www.tasifan.org
Wann und wo der Kinderzirkus gastiert, verrät die Internetseite.

▶ **Museumspädagogischer Dienst der Klassik Stiftung**
Tel. 54 55 62

▶ **Studiolo**
Im Schillerhaus ist die museumspädagogische Werkstatt zum gemeinsamen Basteln und Spielen dienstags bis samstags von 11.00 bis 16.00 Uhr geöffnet.

▶ **Weimarer Mal- und Zeichenschule**
Seifengasse 16
Tel. 50 55 24
www.uni-weimar.de/malschule-arte/cms
Bei vielen großen Veranstaltungen ist das »Mobile Atelier« der Mal-Schule unterwegs. Dort können Kinder das Zeichen lernen.

Zur Not geht's auch allein auf große Tour durch den Park an der Ilm.

Literaturempfehlungen

Aus der Fülle an Literatur über Weimar, die Weimarer Klassik und die Heerschar an historischer Weimarer Prominenz wird hier nur eine kleine, höchst subjektive Auswahl vorgestellt.

Bockholt, Werner: Liebte Goethe junges Gemüse? Schnell, Warendorf 1998. Wer immer schon wissen wollte, ob Goethe Humor hatte, Lotto spielte oder auch einmal betrunken war, hier wird auch die seltsamste Frage beantwortet.

Böttiger, Karl August: Literarische Zustände und Zeitgenossen. Begegnungen und Gespräche im klassischen Weimar. Aufbau-Verlag, Berlin 1998. Klatsch und Tratsch im Weimar der Goethezeit aus der Feder des Oberkonsistorialrats Böttiger, ab 1791 Direktor des Gymnasiums und scharfzüngiger Beobachter der residenzstädtischen Gesellschaft.

! Baedeker TIPP

Mit Goethe durch Weimar

Begeben Sie sich auf eine virtuelle Zeitreise, besuchen Sie Weimar und lernen Sie das Leben und Werk Goethes kennen. Dazu benötigen Sie nur einen PC und die CD-ROM »Goethe in Weimar« (Systema, United Soft Media Verlag, München).

Braun, Peter: Corona Schröter. Goethes heimliche Liebe. Artemis & Winkler, Düsseldorf 2004. Die Sängerin, Schauspielerin und Komponistin war die erste Darstellerin der Iphigenie und genoss die Wertschätzung Goethes. Allerdings ist nicht belegt, wie weit diese Wertschätzung ging ...

Brückner, Christine: Wenn du geredet hättest, Desdemona. Ungehaltene Reden ungehaltener Frauen. Ullstein, Berlin 2002.
Gleich die erste »ungehaltene« Rede ist die der Christiane von Goethe, geborene Vulpius, an Charlotte von Stein – eine ergötzliche Ansprache der »einfachen Frau aus dem Volk« an ihre adlige Konkurrentin.

Haringer, Jakob: Leichenhaus der Literatur oder Über Goethe. Karin Kramer Verlag, Berlin 1983.
Der 1929 erstmals erschienene Text über bzw. gegen den »Abgott aller Dilettanten« (!) und »literarischen Freibeuter« Goethe ist in seiner Vehemenz und Unerbittlichkeit überaus komisch.

Henscheid, Eckhard/Eilert Bernd: Eckermann und sein Goethe. Getreu nach der Quelle. Haffmans, Zürich 1994. Aber ja, durch dieses aus den »Gesprächen mit Eckermann« montierte Zwei-Personen-Stück – ein »literarisches Duett« (Gerhard Henschel) – lernt man Goethe kennen.

Mann, Thomas: Lotte in Weimar. Fischer 2002.
Charlotte Kestner, geborene Buff, Vorbild für die literarische Figur der Lotte in Goethes »Leiden des jungen Werthers«, reist viele Jahre später nach Weimar, angeblich, um ihre Schwester zu besuchen, in Wahrheit aber, um Goethe noch einmal zu sehen.

Nagel, Joachim: Zu Gast bei Goethe. Der Dichterfürst als Genießer. Mit 40 Rezepten. Heyne, München 1998. Goethe bittet zu Tisch und lässt seine Leibspeisen servieren: Wunderschön bebilderter Band aus der »Collection Rolf Heyne« zur kulinarischen Kultur um 1800.

Semprún, Jorge: Was für ein schöner Sonntag. Suhrkamp, Frankfurt am Main 1999.
In seiner Autobiografie beschreibt der spanische Schriftsteller das Leben und den Alltag im Konzentrationslager Buchenwald und die Versuche, die eigene Würde trotz allem zu bewahren.

i Goethe zum Lachen

- Henscheid, Eckhard/Bernstein F. W. (Hg.): Unser Goethe. Ein Lesebuch. Diogenes, Zürich 1982. Der über 1000 Seiten starke Band versammelt Komisches und Polemisches, Satirisches und Parodistisches und noch viel, viel mehr über den Dichterfürsten.
- Schmitt, Oliver Maria/Jonas J. W.: Gute Güte, Göthe! Bizarres und Behämmertes aus 250 Jahren deutschen Goethetums. Haffmans, Zürich 1999. Der Untertitel erklärt exakt, um was es in diesem Buch geht.
- Wende-Hohenberger/Riha Klaus: Faust-Parodien. Insel, Frankfurt am Main 1989. Die Sammlung enthält natürlich auch die 1908 kreierte literarische Köstlichkeit von Egon Friedell und Alfred Polgar »Goethe – Eine Szene«.

Wilson, W. Daniel: Das Goethe-Tabu. Protest und Menschenrechte im klassischen Weimar. dtv, München 1999.
Dass das klassische Weimar nicht nur eine kulturelle Hochburg war, sondern dass es im Herzogtum Sachsen-Weimar auch Unterdrückung, Bespitzelung und Zensur gegeben hat und welche Rolle der Staatsbeamte Goethe dabei spielte, stellt Wilson auf höchst informative und spannende Weise dar.

Medien · Post · Telekommunikation

Über regionale Belange berichten zwei **Tageszeitungen**, die »Thüringer Allgemeine« und die »Thüringische Landeszeitung«.
Außerdem hat Weimar mit **»Radio Lotte«** (106,6 Mhz) ein hervorragendes Stadtradio. Dessen Niveau liegt deutlich über dem der Freien Radios vieler Großstädte. Weimarer Themen aus Politik und Kultur werden kenntnisreich kommentiert. Damit auch die Nachrichtensendungen möglichst gehaltvoll sind, übernimmt man diese einfach vom »Deutschlandradio«.

Regionale Medien

⏵ ADRESSEN UND INFORMATIONEN

INTERNETCAFÉ

▶ **Roxanne**
Markt 21, Tel. 80 01 94
www.markt21.org/roxanne
Öffnungszeiten:

April – Sept. Mo. – Sa. ab 10.00,
So. ab 13.00, Okt. – März Mo. bis
Sa. ab 10.00, So. ab 15.00 Uhr

POST

▶ **Hauptpostamt**
Das Hauptpostamt von Weimar
befindet sich am Goetheplatz.

TELEFONIEREN

▶ **Vorwahl Weimar**
Tel. 036 43

▶ **Vorwahl nach Deutschland
von Österreich und
der Schweiz**
Tel. 00 49

! *Baedeker* TIPP

Kostenlos ins Internet

Internet bieten viele Hotels ihren Gästen an.
Doch steht dieser Service nicht zur Verfügung, wird es schwierig. Ein guter Tipp ist
das ACC am Burgplatz (s. S. 75). Dort stehen
Zugang über Wireless-LAN sowie ein Termi-
nal kostenlos zur Verfügung.

Museen und Gedenkstätten

**Klassik Stiftung
Weimarer**
2003 fusionierten die ehemalige »Stiftung Weimarer Klassik« und die
städtischen Kunstsammlungen zur »Klassik Stiftung Weimar«. Die
»Stiftung Weimarer Klassik« war 1991 als Nachfolgeorganisation der
»Nationalen Forschungs- und Gedenkstätten der klassischen deut-
schen Literatur in Weimar« gegründet worden; die Staatlichen
Kunstsammlungen zu Weimar entstanden 1918 nach Abdankung des
Großherzoglichen Hauses.

Zur »Klassik Stiftung Weimar« gehören u. a. 25 Museen, Schlösser
und historische Häuser, die Herzogin-Anna-Amalia-Bibliothek, das
Goethe- und Schiller-Archiv sowie
mehrere Parkanlagen. Sie ist damit
eine der bedeutendsten Kulturein-
richtungen Deutschlands. Ziel der
Stiftung ist es, den Bestand der
Einrichtungen zu erhalten, zu ver-
mehren und zu erforschen. Viel
Engagement wird daran gesetzt, einen Brückenschlag zwischen klassischer Periode und den Künsten der
Gegenwart herzustellen.

! *Baedeker* TIPP

Wie wär's mit Ginkgo?

Zwar findet man in allen Museumsshops der
Stadt etwas zum Thema Ginkgo, doch Spezialitäten sind weitgehend dem Ginkgo-Museum
(s. S. 73) vorbehalten: Falls Sie über einen
»Grünen Daumen« verfügen, könnten Sie es mit
einem Ginkgo-Bonsai versuchen. Ginkgo-Nüsse
sind bestimmt gesund – das Haus hält einige
Rezepte bereit; und wer Süßes mag, wird an
exklusiven Gingko-Pralinen oder am Ginkgo-
Champagner-Rosengelee schwer vorbeikommen.

MUSEEN, GEDENKSTÄTTEN, GALERIEN

KLASSIK STIFTUNG WEIMAR

▶ Besucherinformation

Frauentorstr. 4
Tel. 54 50 00
Fax 41 98 16
info@klassik-stiftung.de
www.weimar-klassik.de
Der Besucherservice berät bei
der Gestaltung des Weimar-
aufenthaltes, vermittelt
Führungen und reserviert Tickets.

MUSEEN UND GEDENKSTÄTTEN

▶ Albert-Schweitzer-Gedenk- und Begegnungsstätte
▶ S. 104

▶ Bauhaus-Museum
▶ S. 106

▶ Bratwurstmuseum

Hinter dem Gute 2
99310 Wachsenburggemeinde
Ortsteil Holzhausen
(ca. 40 km südwestlich
von Weimar bei Arnstadt)
Tel. 036 28 / 60 44 12
www.bratwurstmuseum.net
Im »1. Deutschen Bratwurst-
museum dreht sich natürlich
alles um *die* Wurst, um
Geschichte, Tradition und
»kulturellen Stellenwert« der
Thüringer Bratwurst. Zu sehen
gibt es u.a. historische Gerät-
schaften, ein Modell des
Arnstädter Wollmarktes und eine
mittelalterliche Klosterküche.
Eine »Bratwurstiade« gibt's in
Holzhausen übrigens auch.
Öffnungszeiten:
Mai – Sept. Di. – So. 11.00 – 17.00,
Okt. – April So. 11.00 – 17.00 Uhr

▶ Stiftung Gedenkstätten Buchenwald und Mittelbau Dora
▶ S. 114

▶ Deutsches Bienenmuseum
▶ S. 119

▶ Dornburger Schlösser
▶ S. 126

▶ e-werk

Am Kirschberg 4
www.klassik-stiftung.de
In dem ehemaligen Straßenbahn-
depot ist u.a. die beeindruckende
und beklemmende Rauminstallation »Konzert für Buchenwald«
von Rebecca Horn zu sehen.
Öffnungszeiten: Mai – Okt.
Sa. u. So. 12.00 – 18.00 Uhr

▶ Ginkgo-Museum

Windischenstr. 1
Tel. 80 54 52
http://ginkgomuseum.de
Kleines Museum für Anhänger
des Baum-Kults
Öffnungszeiten: Mo. – Fr. 10.00
bis 17.30, Sa. u. So. bis 15.30 Uhr

▶ Glocken- und Stadtmuseum Apolda
▶ S. 178

▶ Goethehaus und Goethe-Nationalmuseum
▶ S. 135

▶ Palais Schardt und Goethepavillon

Scherfgasse 3
Im Elternhaus der Charlotte
von Stein sind eine Galerie mit
Scherenschnitten und ein Pup-
penstubenmuseum untergebracht.

*Im Glockenmuseum werden die
Exponate genau untersucht.*

Öffnungszeiten: März - Okt. Di.,
Do., Fr., Sa. 13.00 - 16.00 Uhr,
Nov./Dez. nur Di., Fr., Sa., Jan./
Feb. nur Fr. u. Sa.

► **Goethes Gartenhaus**
► S. 184

► **Haus Am Horn**
Am Horn 61
Tel. 58 30 00
www.hausamhorn.de
Der einzige in der Stadt realisierte
Bau der Bauhaus-Zeit kann Mi.,
Sa. und So. von 11.00 bis 18.00
Uhr besichtigt werden; eine tele-
fonische Rückversicherung, ob
wirklich geöffnet ist, empfiehlt
sich besonders in der Nebensaison
(► S. 146).

► **Haus Hohe Pappeln**
Belvederer Allee 58
www.klassik-stiftung.de
1906/1907 baute Henry van de
Velde für seine Familie dieses

Wohnhaus, in dem auch von ihm
entworfene Möbel besichtigt werden können (► S. 148).
Öffnungszeiten: April – Okt.
Di. – So. 13.00 – 18.00 Uhr

► **Kirms-Krackow-Haus**
► S. 162

► **Kloßmuseum**
Hauptstr. 3
99439 Heichelheim
E-Mail: klossmuseum@t-online.de
www.klossmuseum.de
Der Ausflug in die ca. 10 km
nördlich von Weimar gelegene
heimliche Welthauptstadt der
Fertigkloßmasse lohnt sich; der
»Feinschmecker« hat die originelle
Ausstellung zur Geschichte von
Kartoffel und Kloß zu einem der
zehn besten Foodmuseen
Deutschlands gekürt.
Öffnungszeiten:
April – Okt. Di. bis So. 11.00
bis 16.00; Nov. – März Di. – Fr.
11.00 – 16.00 Uhr

► **Schloss Kochberg**
► S. 144

► **Kunstsammlungen zu Weimar
im Stadtschloss**
► S. 198

► **Liszt-Museum**
► S. 163

► **Museum für Ur- und
Frühgeschichte Thüringens**
► S. 171

► **Neues Museum**
► S. 173

► **Nietzsche-Archiv**
► S. 174

▶ Parkhöhle
▶ S. 181

▶ Pavillon-Presse
Scherfgasse 5
Tel. 535 44
www.pavillon-presse.de
Das Museum in einem der ältesten
Häuser der Stadt stellt in der
Schauwerkstatt an historischen
Maschinen die Entwicklung
druckgrafischer Techniken vor.
Öffnungszeiten:
Mo. 10.00 bis 17.00, Fr. 9.00
bis 16.00 Uhr

▶ Rokokomuseum (Belvedere)
▶ S. 112

▶ Rokokosaal der Herzogin Anna Amalia Bibliothek
▶ S. 149

▶ Römisches Haus
▶ S. 183

▶ Schillerhaus
▶ S. 188

▶ Stadtmuseum
▶ S. 197

▶ WeimarHaus
▶ S. 208

▶ Wieland-Museum (Oßmannstedt)
▶ S. 175

GALERIEN

▶ ACC Galerie Weimar
Burgplatz 1
Tel. 85 12 61
www.acc-weimar.de
Im Jahre 1988 bezogen einige
Weimarer Studenten ein Haus
am Burgplatz, in dem Johann
Wolfgang von Goethe vom März
1776 bis Ostern 1777 gewohnt hat,
und gründeten das ACC (Auto-
nomes Cultur Centrum). Heute ist
es der wichtigste Ausstellungsort
für zeitgenössische Kunst in der
Stadt. Für die Qualität des Pro-
gramms steht die Auszeichnung
als bester deutscher Kunstverein
des Jahres 2006.
Öffnungszeiten: tgl. Do. 12.00 bis
18.00, Fr. u. Sa. bis 20.00 Uhr

▶ Galerie Hebecker
Schillerstr. 18
Tel. 85 37 41
www.hebecker.com
Mitten in der Fußgängerzone
gelegene Galerie, die sich auf
Malerei des 20. Jahrhunderts
spezialisiert hat.
Öffnungszeiten: Di. – Fr. 10.00 bis
18.00, Sa. bis 16.00 Uhr

▶ K & K Zentrum für Kunst und Mode
Sophienstiftsplatz
http://kkk.pleasant-ubik.net
Hinter dem Nationaltheater steht
ein alter Kiosk aus DDR-Zeiten,
der zur Mini-Galerie umfunktioniert wurde. Ein kostenloser Blick
durch die Scheibe lohnt sich.

▶ Kunsthalle Weimar – Harry Graf Kessler
▶ S. 142

▶ Kunsthaus Apolda Avantgarde
Bahnhofstr. 42, 99510 Apolda
Tel. 036 44 / 51 53 64
www.kunsthausapolda.de
Der Kunstverein zeigt Wechsel-
ausstellungen von Thüringer und
internationalen Künstlern.
(▶ S. 178).

Notdienste

▶ WICHTIGE RUFNUMMERN

▸ **Feuerwehr, Krankenwagen**
Tel. 112

▸ **Polizei**
Tel. 110

▸ **ACE-Euronotruf**
Tel. 018 02 / 34 35 36
(rund um die Uhr besetzt)

▸ **ADAC-Pannenhilfe**
Tel. 0180 / 222 22 22
(rund um die Uhr besetzt)

▸ **Fundbüro**
Stadtverwaltung Weimar
Bürgerbüro
Schwanseestr. 17
Tel. 762 89 91

▸ **Allgemeiner Sperr-Notruf**
Tel. 116 116
(rund um die Uhr besetzt)
Bei Verlust von Kreditkarte,
Bankkarte oder Handy

Preise · Vergünstigungen

WeimarCard

Wer einen längeren Aufenthalt in Weimar plant, sollte sich unbedingt das Angebot der Tourist-Information anschauen. Zum Preis von 10 € bzw. 15 € bietet diese Besuchern eine WeimarCard an, die 3 bzw. 6 Tage gilt und zur freien Fahrt mit allen Stadtbussen berechtigt. Darüber hinaus gewährt die WeimarCard entweder freien oder um 20 % rabattierten Eintritt für Museen und Gedenkstätten der Stadt und der Umgebung. Inhaber der WeimarCard erhalten außerdem 10 % Ermäßigung für Vorstellungen im Deutschen Nationaltheater oder beim Weimarer Kunstfest. Besonders günstig werden außerdem Stadtführungen (50 % Rabatt).
Die WeimarCard erhält man in der Tourist-Information, im »Welcome-Center« im »Weimar Atrium« (▸ S. 58) oder im Online-Shop auf www.weimar.de.

Shopping

Porzellan und Keramik

Ein schönes Mitbringsel sind Gegenstände aus Thüringer Keramik, mit weißen Punkten auf blauem Grund. Außerdem findet man die sogenannte Bunzlauer Keramik aus der Lausitz, die in Blau, Ocker

Selbstverständlich gibt es nicht nur Goethe-Souvenirs in Weimar.

und Weiß gehalten ist und ein charakteristisches Muster hat. Bei einem Stadtbummel stößt man auch auf Artikel der Firma »Weimar-Porzellan« (Blankenhain).

Eine Besonderheit von Weimar ist Schmuck in Form von Ginkgoblättern, meist Broschen, die die zweilappige Form der Blätter des Ginkgobaums (Ginkgo biloba) haben. Zu kaufen gibt es diese aparten Schmuckstücke bei Goldschmieden und in Juweliergeschäften. Da der Ginkgo die Eiszeit nur in China überlebt hat, gilt er als biologischer Sonderling. In Weimar wurde der Baum um 1800 von den Hofgärtnern gezüchtet. Das einzige aus dieser Zeit erhaltene Exemplar steht im ehemaligen Fürstengarten an der Puschkinstraße. Johann Wolfgang von Goethe widmete dem Ginkgo ein Gedicht. Aus der Zeit um 1900 gibt es noch mehrere Ginkgobäume; in den letzten Jahren ist eine »Ginkgo-Renaissance« zu beobachten.

Ginkgoblatt

 EINKAUFSTIPPS

ANTIQUARIATE

▶ **Lüttich Buchbinderei**
Schillerstr. 20
Tel. 51 71 35
Dieses Mitbringsel kommt wirklich aus Weimar. In der Traditionsbuchbinderei (gegründet 1835) bekommt man u. a. schöne Notizbüchlein und Papiere.

▶ **Thelemann**
Rittergasse 21
Tel. 90 53 03
Es sind meistens die unscheinbaren Läden, in denen man noch Entdeckungen machen kann. Dieses Antiquariat mit einer großen Weimar-Abteilung ist so einer.

▶ Comic Attack

Schützengasse 5
Tel. 77 20 52
Hier findet man alle Klassiker –
allerdings aus dem Comic-Genre.

KULINARISCHES

▶ Feinkost Hauffe

Kaufstr. 9, Tel. 51 73 14
www.feinkost-hauffe.de
Das Geschäft in einem der ältesten
Häuser der Stadt bietet u. a. viele
Spezialitäten aus Thüringen, z.B.
Schillerlocken und Goethe-Wein
(Öffnungszeiten: Mo. – Fr. 10.00
bis 19.00, Sa. bis 16.00, So. 13.00
bis 18.00 Uhr).

▶ Liotard – Haus der guten Schokolade

Karlstr. 6
Tel. 20 47 76
www.schokolade-liotard.de
Ein Paradies für alle großen und
kleinen Schoko-Fans. Das riesige
Angebot umfasst auch Ziegen-
milchschokolade, Schoko-
Gewürze und Schokoladensenf
und das ganz spezielle »Weimarer
Zwiebelchen« aus Marzipan und
Nougat (Öffnungszeiten: Mo. bis
Mi., Fr. 10.00 – 18.00, Do. ab
12.00, Sa. 10.00 – 14.00 Uhr).

LADENGALERIEN

▶ Goethekaufhaus

Theaterplatz 2 a
Einkaufszentrum mit etwa 20
Filialgeschäften. Wer nicht immer
ins Café möchte: Im Supermarkt
im Untergeschoss bekommt man
günstige Getränke.

▶ Schillerkaufhaus

Schillerstr. 11
Das Kaufhaus an der Weimarer
Flaniermeile bietet vor allem
Damen- und Herrenmode.

▶ Weimar Atrium

Friedensstr. 1
Die Kongresshalle des ehemaligen
Gauforums wurde 2006 zur
Shoppingmall umgestaltet mit
über 50 Geschäften, Cafés, Loka-
len, einem 3-D-Kino, der Kin-
dererlebniswelt »andilli« und dem
»Welcome-Center« der Weimarer
Tourist-Information.

MINERALIEN

▶ Mineralien und Fossilien

Schillerstr. 18
Skurriler Laden mitten in der
Fußgängerzone. Neben Fossilien
und Mineralien gibt es diverse
Tierpräparate von Schmetterlin-
gen und Käfern, aber auch ganze
Szenerien wie der Kampf einer
Vogelspinne mit einer Maus.

SCHMUCK · MODE · DESIGN

▶ Unikat – einLaden

Marktstr. 5, Tel. 77 85 48
www.unikat-einladen.de
Kunsthandwerk und Bekleidung
aus verschiedenen regionalen
Werkstätten, darunter Glas, Filz-
und Ledermode

▶ Werkstattgalerie

Windischenstr. 19
Tel. 90 69 73
Hier bieten Textilgestalter aus der
Region ihre Kreationen an u. a.
schöne Schals und extravagante
Hüte.

▶ moccarot

Marktstr. 15
www.moccarot.de
Die Keramikerin Bettina Jörgensen
verkauft hier ihre schönen Kreationen, die häufig von einer Linie
in der namengebenden Farbe
durchzogen sind (montags
geschlossen).

Stadtführungen · Sightseeing

An der Tourist-Information am Markt beginnen täglich um 10.00 und um 14.00 Uhr (Nov. bis Feb. nur um 11.00 Uhr) geführte Stadtrundgänge. Daneben gibt es ein großes Angebot an thematischen Führungen, für die man sich im Voraus bei der Tourist-Information (▶ Auskunft) anmelden muss. Angeboten werden u. a. Stadtspaziergänge in Begleitung eines kostümierten Zeitgenossen Goethes, »Reisen« durch die Stil- und Kunstgeschichtsepochen der Klassikerstadt und eine Stadtführung für Kinder mit der Hofkrähe Cora.

Beliebt sind Stadtrundfahrten mit der **Kutsche**, bei denen man wie zu Goethes Zeiten über das weniger werdende Straßenpflaster klappern kann. Wer daran teilnehmen möchte, begibt sich zum Frauenplan, wo Gespanne auf Kundschaft warten. Wer den Ausflug planen möchte, kann beim Kutschbetrieb Grobe aus einer breiten Palette wählen; auch Ausflüge nach Tiefurt sind möglich (www.kutschfahrten-grobe.de, Tel. 036 43 / 42 69 18). Zu den wichtigsten Sehenswürdigkeiten der Stadt fährt der **»Belvedere Express«**, ein Nachbau eines Talbot von 1925, der zwei-, dreimal täglich (außer Mi.) verkehrt. Während der Fahrt sind Filme zu Stationen der Reise zu sehen; im Sommer kann ein Picknick im Freien dazugebucht werden (Infos unter www.belvedere-express.de; Tickets über die Tourist-Information).

Stadtrundfahrten

> ! **Baedeker TIPP**
>
> **iGuide für iNdividualisten**
> Wem der »Herdenauftrieb« einer geführten Reisegruppe zu viel ist, kann sich in den Filialen der Tourist-Information und im Weimar-Haus einen elektronischen Stadtführer ausleihen. Auf dem kleinen Gerät stellen Goethe und Schiller »persönlich« ihre Stadt vor. Das multimediale Erlebnis wird mit Musikbeispielen, atmosphärischen Sounds und über 500 Bildern angereichert. Die Ausleihgebühr für vier Stunden beträgt 7,50 €.

Theater · Konzerte

Wichtigste Anlaufstelle in Sachen Theater, Oper und Musik ist das **Deutsche Nationaltheater**. Es ist nicht nur die wichtigste Bühne der Stadt, sondern gleichzeitig das Stammhaus der Staatskapelle Weimar. Unabhängig davon haben sich eine Reihe kleinerer Theater etabliert. Auch für den musikalischen Kunstgenuss ist gesorgt. Durch die hier ansässige Hochschule für Musik »Franz Liszt« ist die Stadt voll von guten Musikern, was man nicht zuletzt am hohen Niveau der Straßenmusiker erkennen kann. Außerdem werden durch die regelmäßig stattfindenden Konzertreihen jedes Jahr große Namen der internationalen Musikszene nach Weimar geholt.

Für Auge und Ohr

SPIELORTE UND KONZERTREIHEN

THEATER

▶ **Deutsches Nationaltheater**
Theaterplatz
Kartenservice: Tel. 75 53 34
www.nationaltheater-weimar.de
Schauspiel, Oper, Lesungen und
Kinder- und Jugendtheater

! *Baedeker* TIPP

Harmonie aus allen Fenstern

An warmen Tagen sind die Fenster der
Hochschule für Musik gegenüber der Anna-
Amalia-Bibliothek weit geöffnet. Man kann
hier wunderbar ein wenig verweilen und den
»unsichtbaren« Musikstudenten beim Üben
zuhören.

▶ **Galli-Theater**
Windischenstr. 4
Tel. 77 82 51
www.galli.de

Komödien, Musicals, Clownerie
und Kindertheater

▶ **Kabarett Sinnflut**
Steubenstr. 31
Tel. 77 93 86
http://kabarett-sinnflut.de
Politisches Kabarett und Klassiker-
Parodien

▶ **Palais Schardt und
Goethepavillon**
Scherfgasse 3
Tel. 90 22 79
www.goethe-pavillon.de
Regelmäßig Lesungen,
Theater- und Musikabende

▶ **Theater im Gewölbe**
Markt 11/12 (im Cranach-Haus)
Tickets: Tel. 77 73 77
www.theater-im-gewoelbe.de
Stücke von den Klassikern und
über sie in heiteren und/oder
experimentellen Inszenierungen

Mephisto im Cabrio in einer Inszenierung von Goethes »Faust« im Nationaltheater

MUSIK UND KONZERTE

► **Thüringer Bachwochen**
Während der Bachwochen Ende März/April sind Konzerte mit Werken des großen Komponisten auch in Weimar zu hören (www.thueringer-bachwochen.de).

► **Weimarer Frühjahrstage für zeitgenössische Musik**
Im April/Mai widmet sich Weimar mit Konzerten, Workshops und experimentellen Performances ganz der zeitgenössischen Musik (www.via-nova-ev.de).

► **Weimarer Meisterkurse**
Im Juli: Hochkarätige Konzerte mit den zu den Meisterkursen an die Hochschule für Musik geladenen Gastprofessoren (www.hfm-weimar.de/meisterkurse).

► **Yiddish Summer Weimar**
Festival im Juli und im August mit zahlreichen Konzerten mit Klezmermusik und Musik der Roma; www.yiddish-summer-weimar.de

! Baedeker TIPP

Nächtliches Musik-Highlight
Mitte Juli kann man des nächtens klassische Musik ganz unklassisch erleben, wenn nämlich die Staatskapelle auf einer schwimmenden Bühne im See des illuminierten Weimarhallenparks Platz nimmt und ihr Publikum auf eine musikalische Reise zu nahen und fernen Ländern mitnimmt.

► **Thüringer Jazzmeile**
Im Oktober und November finden über 100 Jazzkonzerte in verschiedenen Thüringer Städten statt – natürlich auch in Weimar. www.jazzmeile.org

► **Stadtkirche St. Peter und Paul**
Die Kirche am Herderplatz ist mit regelmäßigen Orgel- und Chorkonzerten eine feste Größe im Weimarer Musikleben. Von Juni bis September geben außerdem immer sonntags im Rahmen des »Internationalen Konzertzyklus für Orgel« namhafte Organisten Gastspiele.

Übernachten

Als touristischer Magnet bietet Weimar Übernachtungsmöglichkeiten für alle Geldbeutel und Präferenzen. Das Spektrum reicht von Traditionshäusern wie dem »Elephant« oder dem »Russischen Hof« bis zur günstigen Übernachtung im Privatzimmer. Aufgrund der starken Nachfrage während der Saison empfiehlt es sich, bereits vor dem Besuch der Stadt eine Unterkunft zu buchen. **Für alle Ansprüche**

Wer einen längeren Urlaub plant, sollte ein **Quartier in der Umgebung** Weimars in Betracht ziehen. Die Unterkünfte sind hier häufig günstiger. Wählt man den Ort geschickt, hat man außerdem eine gute Ausgangsbasis für Wanderungen und zur Besichtigung des interessanten Weimarer Umlands. Nähere Informationen gibt es beim Fremdenverkehrsverband Weimarer Land e. V. (►Auskunft).

▶ HOTELEMPFEHLUNGEN

▶ ① **siehe Plan S. 56/57**

▶ **Preiskategorien**
Luxus: ab 120 €
Komfortabel: 75 – 120 €
Günstig: bis 75 €
(Übernachtung v. 2 Pers. im DZ)

AUSKUNFT UND BUCHUNG

▶ **Tourist-Information**
Tel. 74 50
Die Tourist-Informationhilft bei
der Zimmersuche, vermittelt Privatquartiere – und man kann hier
direkt buchen.

LUXUS

▶ ① *Dorint Sofitel*
»Am Goethepark«
Beethovenplatz 1
Tel. 87 20
http://hotel-weimar.dorint.com
Auf gelungene Weise wurden zwei
klassizistische Villen mit dem
Neubau verbunden. Auch die 143
Zimmer sind stilvoll eingerichtet.
Die Lage ist so zentral wie nah
zum Park.

▶ ② *Grand Hotel Russischer Hof*
Goetheplatz 2
Tel. 77 40
www.russischerhof.com
Haus mit über 200-jähriger
Geschichte, dessen Name auf die
verwandtschaftlichen Beziehungen
der Großherzöge von Weimar zum
Zarenhof zurückgeht. 20 der
126 Zimmer und Suiten sind
historisch eingerichtet (▶S. 141).

▶ ③ *Hotel Elephant*
Markt 19
Tel. 80 20
www.starwoodhotels.com
Der »Elephant« ist das klassische
Hotel in der Weimarer Altstadt
(▶Baedeker Special, S. 84). Ein
Blick in das sorgsam gehütete
Gästebuch zeigt, dass es ein Stück
Stadtgeschichte darstellt.

▶ ④ *Leonardo Hotel Weimar*
Belvederer Allee 25
Tel. 72 20
www.leonardo-hotels.de
Das »Leonardo« bietet seinen
Gästen 294 hochwertig ausgestattete Zimmer, ein exquisites Restaurant und einen »Health Club«
mit Swimmingpool, Sauna und
Fitnessbereich. Durch die Lage
an der Belvederer Allee ist man
bereits nach wenigen Schritten
im Park an der Ilm.

KOMFORTABEL

▶ ⑤ *Herrenhaus*
Rittergut Weimar
Martin-Luther-Str. 8
Tel. 50 23 05
www.weimar-herrenhaus.de
Umgeben von einer historischen
Parkanlage mit Wasserspielen,
bietet das vollständig sanierte
Anwesen in Oberweimar
8 Gästezimmer und 2 großzügige
Ferienwohnungen.

Baedeker-Empfehlung

▶ ⑥ *Hotel Anna Amalia*
Geleitstr. 8
Tel. 495 60
www.hotel-anna-amalia.de, 51 Z.
Zum Komplex des zentral gelegenen
Hauses gehört auch das Gebäude des
ehemaligen Hotels Chemnitius. Die
Gäste loben die familiäre Atmosphäre
und den guten Service – eine echte
Wohlfühladresse!

Blick ins Atrium des Grandhotels »Russischer Hof«

▶ ⑦ **Hotel Villa Hentzel**
Bauhausstr. 12
Tel. 865 80
www.hotel-villa-hentzel.de
Die 1873 erbaute Villa im klassizistischen Stil bewohnte einst Rudolf Steiner. 13 ruhige Zimmer, zwischen Bauhaus-Universität und Historischem Friedhof gelegen.

GÜNSTIG

▶ ⑧ **Die kleine Residenz**
Grüner Mark 4, Tel. 74 32 70
www.residenz-pension.de
Das Café »Resi« vermietet auch: Die sieben Zimmer und die Ferienwohnung in unmittelbarer Nähe des Stadtschlosses sind geschmackvoll eingerichtet.

▶ ⑨ **Hotel Am Frauenplan**
Brauhausgasse 10
Tel. 494 40
www.hotel-am-frauenplan.de
Die 48 modern ausgestatteten Zimmer liegen direkt am Frauenplan.

▶ ⑩ **Hotel & Gasthaus »Zur Sonne«**
Rollplatz 2
Tel. 862 90
Direkt am charmanten Rollplatz gelegenes Hotel (21 Zi.), das hier bereits seit 1734 existiert.

▶ ⑪ **Hotel & Tagungshaus Jakob Kaiser**
Wilhelm-Külz-Str. 22
Tel. 246 30
www.jakob-kaiser-haus-weimar.de
Die am Historischen Friedhof gelegene Stadtvilla verfügt über 14 Gästezimmer.

▶ ⑫ **Pension »Alter Zausel«**
Carl-v.-Ossietzky-Str. 11 / 13
Tel. 77 39 70
www.alter-zausel.de

Kaffeepäuschen im Straßencafé des »Elephanten«

ZU GAST IM »ELEPHANT«

Das Hotel »Elephant« liegt im historischen Zentrum von Weimar direkt am Markt. Schon seit 1696 gab es dort einen Gasthof, der später in ein Hotel umgewandelt wurde. Hier übernachteten fast alle Besucher, die während des »Goldenen Zeitalters« der deutschen Klassik vor allem wegen Goethe nach Weimar gekommen waren.

So waren hier u. a. zu Gast: Franz Grillparzer, Friedrich Hebbel, Carl Friedrich Zelter, Jakob Michael Reinhold Lenz, Franz Liszt, Felix Mendelssohn-Bartholdy und Richard Wagner. Heute präsentiert sich der »Elephant« als modernes, luxuriöses Hotel. Für kulinarische Genüsse und gemütliche Stunden sorgen das Restaurant »Anna Amalia«, der »Elephantenkeller« und eine Bar.

»Lotte in Weimar«

In seinem Roman »Lotte in Weimar« hat Thomas Mann dem Haus ein literarisches Denkmal gesetzt. Er lässt den Leser miterleben, wie Charlotte Kestner, geborene Buff, nach Weimar kommt, um Goethe, den sie als junge Frau kennengelernt hatte, noch einmal zu sehen. Thomas Mann knüpft dabei an Goethes Briefroman »Die Leiden des jungen Werthers« an, in dem der unglückliche Ausgang einer Liaison geschildert wird.

Der Kellner, der aufgrund des Eintrags auf der »Meldetafel« auf die Dame aufmerksam wird, erstarrt beinahe vor Ehrfurcht, als ihm klar wird, dass sie das »Urbild« von Werthers Lotte ist. Ihre Ankunft spricht sich schnell herum und es kommen die verschiedensten Leute, um sie zu begrüßen.

... Hier bin ich Mensch,
hier darf ich's sein !

Lilli Palmer
als Thomas Manns
"Lotte in Weimar"

Auf dem Balkon des Hotels hält Lotte
Ausschau nach Goethes Kutsche.

Treffen mit Goethe

Das Zusammentreffen mit dem damals siebenundsechzigjährigen Goethe findet indessen erst zu einem
späteren Zeitpunkt statt: »Goethe
kam bestimmten und kurzen, etwas
abgehackten Schrittes herein, die
Schultern zurückgenommen, den Un-
terleib etwas vorgeschoben, in zwei-
reihig geknöpftem Frack und seide-
nen Strümpfen ... Charlotte erkannte
ihn und erkannte ihn nicht – von
beidem war sie erschüttert. Vor allem
erkannte sie auf den ersten Blick das
eigentümlich weite Geöffnetsein der
nicht gar großen, dunkel spiegelnden
Augen in dem bräunlich getönten
Gesicht wieder ...«

Einladung

Später bringt man ihr einen Zettel,
auf dem steht: »Wenn Sie sich, verehrte Freundin, heute Abend meiner
Loge bedienen, so holt mein Wagen
Sie ab. Es bedarf keiner Billette.

Verzeihen Sie, wenn ich mich nicht
selbst einfinde ... Herzlich das Beste
wünschend – Goethe.
... Der Landauer, mit aufgeschlagenem Verdeck hielt wieder vor dem
Portal. Sie saß in ihrem Winkel, die
Hände gekreuzt ... Durch die kleinen
Fenster des Paravents, der den
Kutschbock vom Wageninneren
trennte, fiel zerstreutes Licht der
Laternen zu ihr herein, und in diesem
Licht bemerkte sie, dass sie gut getan
hatte, gleich an der Seite Platz zu
nehmen, wo sie den Wagen bestiegen,
denn sie war nicht allein, wie sie in
der Loge gewesen. Goethe saß neben
ihr.«

Familienbetrieb mit 10 Zimmern im Gründerzeitviertel in der Nähe des Hauptbahnhofs.

▸ ⑬ *Pension Cranach*
Cranachstr. 34
Tel. / Fax 90 35 72
In dem schönen Gründerzeithaus, mitten in einem Villenviertel gelegen, fühlt man sich gleich heimisch. Leider besitzt die Pension nur 6 Gästezimmer.

JUGENDHERBERGEN

▸ ⑭ *Europäische Jugendbildungs- und Jugendbegegnungsstätte*
Jenaer Str. 2
Tel. 82 70; www.ejbweimar.de
Die Jugendbegegnungsstätte bietet insegsamt 134 Betten.

▸ ⑮ *Hababusch*
Geleitstr. 4
Tel. 85 07 37; www.hababusch.de
30 Betten in acht Zimmern. In der Gemeinschaftsküche und im Gemeinschaftsbad werden sofort alte WG-Erinnerungen wach. Die Übernachtung im Mehrbettzimmer ist die vielleicht günstigste überhaupt in der Stadt; es gibt aber auch ein idyllisches Einzelzimmer im Erker.

▸ ⑯ *Jugendherberge »Germania«*
Carl-August-Allee 13
Tel. 85 04 90
Unmittelbar am Bahnhof gelegene Jugendherberge

CAMPING

▸ **Bad-Camp Ettersburg**
Tel. 77 27 79; www.badcamp.de
Ca. 6 km von Weimar entfernt, mit von Bäumen umstandenem öffentlichen Freibad

▸ **Campingplatz Oettern**
Tel./Fax 03 64 53 / 802 64
www.camping-oettern.de
Kleiner, ruhiger Platz mit 120 Stellplätzen im 8 km entfernten Oettern (April – Okt.)

▸ **Camping Weimar-Tiefurt**
Tel. 85 01 21
www.camping-weimar-tiefurt.de
Miniplatz direkt am Park

▸ **Freizeitpark Stausee Hohenfelden**
Tel. 03 64 50 / 420 81
www.stausee-hohenfelden.de
Der Campingplatz am beliebten Badesee bietet auch Ferienwohnungen und Stellplätze für Wohnmobile (▸ S. 87).

Urlaub aktiv

Aktivitäten für Aktive
Die Stadt ist nicht gerade ein Mekka für Aktivsportler, was natürlich auch selten die Intention für einen Weimaraufenthalt ist. Einrichtungen für die sportlichen Grundbedürfnisse sind jedoch vorhanden. Interessanter sind Weimar und sein Umland allerdings für Wanderer und **Radfahrer**. Der Ilmradwanderweg, der durch Weimar führt, lädt entlang dem Fluss zu ausgedehnten Fahrrad-Touren ein. Trainierte Radwanderer können diese zum Saaleradweg oder gar zum Rennsteigradwanderweg ausweiten.

AKTIV- UND WOHLFÜHLTIPPS

FAHRRADVERLEIH

▶ **Fahrradverleih Weimar**
Goetheplatz 9b
Tel. 49 27 96
www.grueneliga.de/thueringen/
weimar
Öffnungszeiten: Mo. – Fr. 9.00
bis 15.00, Sa. bis 12.00

▶ **Tourist-Information**
Tel. 74 50
Nennt Adressen von Verleihern

SCHWIMMBÄDER

▶ **Bad-Camp Ettersburg**
▶ S. 86

▶ **Freizeitpark Stausee Hohenfelden**
Tel. 420 81
Der gut 20 km entfernte Stausee
bietet Gelegenheit zum Baden
(Sandstrand, Strandkorbverleih,
FKK-Bereich) und zum Paddeln.
Außerdem gibt es dort ein
kleines Tiergehege (▶ S. 86).

▶ **Freibad Oßmannstedt**
Tel. 03 64 62 / 323 60
Hübsches Freibad im nahen
Nachbarort
Öffnungszeiten: während der
Saison tgl. 9.00 – 19.00 Uhr

▶ **Schwanseebad**
Hermann-Brill-Platz 2

Tel. 770 20
Hinter dem Weimarhallenpark
gelegen. Öffnungszeiten: Mitte
Mai – Mitte Sept. Mo. – Fr. bis
20.00, Sa. u. So. 9.00 – 18.00 Uhr;
im Winter Hallenbetrieb

SPORT

▶ **Golfclub Weimar-Jena**
Münchenroda 29
07751 Jena
Tel. 036 41 / 42 46 51
http://golfclub-jena-weimar.de

▶ **Tennis-Club Weimar**
Wilmaria-Stadion
Fuldaer Str. 113
Tel. 594 41; www.tc-weimar.de

THERMEN

▶ **Avenida-Therme Hohenfelden**
Am Stausee Hohenfelden
Tel. 03 64 50 / 44 90
www.avenida-therme.de
Öffnungszeiten:
tgl. 10.00 – 23.00 Uhr
Wohlfühlinstitution mit Erlebnis-
bad und Wellnessangeboten

▶ **Toskana-Therme Bad Sulza**
Wunderwaldstr. 2a
99518 Bad Sulza
Tel. 03 64 61 / 920 00
www.toskanaworld.net
Öffnungszeiten: tgl. 10.00 – 22.00,
Fr. u. Sa. bis 24.00 Uhr

Verkehr

Die Weimarer Innenstadt ist weitgehend für den Verkehr gesperrt.   Parken
Um eine mühselige Parkplatzsuche im Zentrum zu vermeiden, parkt
man am besten auf einem der empfohlenen Parkplätze (▶S. 89).

Weimar Linienplan

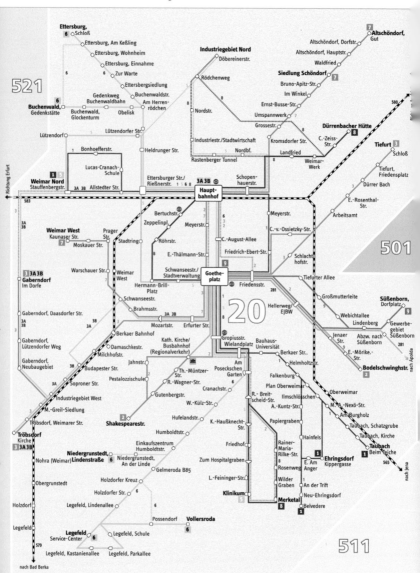

Stadtwirtschaft Weimar GmbH
Verkehr/Entsorgung/Sportstätten
Industriestraße 14 · 99427 Weimar
Infotelefon: 03643 434170 · Internet: www.sw-weimar.de

Infotelefon Verbundtarif Mittelthüringen: 01805 130031 · Internet Verbundtarif Mittelthüringen: www.voll-mobil-ticket.de

—1—	Stadtbus mit Liniennummer	**1** 3B Endhaltestelle
—281—	Regionalbus mit Liniennummer	☐ Haltestelle
····	zeitweise Bedienung	◒ Haltestelle wird nur in eine Richtung bedient
—565—	Bahnlinie mit Liniennummer	

20 Tarifzonennummer

 Carsharing Station

INFORMATIONEN VERKEHR

MIETWAGEN

► **Autohaus Gebhardt**
Erfurter Str. 66
Tel. 90 38 50

► **Avis**
Henßstr. 7
Tel. 50 58 00

► **Europcar**
Rießnerstr. 16
Tel. 42 62 04

► **Sixt**
Schubertstr. 13 A
Tel. 80 40 44

PARKEN

► **Hermann-Brill-Platz**
PKW parken hinter dem Schwan-
seepark kostenfrei

► **Weimar Atrium**
Friedensstr. 1

Großes Parkhaus unter dem
Einkaufszentrum

► **Am Historischen Friedhof**
Kostenpflichtiger Parkplatz an
der Berkaer Straße (B 86)

► **Parkhaus**
»Am Goethehaus«
Parkaus mit 340 Stellplätze
unter dem Beethovenplatz
beim Dorint-Hotel

STADTBUSSE

► **Stadtwirtschaft Weimar /**
Verkehrsbetriebe
Service-Hotline:
Tel. 43 41 70
www.sw-weimar.de

TAXI

► **Taxi-Weimar GbR**
August-Baudert-Platz 3
Tel. 5 95 55 und 90 39 00

Die meisten Ziele im Stadtgebiet von Weimar und in den Außenbe- **Buslinien**
zirken sind mit den öffentlichen Bussen zu erreichen (siehe den links
abgedruckten Liniennetzplan).

Touren

WEIMAR IST KLEIN UND MIT SEINEN PARKS UND GÄRTEN AUCH EINE GRÜNE STADT: OPTIMALE BEDINGUNGEN ALSO, UM DIE SEHENSWÜRDIGKEITEN AUF SCHÖNEN SPAZIERGÄNGEN ZU ERKUNDEN.

TOUREN DURCH WEIMAR

Zwei schöne Spaziergänge durch das Weimar der Klassiker wie durch das der Architekten decken die beiden Hauptthemen in der kleinen Stadt an der Ilm ab. Außerdem erhält man dabei Einblicke in die bürgerliche Wohnkultur vergangener Zeiten, wandelt auf den Spuren eines der größten Klaviervirtuosen des 19. Jahrhunderts und vertieft sein Wissen über – Bienen.

━━ TOUR 1 Weimar kompakt
Ein langer Spaziergang führt zu den wichtigsten Sehenswürdigkeiten Weimars: Ideal für alle, die die Stadt kennenlernen wollen, aber nur wenig Zeit für den Besuch haben. ▶ Seite 95

━━ TOUR 2 Am Ilm-Park entlang
Bei dieser Tour kommen Architekturfreunde auf ihre Kosten. Aber auch Naturliebhaber werden ihre Freude haben, ist doch der Park an der Ilm stets in unmittelbarer Nähe. ▶ Seite 97

Entspannender Spaziergang durch den Landschaftspark des herzoglichen »Musenhofes« Belvedere

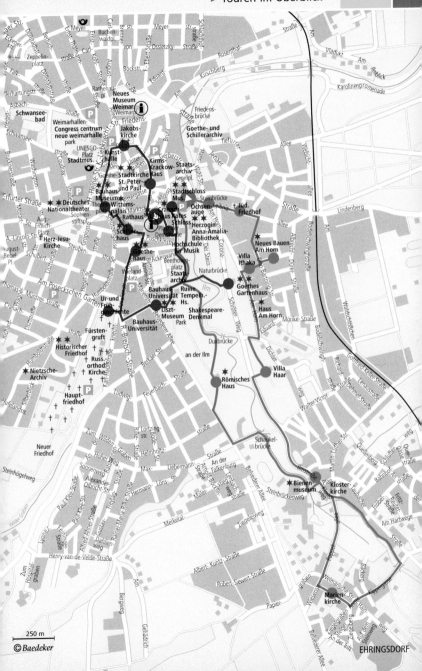

Unterwegs in Weimar

Für Fußgänger und Flaneure

Weimar erleben – das geht wunderbar ohne Fortbewegungsmittel. Die Stadt ist klein genug, dass man alle Sehenswürdigkeiten **problemlos zu Fuß** erreichen kann. Wer sich vor allem für die touristischen Attraktionen interessiert, kann hier auf ein vielfältiges Angebot an Stadtführungen (►Praktische Informationen), von diversen thematischen Rundgängen bis zur Tour auf Inlineskates, zurückgreifen. Weimar ist auch für den flanierenden Besucher sehr reizvoll, denn allein sieben große und kleine **Parks** umgeben die Stadt. Wie einmalig dieses Landschaftsensemble ist, unterstreicht die Tatsache, dass der Park an der Ilm, der Schlosspark Belvedere und der Schlosspark Tiefurt auf der Weltkulturerbe-Liste der UNESCO stehen. Schön ist auch ein Ausflug zum Park am Schloss Ettersburg. Wer beim Bummeln Natur und Urbanität verknüpfen möchte, sollte sich den zweiten Tourvorschlag näher ansehen.

Landschaftliche Schönheiten gibt es auch in der Umgebung Weimars zu entdecken. Ein empfehlenswertes Ziel ist beispielsweise das **Kirschbachtal** im Südwesten der Stadt. Ausflüge zu Zielen in den Tälern von Ilm und Saale sind fast immer mit besonderen Naturerlebnissen verbunden.

Mit dem »Großraum-Fahrrad« auf Tour durch Weimar

Tour 1 Weimar kompakt

Start und Ziel: Marktplatz   **Dauer:** ca. 4 Stunden

Diese Tour führt zu den wichtigsten Attraktionen der Stadt und ist deshalb besonders für Kurzbesucher geeignet. Doch auch wer sich länger in der Stadt aufhält, bekommt damit einen guten Überblick und ein Gefühl für Weimar, um es dann ausgiebiger zu erforschen. Im Übrigen lässt sich diese Tour auch gut halbieren: vom Markt zum Frauenplan und vom Frauenplan zur Stadtkirche St. Peter und Paul.

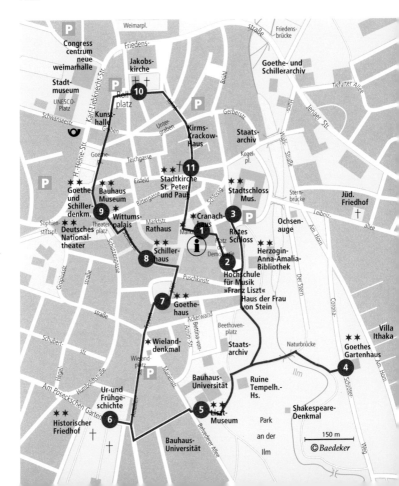

Erster Abschnitt Ausgangspunkt ist der ❶＊ **Markt** im Stadtzentrum, wo man sich im Stadthaus in der Tourist-Information mit allerlei Informationsmaterial eindecken kann. Den Markt säumen das **Rathaus**, das ＊ **Cranachhaus** und das berühmte Hotel Elephant. Zwischen Cranachhaus und Elephant verlässt man den Markt und steht nach wenigen Schritten vor einem Renaissancegebäude mit schönen Giebeln und eindrucksvollem Portal, dem **Roten Schloss**, seit 2005 Bestandteil des neuen Studienzentrums der Herzogin Anna Amalia Bibliothek (und mit einer günstigen Cafeteria versehen).

NICHT VERSÄUMEN

- Herzogin Anna Amalia Bibliothek
- Goethes Gartenhaus
- Historischer Friedhof
- Goethehaus
- Cranach-Altargemälde in St. Peter und Paul

Kurz darauf steht man auf dem ❷ **Platz der Demokratie** mit dem Carl-August-Denkmal. Den Platz umrahmen die **Hochschule für Musik »Franz Liszt«**, die nach einem Schlossbrand Wohnsitz der fürstlichen Familie war, und das Grüne Schloss, Sitz der wiederaufgebauten ＊＊ **Herzogin Anna Amalia Bibliothek**. Kunstfreunde können von hier einen Abstecher zum wenige Schritte entfernten ❸＊＊ **Stadtschloss** am Burgplatz machen und dort die sehenswerten Kunstsammlungen besichtigen. Danach aber wandelt man endlich auf den Spuren der Klassiker, denn südlich der Bibliothek steht – nahe dem Park an der Ilm – das **Haus der Frau von Stein**. Goethe hatte es hierher nicht weit, musste er doch bloß einmal quer durch den Park gehen. Diesen Abstecher von Frau von Steins Haus über die Naturbrücke zu ❹＊＊ **Goethes Gartenhaus** muss man gemacht haben!

Zurück geht es an der Ruine des Tempelherrenhauses vorbei zur Belvederer Allee, wo nahebei an der Marienstraße das ❺＊＊ **Liszt-Museum** steht. In diesem Haus verbrachte Franz Liszt die letzten Jahre seines Lebens. Jenseits der Belvederer Allee führt die Tour in die Geschwister-Scholl-Straße mit dem von Henry van de Velde geschaffenen Hauptgebäude der **Bauhaus-Universität**. Geradeaus weiter gelangt man zum ❻＊＊ **Historischen Friedhof** mit Fürstengruft, in der auch Goethe und Schiller begraben sind, und russisch-orthodoxer Grabkirche, die für die Großherzogin Maria Pawlowna errichtet wurde. Vom Friedhof führt der Weg durch die Amalienstraße zum Wielandplatz mit dem ＊ **Wielanddenkmal**. Dann erreicht man den Frauenplan, wo Weimars Klassikerherz am lautesten schlägt, denn hier steht das ❼＊＊ **Goethehaus**. Bevor man es besichtigt (oder auch danach), sollte man eine Pause einlegen – die Cafés und Restaurants ringsum am Frauenplan bieten genügend Gelegenheit.

Zweiter Abschnitt Vom Frauenplan hier folgt man der Frauentorstraße und biegt nach links in die heutige Schillerstraße und ehemalige Esplanade ab, wo auf der rechten Seite das ❽＊＊ **Schillerhaus** zu finden ist. Die Fußgängerzone führt weiter zum ❾ **Theaterplatz** mit dem ＊＊ **Goethe-**

und **Schillerdenkmal**, dem ✱✱ **Deutschen Nationaltheater**, dem ✱✱ **Bauhaus-Museum** und dem ✱ **Wittumspalais**. Durch die Wielandstraße gelangt man zum Goetheplatz, dem »Verkehrsknotenpunkt« von Weimar mit dem markanten **Kasseturm**, einem Überrest der früheren Stadtbefestigung. Vorbei an schönen alten Häusern geht es weiter zum Rollplatz und zur ➓ **Jakobskirche**, die idyllisch vom Friedhof mit seinen berühmten Gräbern – u. a. dem von Christiane Vulpius – umgeben wird. Folgt man nun dem Verlauf der Jakobstraße, kommt man zum **Kirms-Krackow-Haus** und anschließend zur ⓫ ✱✱ **Stadtkirche St. Peter und Paul** am Herderplatz, in der man das prächtige Altarbild von Lucas Cranach d. Ä. unbedingt anschauen muss. Über die Kaufstraße erreicht man wieder den Ausgangspunkt am Markt.

Tour 2 Am Ilm-Park entlang

Start und Ziel: Stadtschloss   **Dauer:** 2,5 Stunden

Hier geht es ausnahmsweise einmal weniger um Goethe und Schiller: Architektonische Perlen von Jugendstil über Bauhaus bis zu zeitgenössischen Bauten werden aufgespürt, ein interessantes Museum und ein verschlafenes Dorf besucht. Den malerischen Rahmen bildet der Park an der Ilm, der dann ja doch wieder etwas mit Goethe zu tun hat.

Ausgangspunkt für diesen Spaziergang ist das ❶ ✱✱ **Stadtschloss**. An dessen östlicher Seite überquert man auf der Sternbrücke die Ilm. Rechts unterhalb der Brücke versteckt sich das so genannte ❷ **Ochsenauge** mit der Sphinxgrotte, ein kleiner, eingefasster Teich, der von drei Quellen gespeist wird. Man folgt nun der steil ansteigenden Leibnizallee. An der Ecke zur Musäusstraße liegt, unscheinbar, rechter Hand der alte ❸ **Jüdische Friedhof**. Man folgt weiter der Leibnizallee und biegt vor der Hausnummer 10 b nach rechts ab, wo der Neubau eines Studentenwohnheims einen genaueren Blick verdient, wurde es doch als »Haus im Haus« gebaut. Über den Weg entlang der riesigen Sichtbetonmauer betritt man nun ein ehemaliges Kasernengelände. Hier entsteht ein neues Stadtquartier, das unter dem Namen ❹ ✱ **»Neues Bauen am Horn«** firmiert – wer einen Sinn für moderne Architektur hat, wird es genießen, durch die Siedlung zwischen Albrecht-Dürer-Straße und Otto-Bartning-Straße zu bummeln und die intelligenten und schönen Entwürfe auf sich wirken zu lassen, mit denen verschiedenste Architekten ihre Vision vom Einfamilienhaus verwirklicht haben. In der Verlängerung der Wilhelm-Wagenfeld-Straße führt ein Steig hinab durch das Grundstück der ❺ **Villa Ithaka** (Am Horn 25). Sie ist ein Werk des Architekten Paul

Ostseite des Parks

150 m

© Baedeker

P

Gerberstr.

Jenaer

Staatsarchiv

Kegelpl.

Kirms-Krackow-Haus

Stadtschloss Mus.

1

Sternbrücke

2

Am Horn

Leibnitz

Jüd. Friedhof

3

Straße

Lindenberg

Ilm

Cranach-haus

Platz der Demokratie

Rotes Schloss

Ochsenauge

Herzogin-Anna-Amalia-Bibliothek

Hochschule für Musik

Puschkinstr.

Ackerwand

Per Stein

Corona

Albrecht-Dürer-

Bodelschwingh-

Neues Bauen Am Horn

4

Beethovenplatz

Staatsarchiv

Naturbrücke

Ilm

5

Villa Ithaka

Quellenring

Straße

Waldschlösschen

Bauhaus-Universität

Ruine Tempelh. Hs.

Goethes Gartenhaus

Schützen

Am Horn

Haus Am Horn

Mörike-

Straße

Liszt-Museum

Shakespeare-Denkmal

6

Eduard-

Park

Weg

Dichter

Gottfried-Keller-Straße

Duxbrücke

Belvederer

Alle

an der Ilm

Richard-

Tenaustraße

Dehmel Straße

7

Villa Haar

Römisches Haus

11

weg

Walter-Victor-

Straße

Birkart Str.

Ludwig-Feuerbach-Str.

straße

Schaukelbrücke

Franz-Bunke-Weg

Dichter

Steg

Steh-weg

Quellenberg

Quellengasse

Weg

Am

Magdeburg

straße

Bahnhof Oberweimar

Heimholtz-

Max Liebermann- Straße

An der Falkenburg

Arnold-Böcklin-

Maler-

Lerbach-stieg

Belvederer Allee

Steinbrückenweg

Gasse

Martin-Lutter-Str.

Stein

Schnalter Weg

Kurzel Weg

Bahnhof

An

Weiße

Plan

Fröbel

Fritz-Reuter-Str.

Am Hartwege

Hart-

Ludwig Uhland-Straße

Wilhelm-Wolff-Straße

Siedlersfreu

Hermann-Lons-Str.

Bienenmuseum

8

Illmstr.

Mittel

9

Klosterkirche

Merketal

Ziegeleiweg

Am

Robert-Siewert-Straße

Albert-Kunz-Straße

Papiers.

Weimarische

straße

Wiesana

Hinter...

Weimarische

West-str.

10

Marienkirche

Backergasse

Kippergasse

EHRINGSDORF

Schulze-Naumburg, der u. a. das Potsdamer Schloss Cecilienhof entwarf. Seiner erzkonservativen Gesinnung, die ihm später auch die Anerkennung der Nationalsozialisten einbrachte, verdankte er es, Nachfolger von Walter Gropius an der Kunstschule zu werden, um diese wieder von den modernen Einflüssen wegzuführen.

Oberhalb von Goethes Gartenhaus stößt man nun auf die Straße »Am Horn«. In der Villa mit der Hausnummer 53 wohnte Paul Klee während seiner Weimarer Jahre. Unter der Adresse Am Horn 61 firmiert das ❻ ✳ **Haus am Horn**, anlässlich der Bauhaus-Ausstellung 1923 nach einem Entwurf von Georg Muche auf quadratischem Grundriss realisiert und heute zum UNESCO-Weltkulturerbe gehörend. Die Straße geht nun in einen Waldweg hinunter zum Park über, doch man nimmt auf halber Hanghöhe links einen kleinen Pfad, der

> ## ! Baedeker TIPP
>
> ### Sonntagscafé
>
> An Sonntagen kann die Villa Haar auch von innen bewundert werden. Von 13.00 bis 18.00 Uhr ist das »Café d'Este« geöffnet. Kaffee und Kuchen werden im Sommer auch auf der herrlichen Terrasse zum Park serviert.

direkt auf die stattliche ❼ **Villa Haar** zuführt. Das 1885 nach dem Vorbild der »Villa d'Este« in Tivoli bei Rom geschaffene Gebäude erwarb 1905 die wohlhabende Weimarer Familie Haar. Im Gelände rund um die Villa fallen verschiedene Skulpturen und Installationen auf, die im Rahmen des Künstlergarten-Projekts entstanden sind. Über die herrliche Treppe mit kleinen Springbrunnen gelangt man hinab auf den Parkweg nach Oberweimar.

Hier ist das ❽ ✳ **Bienenmuseum** das erste Ziel, das nicht nur eine sehenswerte Ausstellung, sondern auch einen souveniertauglichen Hofladen und eine empfehlenswerte Gaststätte zu bieten hat. Sehr schön ist auch die ❾ **Klosterkirche**, unter deren Turm ein Zufluss der Ilm fließt. Gleich hinter der Kirche staut sich die Ilm an einem Wehr. Wer möchte, kann von hier aus einen kleinen, schönen Abstecher (ca. 1,5 km) nach ❿ **Ehringsdorf** machen, berühmt durch den Fund des Urmenschen. Schmuckstück des alten Dorfkerns ist die ca. 700 Jahre alte Marienkirche. Für den Hinweg nimmt man die Allee, zurück kann man dann entlang der Ilm spazieren. ◄ Oberweimar

Man geht nun wieder zu den Wiesen des Parks an der Ilm hinter dem Bienenmusem. Nach Passieren der Schaukelbrücke erreicht man die Belvederer Allee, die man nach wenigen Metern über einen Weg in Richtung der hoch stehenden Bäume wieder verlässt. Malerisch thront hier auf dem Westhang das ⓫ ✳ **Römische Haus**, an dessen Planung Goethe maßgeblich mitgewirkt hat. Von hier aus tritt man den Rückweg je nach Gusto an: Auf den oberen Wegen durch den Park lassen sich eventuell vorhandene Besichtigungslücken, z. B. im Liszt-Museum oder Tempelherrenhaus, schließen. Wer Entspannen möchte, begibt sich jedoch über die Treppe am Römischen Haus hinab zur Ilm. Man bummelt nun am Fluss entlang zurück zum Schloss und genießt dabei die Schönheiten der Parklandschaft. ◄ Westteil des Parks

Ausflüge

Erfurt Wer in Weimar ist, sollte Erfurt nicht auslassen, denn Thüringens Hauptstadt liegt gerade 25 km westlich entfernt. Sie bietet mit dem erhöht am **Domplatz** stehenden Dom und der benachbarten Severikirche ein geradezu majestätisches städtebauliches Ensemble, mit dem **Fischmarkt** einen wunderbaren Renaissanceplatz und mit der **Krämerbrücke** die längste bebaute Brückenstraße Europas. Nicht verpassen: die stillen Altstadtgassen hinter der Krämerbrücke und, wenn man mit Kindern unterwegs ist, den am Stadtrand liegenden **Zoopark Erfurt**. Dessen Gehege sind zwar nicht alle auf dem jüngsten Stand der Zootechnik, aber um das fantastische neue Löwenhaus wird Erfurt mit Sicherheit von der Konkurrenz beneidet.

Arnstadt Von Erfurt sind es noch knappe 20 km nach Arnstadt, bekannt als Tor zum Thüringer Wald – ein hübsches altes Städtchen zum Bummeln. In der heutigen Bachkirche, ehemals Neue Kirche, wirkte **Johann Sebastian Bach** 1703 bis 1707 als Organist. Daran erinnern das beim Rathaus stehende »Haus zum Palmbaum« und ein Denkmal des jungen Komponisten, beide am erhöht gelegenen Marktplatz. Hier beeindrucken aber vor allem die im späten 16. Jh. errichteten Tuchgaden, Geburtshaus von Friederieke Henriette Christiane Eugenie John, besser bekannt als Marlitt. Das barocke Neue Palais beherbergt die **berühmte Puppensammlung »Mon Plaisir«**.

Ilmtal Wer von Weimar dem Ilmtal nach Südwesten folgt, erlebt eine sanfthügelige, im Frühjahr von leuchtenden Rapsfeldern verzauberte Landschaft und trifft am Ende auf – Goethe. Auch mit dem Fahrrad eine hübsche Strecke!

Kranichfeld ▶ Von Weimar nimmt man die B 85 nach ▶Bad Berka und fährt weiter zur Zweiburgenstadt Kranichfeld: Auf einem Felssporn am Kranichberg erhebt sich das in der Renaissance erbaute Oberschloss, auf der anderen Seite des Tals liegt die Niederburg mit Freilichtbühne und – wieder etwas für Kinder – dem **Falkenhof Schütz**, bei dessen Vorführungen (April – Okt.) man hautnah mit Uhus, Falken, Adlern und gar einem Kondor in Berührung kommt. Von Kranichfeld lohnt sich ein kurzer Abstecher zum Thüringischen **Freilichtmuseum in Hohenfelden**, das nicht nur aus einem Gelände mit aus Thüringen zusammengetragenen Gebäuden aus dem 18. und 19. Jh. besteht, sondern auch einige Gebäude im Ort selbst als museal ausweist. Dazu gehört auch der Museumsgasthof, ein herrlicher Ort für eine Pause.

Ilmenau ▶ Über Stadtilm erreicht man die Hochschulstadt Ilmenau am Nordostrand des Thüringer Waldes. Als für den Bergbau zuständiger Weimarer Minister hielt sich Goethe wiederholt in der Stadt auf, woran im Amtshaus am Markt (1756) die **Goethe-Gedenkstätte** erinnert. Hier am Markt beginnt auch der 20 km lange, mit einem »G« markierte **Goethe-Wanderweg** von Ilmenau über Gabelbach nach

Picknick im Freilichtmuseum Hohenfelden

Stützerbach. Er berührt dabei alle wesentlichen Goethe-Erinnerungsstätten, vor allem die **Jagdhütte auf dem Kickelhahn**, an dessen Wand der Dichterfürst sein wohl berühmtestes Gedicht schrieb: »Über allen Gipfeln ist Ruh ...« Im Jagdhaus Gabelbach befasst sich eine kleine Ausstellung mit seinen naturwissenschaftlichen Studien. Der Weg endet im Gundelachschen Haus in Stützerbach, heute Goethemuseum.

Die alte Universitätsstadt Jena, dank Schiller, Goethe, Fichte, Schelling und Hegel eines der geistigen Zentren Deutschlands in der napoleonischen Ära, liegt nur 25 km östlich von Weimar. Hier besichtigt man den denkmalgeschützten Marktplatz, das Collegium Jenense und natürlich alles, was mit Jenas Ruf als Stadt der optischen Industrie zu tun hat: das Zeiss-Planetarium und das **Optische Museum**. Die einzige erhaltene Schiller-Gedenkstätte Jenas findet man »vor der Stadt an der Leutra«: sein Sommerhäuschen (Schillergässchen 2).

Sehenswertes von A bis Z

NEBEN WELTBERÜHMTEN THEATER- UND BIBLIOTHEKSGEBÄUDEN, MUSEEN UND SCHRIFTSTELLERHÄUSERN IST IN DER KLASSIKERSTADT NOCH MANCHES HISTORISCHE UND MODERNE KLEINOD ZU ENTDECKEN.

Albert-Schweitzer-Gedenk- und Begegnungsstätte

B 16

Lage: Kegelplatz 4

Internet: http://freenet-homepage.de/as-stiftung

In einem schön restaurierten Bürgerhaus am Kegelplatz, einst Wohnhaus des Märchendichters Johann Carl August Musäus (1735 bis 1787), erinnert seit 1984 eine Gedenkstätte an den »Urwalddoktor« Albert Schweitzer.

Öffnungszeiten:
Mai – Okt. Mo. – Fr.
11.00 – 17.00,
Nov. – April
Mo. – Fr.
11.00 – 16.00

Durch Goethe, Schiller und Nietzsche erfuhr Albert Schweitzer (1875 – 1965), der selbst nie die Klassikerstadt besuchte, eine humanistische Prägung. An sein Wirken erinnert die 1984 in Weimar initiierte Gedenk- und Begegnungsstätte – die einzige in Deutschland. Die von Bauhaus-Studenten neu ges^taltete Ausstellung zu Leben und Werk des Friedensnobelpreisträgers von 1952 ist für einen Besuch mit Kindern sehr geeignet und lässt sich durch Park- und Ilmnähe gut in einen Spaziergang integrieren.

Lesungen, Vorträge und Seminare vermitteln das Werk des großen Humanisten und diskutieren dessen Aktualität. Angeboten werden auch einige preisgünstige Übernachtungsmöglichkeiten (Buchungen unter Tel. 036 43 / 20 27 39).

Vor der Gedenkstätte steht das **erste deutsche Albert-Schweitzer-Denkmal**, geschaffen 1968 von Gerhard Geyer.

Albert Schweitzer wie man ihn kennt: mit Tropenhelm und OP-Schürze

Bad Berka

P/Q 4–7

Lage: 12 km südwestlich von Weimar   **Internet:** www.bad-berka.de

Das kleine Kurstädtchen Bad Berka, im Zentrum des »Mittleren Ilmtals« gelegen, lädt ein zu einem Bummel durch den hübschen, gepflegten Kurpark und zu Spaziergängen durch die ausgedehnten Fichten- und Buchenwälder in seiner Umgebung.

Bad Berka (7700 Einw.), das wegen seiner Schwefelbäder und vor allem durch die zahlreichen Besuche Goethes bekannt wurde, erhielt im 15. Jahrhundert das Stadtrecht. Nach einem Stadtbrand im Jahr 1816 übernahm der Weimarer Hofbaumeister **Clemens Wenzeslaus Coudray** (▶ Berühmte Persönlichkeiten) den Wiederaufbau und es entstand ein klassizistisch geprägtes Stadtbild mit neuem Zentrum und neuem Straßenverlauf. Als eines der ersten Gebäude konnte bereits 1817 das Rathaus eröffnet werden, das als besonderen Schmuck eine Monduhr erhielt, die die Mondphasen anzeigt.

Traditionsreicher Kurort

Johann Wolfgang von Goethe besuchte des Öfteren den Ort, u. a. traf er hier den Schriftsteller Jakob Michael Reinhold Lenz (1751 bis 1792), den er in Straßburg kennengelernt hatte, und den Berkaer Organisten Johann Heinrich Friedrich Schütz, mit dem er sich über die Musik Johann Sebastian Bachs unterhielt. In Bad Berka schrieb Goethe 1815 anlässlich des Sieges über Napoleon I. bei Waterloo das patriotische Festspiel »Des Epimenides Erwachen«. Bei längeren Kuraufenthalten ließ er sich die Schwefelquellen zugute kommen und sorgte außerdem dafür, dass die Quellen wissenschaftlich untersucht wurden; u. a. schlug er vor, die am Südrand des Parks entdeckte »Stahlquelle« mit ihrem eisenhaligen Heilwasser für Kuren zu nutzen. Der heutige **Goethebrunnen** erhielt 1909 einen Pavillon, die Büste des Dichters stammt von dem Bildhauer Adolf Brütt, der sie 1928 dem Badeort schenkte.

In den Jahren 1824/1825 errichtete Herzog Carl Augusts Hofbaumeister Clemens Wenzeslaus Coudray im Kurpark an der Ilm ein großes Kurhaus, das zum Mittelpunkt des gesellschaftlichen und kulturellen Lebens des Städtchens wurde. In dem heute **Coudrayhaus** genannten Gebäude werden Wechselausstellungen gezeigt und Konzerte veranstaltet. Die Dauerausstellung **»Das Goethebad im Grünen«** im Erdgeschoss führt auf einen Streifzug durch die Stadtgeschichte und informiert über die Beziehungen Goethes zu dem Badeort (Parkstraße 16; Tel. 03 64 58 / 57 90; Öffnungszeiten: Di. – So. 14.00 bis 17.00 und nach telefonischer Anmeldung). ☺

Der Traum Herzog Carl Augusts, aus dem Ort ein zweites »Karlsbad« zu schaffen, erfüllte sich jedoch nicht. Nach dem Zweiten Weltkrieg entstanden in Bad Berka u. a. das Sanatorium oberhalb des Kurparks und die Zentralklinik auf der Harth. Zur Zeit der DDR zählte das Städtchen zu den größten Lungenheilstätten des Landes.

✶✶ Bauhaus-Museum

B 15

Lage: Theaterplatz   **Internet:** www.klassik-stiftung.de

Als Gründungsort des Bauhauses verfügt Weimar über eine der weltweit größten Sammlungen mit Arbeiten aus den Werkstätten der Bauhauskünstler und zeigt in dem 1995 eröffneten Museum Innovatives und Wegweisendes u. a. von Johannes Itten, Paul Klee, Georg Muche und Oskar Schlemmer.

Öffnungszeiten:
tgl. 10.00 – 18.00

Untergebracht ist das Museum in einem von Clemens Wenzeslaus Coudray (► Berühmte Persönlichkeiten) als Remise entworfenen, später als Kunsthalle genutzten Gebäude am Theaterplatz. Mit seinen Exponaten vermittelt es einen Einblick in die Weimarer Kunstentwicklung von 1900 bis 1930. Durch einen Einbau, der die Ausstellungshalle gliedert und ihr eine zweite Ebene mit Balustrade erschließt, wurde es möglich, rund fünfhundert repräsentative Arbeiten von Lehrern und Schülern aus den unterschiedlichen Kursen des Staatlichen Bauhauses (►Baedeker Special S. 108) zu zeigen.

Eine wichtige Voraussetzung für die Gründung des Bauhauses war das Wirken des belgischen Jugendstilkünstlers **Henry van de Velde** (1863 – 1957) in Weimar; seine Arbeiten und die seiner Schüler werden in einem besonderen Raum vorgestellt. Bemerkenswert sind neben den Bildern und Grafiken der

einzelnen Künstler die Arbeiten der Werkstätten, in denen die verschiedensten Materialien wie Stein, Holz, Metall und Ton, zu kunstvollen Objekten gestaltet wurden. Auch die Arbeiten der Bühnenwerkstatt – zum Beispiel die Entwürfe zum Triadischen Ballett oder Kostümentwürfe für Puppentheater – und die dekorativen Wandteppiche der Webereiwerkstatt dokumentieren die Ideenvielfalt der Bauhauskünstler.

Im Jahr 2009, dem Jahr des 90. Gründungstages des Staatlichen Bauhauses, beschlossen die Stadt und die Klassik Stiftung Weimar den Bau eines neuen Museums, da derzeit nur ein Bruchteil des vorhandenen Bestandes für die Öffentlichkeit zugänglich ist. Geplant ist, das neue Bauhaus-Museum bis 2013 fertigzustellen.

*Innovative Kunst aus der Zeit der
Weimarer Republik*

Bauhaus-Universität

C 16

Lage: Geschwister-Scholl-Straße   **Internet:** www.uni-weimar.de

Die frühere Hochschule für Architektur und Bauwesen, die seit 1995 unter ihrem heutigen Namen firmiert, geht zurück auf eine Kunstschule, die 1860 auf Initiative von Großherzog Carl Alexander eröffnet wurde. Mit ihren Fakultäten Architektur, Bauingenieurwesen, Gestaltung und Medien gilt sie als *die* Kunsthochschule des Freistaats Thüringens.

Mit ihrem einzigartigen Projektstudium orientiert sie sich noch heute – wenn auch entfernt und mit völlig neuem Profil – am interdisziplinären Gestus des einstigen Staatlichen Bauhauses.

In der Tradition des Bauhauses

Heute ist knapp jeder zehnte Weimarer Student – viele von ihnen lassen sich als Architekten, Designer oder Künstler in der Kulturstadt nieder. So gibt es in der 65 000-Einwohner-Stadt beispielsweise weit über 300 Architekturbüros.

In den Jahren 1997 bis 1999 wurden die Universitätsgebäude unter der Leitung des Kölner Architekten Thomas van der Valentyn umfassend saniert und der Originalzustand weitgehend wiederhergestellt. Zu der Kunstschule kam 1907 eine Kunstgewerbeschule hinzu, gegründet von dem belgischen Architekten **Henry van de Velde**, der seit 1902 auf Betreiben von Harry Graf Kessler in Weimar wirkte. Nachdem Henry van de Velde nach Ausbruch des Ersten

? WUSSTEN SIE SCHON …?

■ …dass Henry van de Velde während des Ersten Weltkriegs als »unerwünschter Ausländer« abgeschoben wurde? Erst nach Kriegsende war es möglich, wieder ausländische Künstler nach Weimar zu verpflichten. So kam etwa der amerikanische Maler Lyonel Feininger (1871 – 1956) auf Initiative von Walter Gropius 1919 als Leiter der grafischen Werkstatt ans Bauhaus, wo er bis 1925 unterrichtete.

Weltkriegs als »unerwünschter Ausländer« abgeschoben wurde, übernahm der Architekt **Walter Gropius** (1883 – 1969) dessen Amt. Im Jahr 1919 wurden beide Schulen von Gropius unter dem Namen »Bauhaus« zusammengefasst (►Baedeker Special S. 108).

Das Bauhaus, das von 1919 bis 1925 in Weimar seinen Sitz hatte, wurde zum Ausgangspunkt neuer Ideen in Architektur, Malerei und Gestaltung, deren Grundgedanke die Verschmelzung von Architektur, Kunst, Handwerk und Technik war. In eigenen Werkstätten, Tischlerei, Töpferei, Druckerei, Weberei u. a., wurden für das 20. Jh. richtungweisende Konzepte der Architektur und Produktgestaltung verwirklicht.

Im Jahr 1925 musste Gropius das Bauhaus auf Betreiben konservativer Kreise von Weimar nach Dessau verlegen. 1932 erzwangen die Nationalsozialisten die Schließung des Bauhauses in Dessau, im Sommer 1933 seine endgültige Auflösung in Berlin.

◄ weiter auf S. 110

Nach Ideen und Konzepten des Bauhaus entstand in den 1990er-Jahren in der Nähe des Weimarer Bauhaus-Musterhauses »Am Horn« das Wohnviertel »Neues Bauen am Horn«.

DAS BAUHAUS

»Wir waren uns klar, daß wir an einem neuen Beginn standen und daß wir nur die ersten Schritte getan hatten in einer neuentdeckten Welt voll faszinierender Aufgaben.« (Walter Gropius)

Eine solche Aufbruchstimmung fügte sich vorzüglich in eine Zeit, in der sich die Vertreter der bildenden Künste entschlossen hatten, die Kunst von ihrer Substanz her zu erneuern. Im Rahmen dieser Erneuerungsbewegung errang das Bauhaus eine besondere Bedeutung. In keiner anderen Kunstrichtung wurde konsequenter von den Schnörkeln des Historismus Abschied genommen. Nirgendwo wurden zentrale Ziele des jungen 20. Jahrhunderts – Sachlichkeit, Zweckmäßigkeit – klarer formuliert. Und nirgendwo wurden in der Kooperation von Kunst, Kunsthandwerk, Design und Industrie deutlichere Zeichen für eine **Gesamtgestaltung** der Umwelt gesetzt.

Gründungsvater Gropius

Auf seinem Weg profitierte das Bauhaus von seinem Standort Weimar. 1919 schlossen sich Kunstakademie und Kunstgewerbeschule zusammen und der »Gründungsvater«, der Architekt Walter Gropius, sorgte für jene Erweiterung des Ausbildungsrahmens, der für diese Einrichtung charakteristisch werden sollte.

Im Bauhaus traf sich alles, was damals in Architektur und Kunst Rang und Namen hatte: Gerhard Marcks und Georg Muche, Paul Klee und Wassily Kandinsky, László Moholy-Nagy und Johannes Itten, Oskar Schlemmer und Lyonel Feininger, Adolf Meyer und Ludwig Mies van der Rohe, der nach Hannes Meyer in Dessau Direktor des Bauhauses wurde.

Kooperation

Persönlichkeiten von solcher Ausstrahlung zogen selbstverständlich auch andere wichtige Köpfe nach Weimar. So gründete der Kunst- und Literaturhistoriker Bruno Adler 1919 in Weimar den Utopia-Verlag, in dem u. a. der »Utopia-Almanach« mit Bildanalysen von Johannes Itten erschien. Im Herbst 1922 traf man sich mit den Konstruktivisten und Dadaisten, mit Kurt Schwitters, Hans Arp, Lotte und Max Burchartz, Hans Richter, Nelly und Theo van Doesburg, Alexa und Karl-Peter Röhl, Cornelius van Eesteren und Werner Graeff zum sog. **»Konstruktivistenkongress«**. So war das Bauhaus in Weimar ein Ort der Begegnung, der Auseinander-

setzung, der Kooperation und Freundschaft, ein Sammlungsort aller progressiven Kräfte seiner Zeit.

Kurze Geschichte

Für die Bürgerschaft Weimars am Beginn der 1920er-Jahre war das Bauhaus aber zweifellos eine extreme Herausforderung.

Niemand hat die besondere Situation dieser Jahre so prägnant dargestellt wie **Teo Otto**, der an der Konzeption der Ausstellung »Bauhaus – Idee, Form, Zweck, Zeit« von 1964 maßgeblich beteiligt war. Es war die erste deutsche Nachkriegsausstellung mit Originalen aus allen Arbeitsbereichen und Werkstätten des Bauhauses.

Otto, der 1926 für kurze Zeit als Assistent an der Bauhochschule in Weimar arbeitete, schrieb: »Die Geschichte des Bauhauses ist nicht zu trennen von der Zeit der industriellen Revolution. Die bürgerliche Welt der Sicherheit, der rationalen Gewißheit war zerstört. Das Gewohnte, Vertraute lag in Trümmern. Bürgerliche Kultur und Ästhetik waren verkommen. Der Wille, neue künstlerische Formulierungen, neue Ausdrucksmittel zu finden für die bildende Kunst, war an allen Ecken und Enden spür-

bar. Mit dem Vorsatz, auf neuen Wegen neuen Zielen zuzustreben, fanden sich Verwandte, Gleichgesinnte im Osten wie im Westen. Es lag in der Luft ... So wurde das Bauhaus Stätte der Realisation der zukunftsweisenden schönsten Impulse des damaligen verletzten Europas, des geschlagenen Deutschlands.

Das Bauhaus war eine über lokale Bedingtheiten hinausreichende Idee. Seine bedeutenden, weltweiten Auswirkungen waren nicht zu trennen von seiner Weltoffenheit. Arbeit und schöpferischer Prozeß wurden täglich durchzogen von politischen Sorgen. Der Alltag mit seiner Härte war gleich einem Prüfstand für jenen Höhenflug menschlichen Geistes und schöpferischer Kraft.«

Die Geschichte des Bauhauses war nur kurz. Gründung 1919, 1925 Übersiedlung nach Dessau. 1932 erzwangen die Nationalsozialisten die Schließung des Bauhauses in Dessau und 1933 schließlich seine Auflösung in Berlin, wo man die Arbeit fortzusetzen hoffte.

Seit 1996 steht das Bauhausgebäude in Dessau, zusammen mit dem Weimarer »Haus am Horn, auf der UNESCO-Liste des **Weltkulturerbes**.

Bereits 1921 löste sich die traditioneller orientierte Kunstschule – unter dem Namen »Hochschule für bildende Kunst« – wieder vom Bauhaus. Nach dem Zweiten Weltkrieg wurde sie als »Hochschule für Baukunst und bildende Künste« wieder eröffnet. Nach weiteren Namensänderungen firmiert die Hochschule seit 1995 unter dem Namen »Bauhaus-Universität Weimar«.

! **Baedeker TIPP**

Bauhaus-Spaziergang ...

... zu den Spuren des frühen Bauhauses. Auf der kleinen Tour, die von April bis Nov. am Di., Do., Fr., Sa. und So. jeweils um 14.00 Uhr beginnt (im Winter nur Fr. u. Sa.), erfährt man außerdem Wissenswertes über die Bauhaus-Universität. Treffpunkt: Hauptgebäude der Bauhaus-Uni in der Geschwister-Scholl-Str. 8 (Infos auf www.uni-weimar.de/bauhausspaziergang).

Das 1860 für die Kunstschule errichtete Gebäude ersetzte Henry van de Velde in den Jahren 1904 und 1911 durch Neubauten. 1904 entstand der zur Belvederer Allee gerichtete Ostflügel, 1911 der dreigliedrige Haupttrakt an der Geschwister-Scholl-Straße mit zwei Geschossen und einem Mansardendach. Kennzeichnend für die schön mit Jugendstilornamenten geschmückte Fassade des **Hauptgebäudes der Universität** sind mächtige, frei auslaufende Wandpfeiler und breite Atelierfenster.

Van-de-Velde-Bau ▶ Wer das Van-de-Velde-Bau genannte Haus betritt, befindet sich in einer sachlich wirkenden Halle mit ovaler Treppenspirale. Erst 1976 konnten die Wandbilder, die **Herbert Bayer** und **Joost Schmidt** 1923 anlässlich einer Bauhausausstellung schufen, freigelegt und teilweise rekonstruiert werden.

Kleiner Van-de-Velde-Bau ▶ Von 1904 bis 1906 wurde dieses Gebäude für die »Staatliche Kunstgewerbeschule« errichtet, ein L-förmiger Bau um eine Gartenanlage. In dem eingeschossigen Bau mit Mansarden und auffallendem Giebel waren auch Bildhauerateliers untergebracht. Im Treppenhaus sind drei rekonstruierte Wandmalereien von **Oskar Schlemmer** zu sehen.

Seminargebäude, Mensa ▶ Die wachsende Studentenzahl der Hochschule machte Anfang der 1960er-Jahre bauliche Erweiterungen erforderlich. So wurde in der nahen Marienstraße ein Komplex von Hörsälen und Institutsräumen geschaffen.
Schließlich konnte 1982 eine Mensa mit etwa 1000 Plätzen eröffnet werden; sie ist südlicher Abschluss des weitläufigen Komplexes zum ▶Park an der Ilm hin gelegen.

Universitätsbibliothek Seit 2005 besitzt die Bauhaus-Universität ein neues Bibliotheksgebäude, errichtet auf dem Gelände einer ehemaligen Brauerei zwischen Frauenplan, Steubenstraße, Schützengasse und Brauhausgasse. In dem zweiflügeligen Gebäude mit rund 5000 m² Nutzfläche ist nicht nur der Bibliotheksbestand mit ca. 435 000 Bänden untergebracht, sondern auch das Audimax der Universität. Der Neubau, ausgeführt von Münchner und Weimarer Architekten, erhielt 2006 den »Thüringer Staatspreis für Architektur und Städtebau«.

Ungestörtes Ruheplätzchen am herzoglichen Sommersitz Belevedere

★ ★ Belvedere

K 10/11

Lage: Belvederer Allee
Bus: Linie 1

Internet: www.klassik-stiftung.de

Der nur wenige Kilometer südlich des Stadtschlosses gelegene herzogliche Sommersitz entwickelte sich unter Carl August zu einem Treffpunkt für die »Klassiker« Goethe, Herder, Wieland und Schiller. Heute ist das Schloss mit seiner »blühenden« Orangerie und seinem herrlichen Landschaftspark ein beliebtes Ausflugsziel für jedermann.

Schloss Belvedere liegt knapp 3 km südlich des Stadtzentrums am Ende der Belvederer Allee. Nach dem Vorbild des gleichnamigen Schlosses in Wien wurde es von 1724 bis 1732 auf Geheiß des Herzogs Ernst August als Jagd- und Lustschloss von dem Baumeister Gottfried Heinrich Krohne errichtet. Neben den Schlössern ►Ettersburg und ►Tiefurt war es einer von drei Sommersitzen des Weimarer Fürstenhauses.

Das dreigliedrige Gebäude entstand durch die Verbindung eines barocken Hauptbaus mit zwei früher errichteten Fasanerien; die beiden Verbindungstrakte sind mit Tordurchfahrten versehen. Die Außenwand wird durch Kolossalpilaster gegliedert; auf dem Dach des Mittelbaus befindet sich ein »Belvedere« mit Kuppel.

Herzoglicher Sommersitz

Schlosspark Belvedere Orientierung

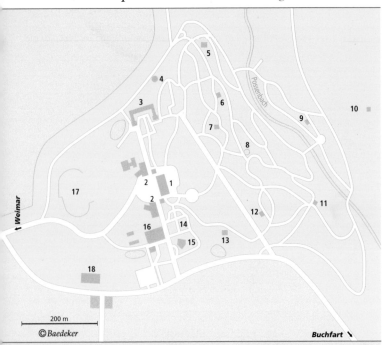

© Baedeker

Buchfart

1 Schloss mit Rokokomuseum	**7** Rosenlaube	**13** Eishaus
2 Kavaliershäuser	**8** Große Fontäne	**14** Russischer Garten
3 Orangeriegebäude	**9** Schneckenberg	**15** Heckentheater
4 »Roter Turm«	**10** Obelisk	**16** Schlossgaststätte
5 Moosbassin und Mooshütte	**11** Große Grotte	**17** Sowjetischer Ehrenfriedhof
6 Gelehrtenplatz	**12** Kleine Grotte	**18** Musikgymnasium

Rokokomuseum

Öffnungszeiten:
April – Okt. Di. – So.
10.00 – 18.00
Führungen:
So. 11.00
Orangerie
zusätzlich geöffnet:
Ende Dez. – April
11.00 – 16.00

Die weitgehend im Originalzustand erhaltenen Räume des Schlosses beherbergen das Rokokomuseum mit einer Vielzahl an Gemälden, Möbeln und kunsthandwerklichen Objekten, die zum Großteil aus dem 18. Jahrhundert stammen.

Im Erdgeschoss und in der Beletage werden europäische und ostasiatische Keramiken und Fayencen gezeigt. Die Porzellansammlung im ersten Obergeschoss gibt einen Überblick über die Entwicklung des europäischen Porzellans in der ersten Hälfte des 18. Jh.s, besonders gut zu beobachten an Arbeiten aus der Frühzeit der Meißner Manufaktur. Auch das rote Porzellan des »Alchimisten« Johann Friedrich Böttger (1682 – 1719), das sog. Böttgersteinzeug, ist in ausgewählten

Beispielen vertreten. Im östlichen Kuppelsaal ist eine Sammlung von Gläsern und Pokalen aus thüringischen, sächsischen, hessischen und böhmischen Glashütten zu bewundern.

Zu sehen ist außerdem eine ständige Ausstellung zur Geschichte der Jagd im Herzogtum Weimar und zur Gartenkunst in der Zeit des Herzogs Ernst August.

Schlosspark

Schloss Belvedere ist umgeben von einem Landschaftspark im englischen Stil, der Anfang des 19. Jh.s durch Umgestaltung des ursprünglichen Barockparks entstand. Zum Park, der jederzeit öffentlich zugänglich ist, gehört eine **Orangerie**, die Gottfried Heinrich Krohne – unter Einbeziehung eines älteren Gärtnerhauses – um 1740 in Hufeisenform angelegt hat; diese entwickelte sich zu einer der reichhaltigsten Pflanzensammlungen Europas. Im Sommer kann der Besucher neben Palmen, Zedern und Agaven auch Orangen-, Feigen-, Granatapfel- und Johannisbrotbäume, kanarische Drachen- und südostasiatische Gummibäume sehen. Im Herbst kommen die Pflanzen dann in die umliegenden Gewächshäuser.

Beachtenswert sind ferner der **Rote Turm**, der als botanisches Studienkabinett diente und mit chinoisen Wandbildern geschmückt ist, ein »Gelehrtenplatz« mit Büsten von Goethe, Schiller, Herder und Wieland, ein Rosenrondell mit Springbrunnen, eine Rosenlaube mit den Büsten von Herzog Carl August und Herzogin Luise, eine große Fontäne, ein Obelisk und verschiedene Grotten.

Herzogin Maria Pawlowna(► Berühmte Persönlichkeiten), die mit Carl Friedrich, dem Sohn Herzog Carl Augusts, verheiratet war, fügte dem 1811 noch einen **»Russischen Garten«** hinzu – eine detailgetreue Kopie des Gartens der Zarenfamilie in Pawlowsk bei St. Petersburg. Schmiedeeiserne Tore, regelmäßige Blumenrabatten, kleine rokokohafte Parkarchitekturen in Form geschnittener Hecken sind für diesen Teil des Schlossparks typisch. Seitlich des Russischen Gartens wurde 1823 ein **Heckentheater** und 1843 ein **Irrgarten** angelegt. Das Heckentheater bietet Platz für etwa 50 Zuschauer und wird für Kammerspiele oder Konzerte genutzt.

Musikgymnasium

In der Nähe des Schlosses – zur Hauptverkehrsstraße hin – zieht ein modernes Gebäude die Blicke auf sich: das »Musikgymnasium Schloss Belvedere«, in dem Schüler aus dem In- und Ausland eine umfassende musikalische Ausbildung erhalten.

Die 1996 als **»Hommage an die Weiße Moderne«** des 20. Jahrhunderts errichtete Musikschule präsentiert sich als kantiger Bau mit viel Glas. Die restaurierten Gebäude eines Dreiseithofs westlich vom Schlosskomplex dienen den rund 120 Schülern als Internat. Besonders eindrucksvoll wirkt im Untergeschoss des Neubaus der einem antiken Stadion nachempfundene Konzertsaal, an den sich draußen im Park eine Waldbühne anschließt.

★★ Buchenwald

B/C 2/3

Lage: auf dem Ettersberg   **Internet:** www.buchenwald.de
Bus: Linie 6

Nicht Goethehaus, Schiller-Museum oder der Ilmpark mit Goethes Gartenhaus – mit jährlich über 600 000 Besuchern ist das ehemalige Konzentrationslager Buchenwald die am häufigsten besichtigte Gedenkstätte Weimars.

Öffnungszeiten Die Außenanlagen können tgl. bis zum Einbruch der Dunkelheit besichtigt werden. Öffnungszeiten der Museen: April – Okt. Di. – So. 10.00 – 18.00, Nov. – März Di. – So. bis 16.00 Uhr; Torgebäude und einstiges Krematorium sind auch Mo. von 10.00 – 15.00 Uhr zugänglich; Besucherinformation: April – Okt. Di. – So. 9.00 – 18.20, Nov. – März Di. – So. bis 16.20; **Audioguides** können auch Mo. zwischen 10.00 und 15.00 Uhr ausgeliehen werden; **Führungen:** Di. – So. 10.30 u. 13.30 Uhr; Gruppen n. V. unter Tel. 036 43 / 43 02 00; Treffpunkt ist die Besucherinformation.

Ehemaliges Konzentrationslager Literatur, Musik und Malerei: Seit den Zeiten Herzogin Anna Amalias, Goethes und Listzs wird Weimar als das »Walhalla« deutscher Kunst und Kultur gesehen. Doch Weimar birgt auch Zeugnisse aus jüngerer, unglückseliger Vergangenheit. Spuren aus der Zeit der »braunen Diktatur« sind am sog. ►Gauforum im Stadtzentrum oder im einstigen großherzoglichen ►Marstall zu finden. Das bedrückendste Zeugnis aus der Zeit des »Dritten Reichs« aber liegt etwas außerhalb Weimars: das ehemalige Konzentrationslager Buchenwald. Ab Juli 1937 richteten die Nationalsozialisten auf dem nordwestlich der Stadt gelegenen Ettersberg eines der größten Konzentrationslager auf deutschem Boden ein. Bis 1945 wurden 250 000 Menschen aus rund 40 Nationen – politische Gegner, Kriegsgefangene, Juden, Roma und Sinti, Zeugen Jehovas und Homosexuelle – dort eingesperrt und misshandelt. Etwa 56 000 überlebten Folter, Krankheit, Unterernährung und Zwangsarbeit nicht; verstärkt ab 1943 mussten die Häftlinge in über 130 sog. Außenkommandos für die Rüstungsindustrie schuften. Am 11. April 1945 konnten amerikanische Truppen die Häftlinge des Konzentrationslagers Buchenwald befreien.

> ## ! *Baedeker* TIPP
>
> ### Die richtige Verbindung
> Zur Gedenkstätte gelangt man mit der Busline 6. Wichtig ist, dass man darauf achtet, in den Bus mit dem Ziel »Buchenwald« zu steigen, denn eine zweite Linie mit der Nummer 6 führt direkt zum Schloss Ettersburg.

Gedenkstätte Im September 1958 wurde auf dem über 200 ha großen Gelände die »Nationale Mahn- und Gedenkstätte Buchenwald« eingerichtet. Seit

Ein Postenweg führte um das mit Wachtürmen und hohen Stacheldrahtzäunen umgebene Lagergelände.

1994 sind die Gedenkstätten der ehemaligen Konzentrationslager Buchenwald und Dora zur **»Stiftung Gedenkstätten Buchenwald und Mittelbau-Dora«** zusammengeschlossen.

Das 1943 entstandene Lager »Dora« bei Nordhausen, nahe der Grenze zum heutigen Bundesland Sachsen-Anhalt, fungierte als Außenlager des KZs Buchenwald. Dort mussten Häftlinge und Zwangsarbeiter die in das Kohnsteinmassiv getriebenen Stollen eines Anhydrit-Bergwerks ausbauen. In den unterirdischen Hallen wurden Hunderte von Raketen produziert, darunter auch die sog. Vergeltungswaffen »V 1« und »V 2«.

Nur noch wenige Gebäude sind auf dem Lagergelände erhalten geblieben. In den 1950er-Jahren wurden die ein- und zweigeschossigen Häftlingsbaracken abgerissen; ihre Standorte sind durch die jeweilige Blocknummer, ihre Grundrisse durch Kupferschlacke kenntlich gemacht worden. **Außenanlagen**

Ein Postenweg führte um das Gelände herum, das mit 23 Wachtürmen, drei Meter hohen, elektrisch geladenen Stacheldrahtzäunen, »spanischen Reitern« und Stolperdrähten gesichert war.

Der einzige Ein- und Ausgang des Lagers war das mit einem Wachturm versehene Torgebäude. Dessen schmiedeeisernes Tor trägt die ◄ **Torgebäude** hämische Inschrift »Jedem das Seine«, die man vom Appellplatz aus lesen konnte. Im Westflügel des Torgebäudes befand sich der »Bunker«: die Arrestzellen der Gestapo; einige der Zellen sind als Gedenkräume eingerichtet und erinnern z. B. an die hier ermordeten Geistlichen Paul Schneider und Otto Neururer.

Gedenkstätte Buchenwald *Orientierung*

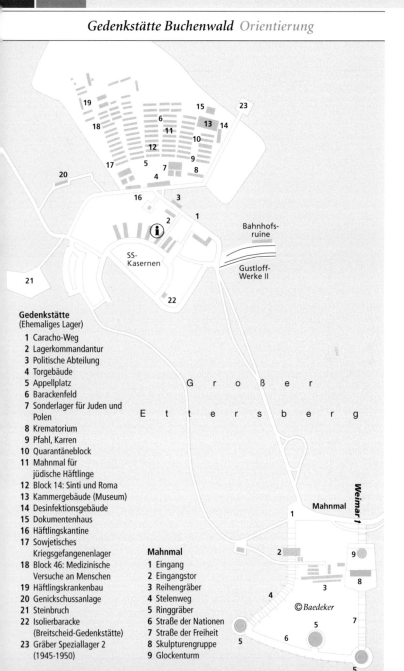

Gedenkstätte
(Ehemaliges Lager)

1 Caracho-Weg
2 Lagerkommandantur
3 Politische Abteilung
4 Torgebäude
5 Appellplatz
6 Barackenfeld
7 Sonderlager für Juden und Polen
8 Krematorium
9 Pfahl, Karren
10 Quarantäneblock
11 Mahnmal für jüdische Häftlinge
12 Block 14: Sinti und Roma
13 Kammergebäude (Museum)
14 Desinfektionsgebäude
15 Dokumentenhaus
16 Häftlingskantine
17 Sowjetisches Kriegsgefangenenlager
18 Block 46: Medizinische Versuche an Menschen
19 Häftlingskrankenbau
20 Genickschussanlage
21 Steinbruch
22 Isolierbaracke (Breitscheid-Gedenkstätte)
23 Gräber Speziallager 2 (1945-1950)

Mahnmal

1 Eingang
2 Eingangstor
3 Reihengräber
4 Stelenweg
5 Ringgräber
6 Straße der Nationen
7 Straße der Freiheit
8 Skulpturengruppe
9 Glockenturm

© *Baedeker*

Die ehemalige Häftlingskantine neben dem Torgebäude wird von der Gedenkstätte für Sonderausstellungen genutzt. Westlich des Torgebäudes, neben dem durch einen Gedenkstein markierten »Sonderlager für Juden und Polen«, steht noch das 1940 gebaute Krematorium. Eines der bekanntesten Opfer des Lagers, der KPD-Vorsitzende **Ernst Thälmann** (► S. 146) wurde hier, am Eingang zum Ofenraum, am 17. August 1944 erschossen. Im angebauten Pferdestall ist ein Nachbau der sog. Genickschussanlage zu sehen.

◄ Häftlingskantine, Krematorium

Beim 20 000 m² großen zentralen Lagerplatz, dem »Appellplatz«, stehen die Nachbildungen eines Karrens, mit dem Steine und Geröll aus dem Steinbruch abtransportiert werden musste, und eines sog. »Hängepfahls« für die »Bestrafung« von Häftlingen.

◄ »Appellplatz«

Hinter dem Platz reihten sich die Häftlingsbaracken. Von den sechs Baracken des Häftlingskrankenbaus am nordöstlichen Rand der Barackenblocks sind noch die Fundamente zu erkennen. Davor lag **»Block 46«**, in dem medizinische Versuche an Häftlingen durchgeführt wurden.

Im »Desinfektionsgebäude« am nordwestlichen Rand des Lagers mussten alle hierher verbrachten Häftlinge jeglichen persönlichen Besitz abgeben, wurden geschoren und erhielten, anstelle ihres Namens, eine Nummer. Eine **Kunstausstellung** in den Räumen des Gebäudes zeigt u. a. Werke von Häftlingen, die sie während ihrer Lagerhaft anfertigten.

◄ »Desinfektionsgebäude«

Der dreigeschossige Bau vis-à-vis war die »Effektenkammer«, Bekleidungskammer und Lager all der Dinge, die den Häftlingen nach ihrer Einlieferung abgenommen wurden. Die auf zwei Etagen ausgestellten Gegenstände und Fotos dokumentieren die Geschichte des Konzentrationslagers, zeigen die Verbrechen der Nationalsozialisten und ermöglichen Einblicke in die Lebensgeschichten der Opfer. Einige wenige Gebäudereste sind noch in dem ehemals vom übrigen Lagergelände durch einen Stacheldrahtzaun abgegrenzten, als **»Quarantänezone«** eingerichteten Bereich zu sehen. Zwangsarbeiter aus von Deutschland besetzten Ländern wurden hierher verschleppt und in die Rüstungsbetriebe der Außenlager weitergeschickt. Ab 1944 wurden aus dem KZ Auschwitz immer mehr Menschen ins KZ Buchenwald verlegt und in das **»Kleine Lager«** gepfercht.

◄ »Effektenkammer«

i **Goethe-Eiche**

■ Bei der Effektenkammer stand eine alte Eiche, die von den Häftlingen, in Anlehnung seiner Besuche auf dem Ettersberg, »Goethe-Eiche« genannt wurde. Im August 1944 wurde die bei einem Bombenangriff auf das Lager beschädigte Eiche gefällt, doch der Baumstumpf ist noch zu sehen.

Vom ehemaligen Bahnhof Buchenwald verlief der »Carachoweg« – vorbei an der Lagerverwaltung – zum Torgebäude des Lagers. Von dem Bahnhof und den unmittelbar angrenzenden Rüstungsbetrieben der Gustloff-Werke sind noch die Fundamente und einige Mauerreste erhalten. Dieser Bereich ist allerdings nicht öffentlich zugänglich.

Kasernenbereich

In der Nähe des »Appellplatzes« stehen die Nachbildungen eines Steinkarrens und des »Hängepfahls«; im Hintergrund sieht man die »Effektenkammer«.

Südlich vom Torgebäude sind von den ehemals 16 SS-Kasernen am Exerzierplatz, dem jetzigen Parkplatz, nur noch wenige erhalten. Auch von den übrigen Gebäuden und Einrichtungen auf dem ehemaligen Kasernengelände, wie Pferdeställe, Reithalle und ein Falkenhof, ist kaum mehr etwas zu sehen.

»Sonderlager Fichtenhain« ▶ Innerhalb des SS-Bereichs lag das »Sonderlager Fichtenhain«, in dem »prominente« Häftlinge eingesperrt wurden. In kleinen, sog. Isolierbaracken waren hier u. a. Mafalda von Savoyen, Tochter des italienischen Königs Viktor Emanuel III., und der SPD-Politiker Rudolf Breitscheid inhaftiert, die beide bei einem Bombenangriff auf das Lager ums Leben kamen. Eine kleine Gedenkstätte auf dem Gelände des »Sonderlagers« erinnert an Rudolf Breitscheid.

Mahnmal Von 1954 bis 1958 entstand am südöstlichen Hang des Ettersbergs auf dem Gelände von Massengräbern das Buchenwald-Mahnmal.

Vom Eingangstor geht es über den **»Stelenweg«** – die sieben Stelen symbolisieren die sieben Jahre, die das Lager bestand – hinunter zur **»Straße der Nationen«**. Diese verbindet drei sog. Ringgräber – Massengräber, in denen kurz vor der Befreiung des Lagers ca. 3000 Tote verscharrt wurden.

Ein Treppenweg, die »Straße der Freiheit«, führt von den Ringgräbern zum **»Turm der Freiheit«**, einem 50 m hohen Glockenturm, in dem unter einer Bronzeplatte Erde und Asche aus mehreren Konzentrationslagern liegt. Vor dem Turm steht das dem Häftlingswiderstand gewidmete Denkmal, eine monumentale, 1952 bis 1958 von Fritz Cremer (1906 – 1993) geschaffene Figurengruppe.

In einem aus den 1970er-Jahren stammenden Gebäude in der Nähe des Mahnmals zeigt eine **Ausstellung** von Bildern, Dokumenten, Exponaten und Modellen die Geschichte der »Gedenkstätte Buchenwald«.

Nachdem im August 1945 sowjetische Truppen das Konzentrationslager übernommen hatten, richteten sie dort das **»Speziallager 2 Buchenwald«** ein. Interniert wurden dort mutmaßliche Kriegsverbrecher, Nazi-Kollaborateure und zunehmend Gegner des entstehenden SED-Regimes. Erst 1950 wurde das Lager endgültig aufgelöst. Vor al-

Baedeker TIPP

Überlebt...

... hat ein Kind die Hölle des Lagers Buchenwald, von Häftingen versteckt vor den SS-Schergen: Eindringlich beschreibt Bruno Apitz diese authentische Geschichte in seinem 1958 erstmals veröffentlichten und mehrfach verfilmten Roman »Nackt unter Wölfen« (Aufbau Verlag, Berlin 1998).

lem wegen der katastrophalen hygienischen Zustände, die in dem Lager herrschten, starben über 7000 der insgesamt 28 000 Inhaftierten; sie wurden am nordwestlichen Rand des Lagergeländes in – heute mit Metallstelen gekennzeichneten – Massengräbern verscharrt.
In einem neu errichteten Gebäude neben dem Gräberfeld erzählt eine Ausstellung die Geschichte der »Speziallager« in der »Sowjetischen Besatzungszone« und zeigt die Lebensbedingungen im Lager Nr. 2.

✷ Deutsches Bienenmuseum

H 10

Lage: Ilmstr. 3
Bus: Linie 1

Internet: http://dbm.lvti.de/

Wissenswertes, Erstaunliches und auch Kurioses über emsig arbeitende Bienenvölkchen, über Honig und über die Imkerei erfährt man auf einem Rundgang durch das Deutsche Bienenmuseum, das mit seiner speziellen »Kinderstrecke« auch kleine Schleckermäuler begeistert.

Das Bienenmuseum wurde 1907 von dem Thüringer »Bienenvater« **Ferdinand Gerstung** (1860 – 1925) gegründet und ist mit seiner umfangreichen Sammlung zur Bienenkunde und Kulturgeschichte der Imkerei das älteste dieser Art in Deutschland.
Seit 1957 hat die Sammlung ihren Sitz im ehemaligen Landgasthof »Goldener Schwan« in Oberweimar. 1973 musste das Museum wegen seines schlechten baulichen Zustands geschlossen werden. Nach der Sanierung des alten Fachwerkhauses wurde es im Sommer 1994 wiedereröffnet und steht, nachdem es aus finanziellen Gründen im Jahr 2003 wieder geschlossen worden war, seit 2005 unter der Trägerschaft des Landesverbandes Thüringer Imker.

⊙
Öffnungszeiten:
April – Okt.
Mi. – So.
10.00 – 18.00
Nov. – März
bis 17.00

Lebensgroße »Figurenbeuten« sind die Prunkstücke der Museumssammlung.

Das Museum zeigt nicht nur seine zahlreichen Exponate zur Bienenkunde, Bienenhaltung und zur Imkerei, sondern bietet mit dem Schau- und Lehrbienenstand auch die Möglichkeit, Imkern bei ihrer Arbeit zuzusehen. Im Garten des Bienenmuseums betreut die Arbeitsgemeinschaft »Junge Imker« einige Bienenvölker und der museumseigene Hofladen ist ein wahres Honigparadies. Zudem veranstaltet das Museum jährlich einen Bienen- und Adventsmarkt.

Die Prunkstücke der Ausstellung bilden knapp 20 lebensgroße **Figurenbeuten** (»Beute« ist in der Imkersprache die Bezeichnung für Bienenstock). Diese geschnitzten und bemalten Skulpturen in Menschen- und Tiergestalt entstanden überwiegend im 18. und 19. Jh. in Thüringen, Sachsen, der Slowakei und in Südpolen. In noch früheren Zeiten wurden Baumstammstücke ausgehöhlt und mit eigens verzierten Einfluglöchern für die Bienen versehen. Geschnitzte oder gemalte Zeichen über diesen »Augen« sollten die Bienen schützen. Die Entwicklung führte von diesen aufrecht stehenden sog. **Klotzbeuten** schließlich zu vielfältig gestalteten lebensgroßen Figuren.

Und wer nach dem Rundgang durch die Ausstellung Appetit bekommen hat, kann in der Museums-Gaststätte etwas dagegen tun. Oder man schließt an den Besuch des Bienenmuseums einen kleinen Bummel durch das 1922 eingemeindete Oberweimar an und wirft einen Blick in **Weimars ältestes Gotteshaus**: die im 14. Jh. gebaute ehemalige Klosterkirche St. Peter und Paul mit einem einem Altarbild von Veit Theimen, einem Schüler von Lucas Cranach d. J. und dem Grabstein Friedrichs von Orlamünde, der von 1340 bis 1365 über die Grafschaft Weimar herrschte.

DEUTSCHES NATIONALTHEATER

✳ ✳ Das einstige herzogliche Hoftheater war in seiner über zweihundert-jährigen Geschichte nicht nur Bühne für gefeierte Inszenierungen und umschwärmte Schauspielerinnen und Schauspieler. Der Weimarer Theaterbau, bereits der dritte an dieser Stelle, war auch Kulisse für große Politik: Vom Balkon des Deutschen Nationaltheaters verkündete am 11. August 1919 der damalige Reichspräsident Friedrich Ebert die Verfassung des ersten deutschen demokratischen Staats.

① **Zuschauerraum**
Genau 859 Zuschauer finden im Großen Haus einen Sitzplatz.

② **Orchestergraben**
Der über 80 m² große Orchestergraben kann stufenlos angehoben bzw. versenkt werden – samt dem 80-köpfigen Orchester.

③ **Bühne**
Die Schauspieler finden auf der fast 500 m² großen Bühne ausreichend Platz für weit ausgreifende Inszenierungen.

④ **Bühnenhaus**
Hier verbergen sich Vorhänge, Scheinwerfer und Maschinerien, um Bühnenbilder und Requisiten rasch ab- und aufzubauen.

⑤ **Foyer I**
Im festlichen Foyer, dem Vorzeigeraum des Theaters, finden manchmal auch Lesungen und Matineen statt.

⑥ **Foyer III**
99 Kinder können in den »Kammerspielen« lustigen und spannenden Theaterstücken zusehen.

Weimarer Gymnasiasten spielen auf dem Theaterplatz ihr eigenes Goethe-und-Schiller-Stück.

Deutsches Nationaltheater

Lage: Theaterplatz

Internet: www.nationaltheater-weimar.de

Das Deutsche Nationaltheater ist nicht nur eine der traditionsreichsten und profiliertesten Spielstätten Deutschlands, sondern nahm 1919 als Tagungsort der Deutschen Nationalversammlung auch eine bedeutende politische Rolle ein. Schließlich wurde die erste deutsche Demokratie nach der Klassikerstadt benannt: Weimarer Republik.

Noch bevor 1779 der erste Vorgängerbau des Deutschen Nationaltheaters errichtet wurde, spielten »fahrende Komödiantentruppen« ihre Stücke in Weimar. Zur Zeit der Herzogin Anna Amalia (►Berühmte Persönlichkeiten) entstand ein Laientheater, das an verschiedenen Spielstätten Komödien, Singspiele und Opern aufführte. Schließlich wurde gegenüber dem ► Wittumspalais ein Komödienhaus gebaut, in dem Herzog Carl August (►Berühmte Persönlichkeiten) 1791 das **»Weimarer Hoftheater«** gründete. Erster Theaterdirektor war – bis 1817 – Johann Wolfgang von Goethe. In dieser Zeit wurden insgesamt über 4800 Vorstellungen gegeben. Gespielt wurden vor allem Werke von August Wilhelm Iffland, August von Kotzebue (►Berühmte Persönlichkeiten), Friedrich Schiller und natürlich die Stücke Goethes. Nach einem Umbau wurde das Theater 1798 mit der Uraufführung von Schillers »Wallensteins Lager« wiedereröffnet. In den folgenden Jahren entwickelte sich die erste Blütezeit des Hauses: Gemeinsam strebten Schiller und Goethe danach, durch Theateraufführungen zur »sittlichen Erziehung« des Publikums beizutragen. Hervorragende Schauspielerinnen und Schauspieler wie **Karoline Jagemann** (► Berühmte Persönlichkeiten) und **Anton Genast** halfen die Qualität der Aufführungen zu steigern. Auch der vormals verpönte Beruf des Schauspielers erfuhr in dieser Zeit eine höhere gesellschaftliche Anerkennung.

Im Jahr 1825 zerstörte ein Brand das »Weimarer Hoftheater«, doch bereits fünf Monate danach konnte der Spielbetrieb in einem klassizistischen Neubau von Clemens Wenzeslaus Coudray (►Berühmte Persönlichkeiten) wieder aufgenommen werden. 1907 wegen Baufälligkeit abgerissen, wurde das Theater nach Plänen des Architek-

Zentrum deutscher Theaterkultur

> **!** *Baedeker* TIPP
>
> **Forum Seebach**
>
> In ihrer Glanzzeit sind Schauspieler verehrt und umschwärmt, doch wie gestaltet sich ihr Alter? Diese Frage bewegte Schauspielerin Marie Seebach (1829 – 1897) so sehr, dass sie ihr Vermögen für die Gründung eines Heimes für alte, hilfebedürftige Künstler verwandte. 1895 wurde das Haus in der Tiefurter Allee 8 eingeweiht. Es existiert noch heute und bietet mit dem »Forum Seebach« Konzerte, Theateraufführungen und Lesungen (Infos auf www.marie-seebach-stiftung.de).

ten Max Littmann neu errichtet und – in Anwesenheit von Kaiser Wilhelm II. und 70 Intendanten anderer Theater – am 11. Januar 1908 wiedereröffnet.

Kurz nach dem Ersten Weltkrieg »betrat« das Theater die politische Bühne: Ab dem 6. Februar 1919 an tagte hier die **Deutsche Nationalversammlung**, die am 11. August 1919 eine neue Reichsverfassung verabschiedete und die erste Demokratie Deutschlands proklamierte. Erster Präsident der Weimarer Republik war der sozialdemokratische Politiker Friedrich Ebert (1871 – 1925). Bereits am 19. Januar 1919 wurde das ehemalige Hoftheater in »Deutsches Nationaltheater« umbenannt.

> ### *i* Schulter an Schulter...
>
> - ... blicken sie von ihrem Denkmal vor dem Nationaltheater. Die beiden Dichtergrößen waren jedoch nicht, wie bei dieser Skulptur, von gleichem Wuchs. Schiller maß 1,80 m und hätte den nur 1,69 m großen Goethe in einer realistischen Darstellung um einiges überragen müssen.

Gegen Ende des Zweiten Weltkriegs wurde das Gebäude – das im Herbst 1944 zur Rüstungsfabrik umfunktioniert worden war – bis auf die Außenmauern zerstört und 1947/1948 als bemerkenswertes Beispiel für eine einheitliche Gestaltung von Bühne und Zuschauerraum wieder aufgebaut; eröffnet wurde es mit einer Inszenierung des ersten Teils von Goethes »Faust«.

In der Nachkriegszeit standen vorrangig sowjetische Revolutionsdramen auf dem Spielplan, später dann wieder verstärkt Klassiker und Stücke von zeitgenössischen Autoren wie Johannes R. Becher, Bertolt Brecht, Volker Braun oder Peter Hacks. Gespielt wurden auch »Biedermann und die Brandstifter« von Max Frisch und Friedrich Dürrenmatts »Besuch der alten Dame«.

Heute ist das Deutsche Nationaltheater – Ende der 1990er-Jahre renoviert und 2004 mit einer neuen Bühnentechnik ausgestattet – nicht nur eine weltberühmte Spielstätte klassischer und moderner Stücke, sondern genießt auch mit den Inszenierungen seines **Musik-** und des **Tanztheaters** internationale Anerkennung.

Nebenbühne Auf dem Gelände des ehemaligen Weimarer **e-werks** am Kirschberg, Ecke Jenaer Straße, hat das Deutsche Nationaltheater eine Bühne für junges, experimentelles Theater eingerichtet. Auf dem alten Industriegelände befinden sich auch der e-werk-Verein, der seit 2006 internationale Ausstellungsprojekte mit osteuropäischen Partnern realisiert, die »Dependance im e-werk« des ►Neues Museums und das Kino »Lichthaus«.

Staatskapelle

Eng verbunden mit der Geschichte des Deutschen Nationaltheaters, wo seit jeher Opern aufgeführt und Konzerte gegeben wurden, ist die der Staatskapelle Weimar. 1491 als Hofkapelle von Kur-

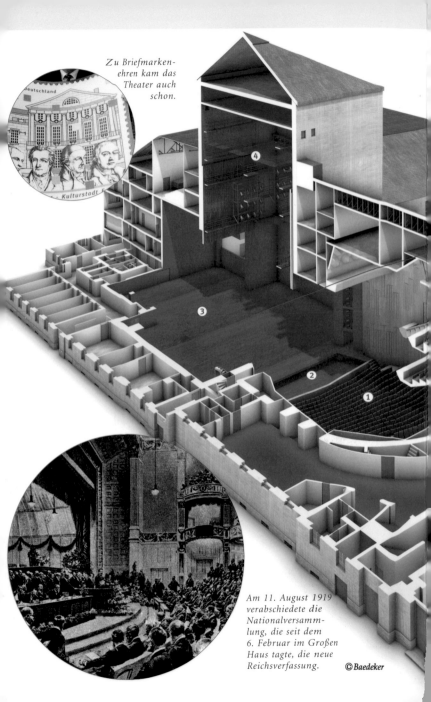

*Zu Briefmarken-
ehren kam das
Theater auch
schon.*

Am 11. August 1919
verabschiedete die
Nationalversamm-
lung, die seit dem
6. Februar im Großen
Haus tagte, die neue
Reichsverfassung.

© Baedeker

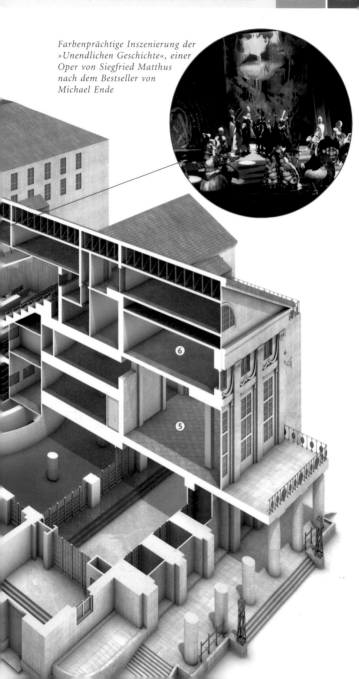

Farbenprächtige Inszenierung der »Unendlichen Geschichte«, einer Oper von Siegfried Matthus nach dem Bestseller von Michael Ende

Eher zaghaft greift Schiller nach dem Loorbeerkranz, den Goethe fest in Händen hält.

fürst Friedrich III., dem Weisen, begründet und somit **eines der äl-testen Orchester der Welt**, war das Ensemble als führende Institution des Musiklebens weit über die Stadt- und Landesgrenzen hinaus bekannt. Immer wieder zog die Anfang 1919 in »Staatskapelle Weimar« umbenannte Hofkapelle »große« Musikernamen an: Neben vielen anderen gaben **Johann Sebastian Bach** (▶ Berühmte Persönlichkeiten), der Mozart-Schüler Johann Nepomuk Hummel, Franz Liszt – der hier 1850 Richard Wagners »Lohengrin« erstmals auf die Bühne brachte – oder Richard Strauss dem Orchester innovative künstlerische Impulse. Auch nach dem Zweiten Weltkrieg konnte die Staatskapelle ihr internationales Renommee bewahren und erweitert ständig ihr umfassendes Repertoire, das von Barock-Kompositionen bis zu Werken der Avantgarde reicht. Als Konzertsaal dient – bis auf wenige Ausnahmen – seit September 2000 die ▶Weimarhalle.

✷ ✷ Goethe- und Schiller-Denkmal

Das Goethe- und Schiller-Denkmal vor dem Deutschen National-theater – Wahrzeichen der Stadt – wurde am 4. September 1857, dem 100. Geburtstag von Herzog Carl August, enthüllt. Die Tafel am Sockel trägt die Inschrift: »Dem Dichterpaar Goethe und Schiller. Das Vaterland«. Geschaffen wurde das Doppelstandbild von dem Dresdener Bildhauer Ernst Rietschel, dem als Dank dafür die Ehren-bürgerwürde der Stadt Weimar verliehen wurde.

Kopien der beiden in Bronze gegossenen Dichterfreunde stehen im Golden-Gate-Park von San Francisco, in Cleveland (Ohio) und seit 2004 auch in der bei Shanghai gelegenen Stadt Anting.

Wahrzeichen Weimars

Hoch über dem Saaletal leuchtet das Dornburger Rokokoschlösschen aus dem Weinberg hervor.

✳ Dornburger Schlösser

Lage: 40 km nordöstlich von Weimar

Internet: www.dornburg-saale.de, www.thueringerschloesser.de

Drei Schlösser aus unterschiedlichen Epochen, hoch über der Saale gelegen, haben das kleine Städtchen Dornburg bekannt gemacht und laden zu einer spannenden Zeitreise ein.

Altes Schloss
Von den drei Dornburger Schlössern werden das Renaissanceschloss und das Rokokoschloss museal genutzt und stehen unter der Trägerschaft der Klassik Stiftung Weimar.

Das Alte Schloss geht auf eine **Kaiserpfalz Ottos I.** zurück, die im Jahr 937 erstmals urkundlich erwähnt wurde. Die Räume des Schlosses stehen für Tagungen, Kongresse und kulturelle Veranstaltungen zur Verfügung.

Renaissance-schloss
🕐
Öffnungszeiten:
April – Okt. Di. – So.
10.00 – 18.00

Das Renaissanceschloss, dessen Vorplatz ein hübscher Springbrunnen ziert, entstand Mitte des 16. Jh.s als Wohnhaus eines Rittergutes, das 1608 umgebaut und im 18. Jh. erweitert wurde. Im Sommer 1828 wohnte Goethe hier für längere Zeit in der **»Bergstube«**, einem Eckzimmer im Obergeschoss, von der aus er – wie er seinem Freund Carl Friedrich Zelter schrieb – die »herrliche und fröhliche« Aussicht genoss. Die mit Möbeln aus jener Zeit ausgestattete Bergstube ist als Goethe-Gedenkstätte eingerichtet.

Das **Kraus-Klauer-Zimmer** – zwischen Bergstube und einem Vorsaal gelegen – wurde zur Erinnerung an zwei Weimarer Künstler eingerichtet, deren Werdegang Goethe immer verfolgt hatte: Georg Melchior Kraus (1737 – 1806), der erste Direktor der 1776 in Weimar gegründeten »Freien Zeichenschule« – eine von Kraus entworfene klassizistische Tapete schmückt die Wände des Raums –, und Martin Gottlieb Klauer (1742 – 1801), der Weimarer Hofbildhauer, der u. a. Kleinplastiken und lebensnahe Porträtbüsten schuf.

Im größten der Wohnräume im Obergeschoss, dem **Kaminzimmer**, wohnte Großherzog Carl August, wenn er sich in Dornburg aufhielt.

> **!** *Baedeker* TIPP
>
> **Oldtimer aus Eisenach**
> Autoenthusiasten und Oldtimerfans werden sicherlich von der umfangreichen Wartburg-Sammlung von Marco Brauer begeistert sein. Die Autos aus Eisenach, ausgestellt in dem am Ortsrand gelegenen »Oldtimerhof«, der besser bekannt als »Wartburgmuseum«, können nach telefonischer Voranmeldung besichtigt werden (Apoldaer Str. 5, 07778 Dornburg, Tel. 036 427 / 223 12).

Die Holzeinbauten des Kaminzimmers stammen aus dem einstigen Jenaer Residenzschloss, das Anfang des 20. Jahrhunderts abgerissen wurde. Zu sehen sind auch drei Porträts aus der Entstehungszeit des Bauwerks: eine Kopie des Selbstbildnisses von Lucas Cranach d. Ä. (1472 – 1553) und Bildnisse des Ehepaars David und Katharina Seip (um 1630), die, wie auch Lucas Cranach, zu den Vorfahren Goethes zählen.

Rokokoschloss

🕐 Öffnungszeiten: April – Okt. Di. – So. 10.00 – 18.00

Vor 1828 kehrte Goethe im Rokokoschloss, dem »mittleren« Schloss, ein, wenn er sich in seiner Eigenschaft als Regierungsbeamter in Dornburg aufhielt. Das in früheren Zeiten **»Neues Schloss«** genannte Gebäude ist das jüngste der drei Schlösser. Herzog Ernst August von Sachsen-Weimar ließ es um 1740 als Sommersitz erbauen. Die Pläne stammten von Gottfried Heinrich Krohne, der bereits in Weimar den mittelalterlichen Schlossturm mit einer barocken Haube versehen hatte.

Von der Gartenseite her wirkt das Schloss, das zu den **schönsten Rokokobauten Thüringens** zählt, niedrig und ländlich, von der Talseite steigt es mehrgeschossig auf. Die vertikale Wirkung ist durch die Betonung der Mittelachse bereits im Grundriss des Bauwerks angelegt. Eine Besonderheit der Anlage sind die Rundungen und Ausbuchtungen, die den Eindruck von Bewegung erwecken.

Die Räume des Rokokoschlosses – besonders schön ist der Festsaal, dessen Wände mit farbigem Stuckmarmor gestaltet wurden – beherbergen eine Ausstellung mit Exponaten aus der Zeit Herzog Ernst Augusts und die rekonstruierte klassizistisch ausgestattete Wohnung Großherzog Carl Augusts. Im Untergeschoss sind Einrichtungsgegenstände aus der Zeit des Großherzogs Carl Alexander zu sehen, u. a. kostbares chinesisches und niederländisches Porzellan im 1875 eingerichteten Speisezimmer.

Schlossgärten
🕐
Öffnungszeiten:
tgl. ab 8.00

Zur heiteren Atmosphäre des Schlossensembles tragen vor allem die Gärten bei, die in den letzten Jahren nach historischem Vorbild gestaltet worden sind. Rekonstruiert wurde auch das kleine Weinberghäuschen am Hang unterhalb des Renaissanceschlosses, das stark an Goethes Gartenhaus im ►Park an der Ilm erinnert.

Initiator der Gartenanlage war Carl August, der den Sohn seines Hofgärtners Sckell nach Dornburg berief. Die Terrassen und Bastionen, die bereits Anfang des 18. Jh.s entstanden, wurden erneuert, ebenso Stützmauern und Treppenanlagen. Ein Weinberg, zahlreiche Blumenbeete sowie Laubengänge aus Eschen und Rosenstöcken wurden neu angelegt. Am allerschönsten aber ist der weite Blick von den einzelnen terrassierten Gartenebenen über das Saaletal.

Der Stolz der Dornburger auf die herrliche Parkanlage zeigt sich alljährlich im Frühsommer zur Zeit der Rosenblüte, wenn beim Rokokoschloss das **Rosenfest** gefeiert wird.

✳ Ettersburg

A 4

Lage: 10 km nördlich von Weimar   **Bus:** Linie 6

»Hier fühlt man sich groß und frei – wie die große Natur, die man vor Augen hat.« So charakterisierte Goethe die Atmosphäre des ehemaligen herzoglichen Sommersitzes und die wunderschöne Landschaft, die das Schlösschen umgibt.

🕐
Führungen:
jeden 2. So. im
Monat 14.00 Uhr,
Anmeldung unter
Tel. 7428420;
der Schlosspark
ist jederzeit frei
zugänglich

Nur wenige Kilometer nördlich von Weimar liegt Schloss Ettersburg am Nordrand des Ettersbergs. Das Anwesen wurde 1706 bis 1712 auf Veranlassung von Herzog Wilhelm Ernst von Johann Mützel als dreiflügeliges **Jagdschloss** an der Stelle eines alten Augustiner-Chorherrenstifts erbaut. Von 1728 bis 1736 wurde an der Südseite des Hofes durch Johann Adolf Richter und Gottfried Heinrich Krohne ein frei stehendes viergeschossiges sog. **»Corps de logis«** angefügt, dessen Südfassade sich mit einer zweiläufigen Freitreppe hin zum Schlosspark öffnet.

In den Jahren 1776 bis 1780 hatte Anna Amalia auf Schloss Ettersburg ihren **Sommersitz** und machte es zu einem geistig-kulturellen Treffpunkt. Goethe arbeitete hier an seinem »Tasso« und organisierte kleine Liebhaberaufführungen eigener Werke, u. a. das »Jahrmarktsfest zu Plundersweilern«; Schiller schrieb hier die letzten Szenen seiner »Maria Stuart«.

Maria Pawlowna (► Berühmte Persönlichkeiten), Großfürstin von Russland und seit 1804 Gemahlin des Großherzogs Carl Friedrich, ließ das Schloss als Sommersitz für ihren Sohn Carl Alexander renovieren, der 1842 die niederländische Prinzessin Sophie heiratete. Die Freitreppe am Corps de logis ist ein Geschenk des niederländischen Königshauses. Großherzog Carl Alexander führte die kulturelle Tra-

Spaziergänger gehen über die »Zeitschneise« zur nebelverhangenen Ettersburg.

dition Ettersburgs fort und etablierte einen neuen »Musenkreis«, zu dem u. a. Hans Christian Andersen, Emanuel Geibel, Friedrich Hebbel, Franz Liszt und der Maler Moritz von Schwind zählten.
Nach seiner Sanierung in den Jahren 2006 bis 2008 wird Schloss Ettersburg heute als Sitz der Bauhaus-Akademie, als Tagungs- und Kulturzentrum sowie als luxuriöses Hotel genutzt.

Auf Anregung des berühmten Landschaftsarchitekten **Hermann Fürst** **Schlosspark**
von Pückler-Muskau, der 1845 zu Gast in Ettersburg war, gestaltete der Hofgärtner Eduard Petzold die das Schloss umgebenden Gärten zu einem Landschaftspark um. Vor allem der sog. **Pücklerschlag**, eine etwa 100 m breite und fast einen Kilometer lange Waldschneise, geht auf eine Idee Pückler-Muskaus zurück. Der Pücklerschlag führt zu einem »Jagdstern«, von dem weitere Waldschneisen abgingen. Interessant ist auch der alte Baumbestand des Parks mit z. T. seltenen Gehölzen wie Pyramideneichen und Tulpenbäumen.
Eine schmale Treppe führt vom Vorplatz des Schlosses zum Fuß des Pücklerschlags, der seit 1999 zusammen mit einer zweiten Waldschneise Schloss Ettersburg mit dem ehemaligen Konzentrationslager ►Buchenwald verbindet. Der **»Zeitschneise«** genannte Weg verdeutlicht, wie nahe das von den Idealen der Klassiker geprägte »Musenschloss« und die Barbarei des Nationalsozialismus beieinander lagen.
Führungen durch den Ettersburger Schlosspark organisiert die Klassik Stiftung Weimar; Termine erfährt man von der Besucherinformation in der Frauentorstraße (►S. 73).

✳ Frauenplan

Lage: südlich des Markts

Sicherlich wegen des ▶Goethehauses, das einen großen Teil seiner Südostseite einnimmt, ist der Frauenplan neben dem Markt der meistbesuchte Platz Weimars.

Ursprünglich war der Frauenplan Mittelpunkt jenes Viertels, das sich außerhalb der Stadtbefestigung vor dem Frauentor erstreckte; das einstige Stadttor stand bis zur Mitte des 18. Jh.s im Bereich der heutigen Schiller-, Ecke Frauentorstraße.

Seinen Namen erhielt der Platz von der dort 1336 gebauten und im 16. Jh. verfallenen Kapelle »Zu unserer Lieben Frau«. Als Stadtmauer und Stadttore beseitigt waren, wuchs das Stadtgebiet Weimars rasch über den Frauenplan hinaus. Der Platz wurde gepflastert und erhielt durch Clemens Wenzeslaus Coudray sein heutiges Aussehen.

1821 wurde auf dem Frauenplan Weimars erster gusseiserner Brunnen – mit großem achteckigem Becken – installiert. Zwar weist die Brunnensäule die Initialen CA auf – für Großherzog Carl August –, doch wird er seit jeher **Goethebrunnen** genannt. Ganz in der Nähe taucht der **»Versinkende Riese«**, eine 1992 von dem Bildhauer Walter Sachs geschaffene Natursteinplastik und ein bei Kindern beliebter Kletterplatz, in den Frauenplan ein.

Weimars zweiter »Hauptplatz«

Das Gasthaus »Zum Weißen Schwan« nahe dem Goethehaus gilt als das älteste Gebäude am Platz; erstmals erwähnt wurde es in Chroniken aus dem 16. Jh., das genaue Baudatum ist allerdings nicht bekannt. Namhafte Persönlichkeiten kehrten in dem Gasthaus ein, darunter Johann Peter Eckermann, der Sekretär des »Dichterfürsten«, Friedrich Schiller, der von 1787 bis 1789 in unmittelbarer Nachbarschaft in der Frauentorstraße 21 wohnte, der Komponist Carl Friedrich Zelter und natürlich Goethe, der die gemütliche Atmosphäre des Lokals schätzte und dort gern seine Gäste unterbrachte. Am 18. Februar 1827 schrieb er an seinen Freund Zelter: »Der Weiße Schwan begrüßt Dich jederzeit mit offenen Flügeln.« Und noch heute bietet das Lokal seinen Gästen Menüs nach Rezepten aus Goethes Zeiten (Frauentorstraße 23).

»Zum Weißen Schwan«

Die barocken Gebäude Frauenplan 3 und 4, die sich an das Goethehaus anschließen, sind als »Vulpiushäuser« bekannt. Ehemals Wohn- und Arbeitsstätte eines Leinewebers – dessen ratternde Webstühle Goethe zuweilen schier verzweifeln ließen –, lebte dort später u. a. die Witwe seines Schwagers **Christian August Vulpius** (▶S. 50).

Vulpiushäuser

← *Ein schöner Platz, um ein paar Minuten zu relaxen: der Goethebrunnen auf dem Frauenplan*

Eckermannhaus In der Brauhausgasse 13, unweit westlich des Hauses, in dem der verehrte Meister lebte, bezog im Jahr 1823 Johann Peter Eckermann (▶ Berühmte Persönlichkeiten), der spätere Sekretär Goethes, sein Quartier. Nachdem das unscheinbare Haus jahrelang dem Verfall preisgegeben war, wurde es umfassend saniert. Heute empfängt dort das Restaurant »Eckermann« seine Gäste.

Wenige Gehminuten südlich vom Frauenplan liegt der Wielandplatz, benannt nach **Christoph Martin Wieland** (▶ Berühmte Persönlichkeiten), dessen **Bronzestandbild** den beherrschenden Mittelpunkt bildet. Der Entwurf stammt von dem österreichischen Bildhauer Hanns Gasser, gegossen wurde die Figur von Ferdinand Miller aus München. Enthüllt wurde es – zusammen mit dem Goethe- und Schiller-Denkmal auf dem Theaterplatz (▶ S. 125) – am 4. September 1857 anlässlich des 100. Geburtstags von Carl August.

Die überlebensgroße Bronzestatue steht auf einem dreifach gegliederten Granitsockel. Dargestellt ist der Dichter, mit einem Gehrock bekleidet, im Alter von etwa 50 Jahren. In der linken Hand hält er ein Exemplar des 1780 veröffentlichten Versepos »Oberon«, neben der »Geschichte des Agathon« und der »Geschichte der Abderiten« eines seiner Hauptwerke.

Gauforum

A 15

Lage: Friedensstraße   **Internet:** www.weimar-atrium.de

Aus dem ehemaligen nationalsozialistischen »Gauforum« ist eine wie eine italienische Piazza gestaltete Shoppingmall geworden mit zahlreichen Läden und Boutiquen und mit einem »Welcome Center«, das die Besucher der »Klassikerstadt« empfängt.

Vom Gauforum zur italienischen Piazza Im Jahr 1937 begannen die Nationalsozialisten mit einem ebenso ehrgeizigen wie größenwahnsinnigen Bauprojekt: Anstelle des mit Blumenrabatten, Rasenflächen, Teichen und einem Brunnen geschmückten Platzes vor dem ehemaligen Landesmuseum (▶ Neues Museum) sollte ein Ensemble nationalsozialistisch geprägter Architektur entstehen, das sogenannte Gauforum. Auch Adolf Hitler, der zum ersten Spatenstich anwesend war, hat auf die Planung Einfluss genommen. Dem Projekt fielen zudem der kühn geschwungene Viadukt über das Asbachtal, mehrere mittelalterliche Gassen und Brunnen sowie das Asbachhospital zum Opfer. Nach dem Zweiten Weltkrieg wurden die Gebäude von Hoch- und Fachschulen genutzt.

Den Mittelpunkt des nach neoklassizistischem Vorbild geschaffenen »Forums« bildete eine Kongresshalle, die sog. »Halle des Volkes«, die aber nicht fertiggestellt wurde. Der Rohbau wurde in der damals noch jungen Stahlbetontechnik in Fachwerkbauweise ausgeführt und steht unter Denkmalschutz. Die Querträger haben eine Spannweite von 52 m, was selbst für heutige Verhältnisse ungewöhnlich große Ausmaße sind. Die robuste Konstruktion widerstand in den 1950er-Jahren sogar einem Sprengversuch. 1968 wurde die Halle zum Mehrzweckgebäude ausgebaut und erhielt eine Lamellenverkleidung. Seit 2005 wird die riesige Halle als Einkaufszentrum genutzt. Hier im **»Weimar Atrium«** – gestaltet wie eine italienische Piazza – befindet sich seit 2006 auch das **»Welcome Center«**, eine »Filiale« der Tourist-Infomation. Und im **3-D-Kino** daneben ist u. a. ein Film über die »Klassikerstadt« zu sehen.

i Mythos Bernsteinzimmer

■ Der Mythos des berühmten, 1716 fertiggestellten Bernsteinzimmers führt auch nach Weimar. Eine der unzähligen Theorien um dessen Verbleib sieht die Stadt als mögliches Versteck für die Beutekunstsammlung von Erich Koch, dem ehemaligen Gauleiter von Ostpreußen. Die Schatzsucher vermuteten das »achte Weltwunder« in dem mehrstöckigen unterirdischen Kellerlabyrinth, das die einzelnen Gebäude des Gauforums miteinander verband.

Die Umwidmung der historisch belasteten Halle zu einer Shoppingmall hatte zunächst zu zahlreichen Protesten geführt – Spötter sprechen auch heute noch vom »KadeFü«. Das Gauforum war unter den Nationalsozialisten jedoch nicht fertiggestellt und somit auch nicht als Aufmarsch-Ort genutzt worden.

Geleitstraße

B 15

Lage: südöstlich vom Goetheplatz

Die Geleitstraße führt durch eines der ältesten Viertel Weimars, in dessen engen Gassen mit den gedrungenen Häusern einige »Schmuckstücke« zu entdecken sind.

In dem Haus Geleitstraße Nr. 12 etablierte sich 1880 das Hotel »Chemnitius«, in dem **Franz Kafka** und **Max Brod** bei ihrem Besuch in Weimar 1912 abgestiegen sind. Heute gehört das ehemalige »Chemnitius« – saniert und restauriert – zum Komplex des Hotels »Anna Aamalia« (►S. 82).

Im Nachbarhaus – eine Tafel weist darauf hin – lebte von 1853 bis 1858 der Dichter und Komponist **Peter Cornelius**. Nachdem die von

Hotel »Chemnitius«

Weimars prächtigster Fachwerkbau: die »Geleitschenke«

Franz Liszt dirigierte Uraufführung seiner komischen Oper »Der Barbier von Bagdad« von Gegnern Liszts gestört wurde und zum Eklat geriet, kehrte Cornelius der Stadt den Rücken.

Geleithaus
In der Geleitstraße liegt ferner das »Geleithaus«, ein 1574 gebautes Renaissancehaus, in dem von 1764 bis 1817 das »Geleitsgeld« – eine Art Zollgebühr – entrichtet werden musste. Um 1600 wohnte hier der Ratsherr Leutolf Schröter, später Goethes Diener und Vertrauter **Philipp Seidel**, der ihn von Frankfurt am Main nach Weimar begleitet hatte.

✳
Geleitschenke
Das **schönste Fachwerkhaus Weimars** liegt, etwas zurückgesetzt, am Eingang zur Scherfgasse. Lange Jahre war das Fachwerk unter Putz verborgen; erst nach dem Zweiten Weltkrieg wurde es freigelegt.
Die sog. »Geleitschenke« wurde Mitte des 16. Jh.s als Wohn- und Speicherhaus gebaut. Im 18. Jh. lebte dort der Dichter **Salomon Franck**. Franck schrieb Hunderte von Kirchenliedern, die vor allem in den Vertonungen von Johann Sebastian Bach (▶Berühmte Persönlichkeiten) bekannt wurden. Nach dem Rathausbrand wurden in dem Haus verschiedene Ämter untergebracht – ebenso der Ratskeller. Nach dem Zweiten Weltkrieg wurden die Gasträume des Fachwerkhauses als Lager genutzt. Vor einigen Jahren liebevoll restauriert, bietet dort heute das »Köstritzer Schwarzbierhaus« originale Thüringer Küche (▶S. 62).

Geleitbrunnen ▶
Der Brunnen vor der Geleitschenke, 1847 installiert, war ein Geschenk der Großherzogin Maria Pawlowna (▶Berühmte Persönlichkeiten), zu erkennen an dem Monogramm MP und der Krone auf dem Schild der Brunnensäule.

Mit der Pferdekutsche geht's gemütlich zum Besuch des Goethehauses.

✶✶ Goethe-Nationalmuseum · Goethehaus

C 15/16

Lage: Frauenplan 1   **Internet:** www.klassik-stiftung.de

Goethes Wohnhaus am Frauenplan, Weimars bedeutendste Attraktion, die zusammen mit der angefügten »Ständigen Ausstellung« das Goethe-Nationalmuseum bildet, gibt einen Einblick in das Leben des Dichterfürsten und zeigt zugleich den historischen und geistig-kulturellen Hintergrund der Zeit um 1800 auf.

Das repräsentative Bürgerhaus an der Südostseite des ►Frauenplans, in dem Goethe von 1782 bis zu seinem Tod 1832 wohnte, wurde 1709 von dem Jenaer Architekten Johann Mützel für den Strumpfwirker, Verleger und Kammerkommissar Georg Caspar Helmershausen gebaut. Der barocke, zweigeschossige Hauptbau hat zwei abgewinkelte Seitenflügel sowie später hinzugefügte Stallungen und Wirtschaftsgebäude.

So wohnte Deutschlands größter Dichter

Bis 1792 erfolgte eine Reihe von Umbauten, um das Haus Goethes Bedürfnissen anzupassen. In dieser Zeit wohnte er im Jägerhaus in der Marienstraße; zwischenzeitlich unternahm er im Frühjahr 1790 eine mehrmonatige Reise nach Venedig. Bei den Umbauten unter der Leitung von Johann Heinrich Meyer und Christian Friedrich Schuricht wurden das Arbeitszimmer und das Schlafzimmer in das Hinterhaus, die Gesellschaftsräume ins obere Vorderhaus verlegt und eine breite Treppe eingebaut. Nüchtern und kühl, völlig dem klassizistischen Ideal untergeordnet, stellte sich Goethe die Räume und ihre Ausstattung vor. Symmetrische, in einer Flucht stehende Türen und eine strenge Linienführung unter sparsamster Verwendung von antikisierendem Schmuck an Decken und Wänden waren die architektonischen und künstlerischen Grundprinzipien des Umbaus, bei dem nur wenig unverändert blieb. 1794 veranlasste Herzog Carl August den Ankauf des Hauses und schenkte es Goethe.

In den folgenden über drei Jahrzehnten wurde das Haus zum **geistigen Mittelpunkt Deutschlands**. Gelehrte, Schriftsteller, Maler, Politiker, Philosophen, Schauspieler und Musiker aus ganz Europa kamen hierher, um den »Olympier« zu sehen und kennenzulernen. Nach Goethes Tod blieb das Gebäude in Familienbesitz und wurde 1886 als Gedenkstätte eingerichtet.

Daneben entwickelte sich das Goethehaus durch den ausgeprägten Kunstgeschmack und die wissenschaftliche Arbeit seines Hausherrn immer mehr zu einem »Museum«: Bis zu seinem Lebensende sammelte er ungefähr 50 000 Exponate, darunter etwa 26 000 Kunstgegenstände, 2000 eigene Zeichnungen und 18 000 Mineralien und Gesteine, deren größter Teil in den einzelnen Ausstellungsräumen und im Gartenpavillon präsentiert werden. Seine Bibliothek im Hinterhaus umfasste rund 6000 Bände.

Besichtigung

Zu den Wohnräumen Goethes gelangt man durch das Foyer des Museumsanbaus mit der »Ständigen Ausstellung« (► S. 140) und dem Museumsshop; dort erhält man auch die Eintrittskarten. Der Rundgang durch die fast unverändert gebliebenen Räume beginnt im Treppenhaus. Goethe hat die Treppe nach seinem Entwurf fertigen lassen, der sich auf römische Vorbilder stützte. Das Deckengemälde »Iris« schuf 1792 der Schweizer Maler Johann Heinrich Meyer (1760 bis 1832), der ab 1806 die Weimarer Zeichenschule leitete.

Gelber Saal ►

Vor dem Eingang zum Gelben Saal, der beim Empfang von Gästen als Speisezimmer diente, ist der lateinische Gruß **SALVE** in das Par-

Goethehaus *Orientierung*

1 Gartenzimmer
2 Dienerzimmer
3 Schlafzimmer
4 Arbeitszimmer
5 Bibliothek
6 Urbinozimmer
7 Junozimmer
8 Gelber Saal
9 Deckenzimmer
10 Kleines Esszimmer
11 Majolikazimmer
12 Große Wohnstube
13 Kleine Küche
14 Wohnzimmer Christianes
15 Große Stube
16 Vorzimmer
17 Büstenzimmer

kett eingelassen. Der Anstrich der Wände wurde von Goethe bewusst gewählt: Gemäß seiner Farbenlehre kann Gelb das menschliche Gemüt erleichtern und einem Raum Wärme verleihen. Zahlreiche Stücke in dem Raum erinnern an Goethes Aufenthalte in Italien, u. a. ein Gipsabdruck des »Zeus von Otricoli« und kolorierte Stiche nach Fresken von Raffael.

Im Kleinen Esszimmer nahm die Familie ihre Mahlzeiten ein, wenn gerade kein Besuch anstand. Er enthält neben persönlichen Erinnerungsstücken Goethes einen Mappenschrank, in dem Zeichnungen alter Meister gesammelt wurden. Ein Aquarell von Johann Heinrich Meyer an der Eingangswand zeigt Goethe um 1795. ◀ Kleines Esszimmer

Die Verbindung zum Hinterhaus wird durch das Büstenzimmer, auch Brückenzimmer genannt, hergestellt. In dem Raum, nach römischem Vorbild gewölbt, befindet sich Goethes Sammlung von Gipsabgüssen; bemerkenswert ist der Wandfries »Dionysos und die tyrrhenischen Seeräuber«, eine Arbeit des Weimarer Kupferstechers Conrad Horny. ◀ Büstenzimmer

Man gelangt in das kleine Gartenzimmer, an das sich östlich die drei sog. Christianezimmer anschließen. Hier war das Reich von Goethes Frau, die dort bis zu ihrem Tod im Jahr 1816 wohnte. Im Vorzimmer, in der Großen Stube und in Christianes Wohnzimmer erinnern Briefe, Dokumente, Zeichnungen und Bilder an des gemeinsame Leben Goethes mit Christiane. ◀ Christianezimmer

Ein Durchgang führt zurück ins Vorderhaus zur Großen Wohnstube. In dem auch **»Sammlungszimmer«** genannten Raum ist ein großer Schrank voller Kleinplastiken untergebracht. Das Ölgemälde »Carl August« schuf 1822 Heinrich Kolbe (1771 – 1836). ◀ Große Wohnstube

Der angrenzende Raum war von 1806 bis 1816 das Schlafzimmer Goethes und Christianes. Nach Christianes Tod stellte Goethe hier seine umfangreiche Majolikasammlung auf – italienische Keramiken in leuchtenden Farben mit antiken und biblischen Szenen. ◀ Majolikazimmer

Es folgt das sogenannte Deckenzimmer, das seinen Namen nach der schönen barocken Stuckdecke erhielt. Auch in diesem Raum bewahrte Goethe Kunstgegenstände auf sowie Zeichnungen und Grafiken vor allem italienischer Meister. ◀ Deckenzimmer

Durch den Gelben Saal gelangt man in das Junozimmer, den **Salon und das Musikzimmer** des Hauses, in dem Goethe seine Gäste empfing. Seinen Namen erhielt dieses Zimmer nach der kolossalen Büste der römischen Gottheit **Juno Ludovisi**, die neben der Tür steht. Den Gipsabguss des aus dem 1. Jh. n. Chr. stammenden Originals – Goethes »erste Liebschaft in Rom«, wie er an Charlotte von Stein schrieb – brachte er von seiner ersten Italienreise nach Weimar mit. Auf dem Flügel, den Goethe 1821 kaufte, spielten u. a. Felix Mendelssohn-Bartholdy und Clara Wieck. Auch das angrenzende Urbinozimmer, das seinen Namen dem Gemälde an der Stirnwand – »Der Herzog von Urbino«, ein Jugendgefährte des italienischen Dichters Torquato Tasso – verdankt, wurde häufig in die Gesellschaften, die im Junozimmer stattfanden, mit einbezogen. ◀ Junozimmer

◀ Urbinozimmer

DAS GOETHEHAUS

✱ ✱ **Weimars stärkster Touristenmagnet ist Johann Wolfgang von Goethes Wohnhaus am Frauenplan. Ein halbes Jahrhundert lang, von 1782 bis zu seinem Tod 1832, lebte der Dichter und Minister mit seiner Familie in dem barocken Bau, der heute Einblick bietet in das Privatleben des »Geheimen Rats«, Dichters und Ministers. Zugleich spiegelt das Haus die Kultur und Gesellschaft einer ganzen Epoche wider, die von Goethe und seinem Kreis geprägt wurde – die »Weimarer Klassik«.**

🕐 Öffnungszeiten:
April – Sept. Di. – So. 9.00 – 18.00, Sa. bis 19.00, Okt. Di. – So. 9.00 – 18.00, Nov. – März Di. – So. 9.00 – 16.00; Führungen: Di., Do., Fr., Sa. 13.00, April – Okt. zusätzlich Sa. 15.00 Uhr

① **Arbeitszimmer**
Hier entstanden nicht nur der »Faust« oder »Die Wahlverwandtschaften«, hier führte Goethe auch viele der berühmten Gespräche mit seinem Sekretär Johann Peter Eckermann.

② **Schlafzimmer**
In seinem spartanisch eingerichteten Schlafzimmer starb Goethe am 22. März 1832.

③ **Bibliothek**
Rund 6000 Bände umfasste die Bibliothek Goethes, darunter natürlich auch die Werke seiner Dichterkollegen Wieland, Herder und Schiller.

④ **Gelber Saal**
Mit einem SALVE heißt der Raum seine Gäste willkommmen, die der Hausherr hier zur Tafel bat.

⑤ **Kleines Esszimmer**
Das eigentliche Speisezimmer der Familie Goethe.

⑥ **Majolikazimmer**
Das gemeinsame Schlafzimmer wurde nach dem Tod Christianes zum Ausstellungsraum seiner Sammlung italienischer Keramik.

⑦ **Deckenzimmer**
Heißt so wegen seiner herrlichen barocken Stuckdecke.

⑧ **Junozimmer**
In dem Raum mit der kolossalen römischen Götterbüste wurde diskutiert, vorgelesen, Musik gemacht und gefeiert.

⑨ **Christianezimmer**
Der Raum und die beiden Kammern daneben waren das Reich der Hausherrin.

… damit man es auch wirklich findet.

SALVE

Vor der Schwelle zum Gelben Saal wird man freundlich begrüßt.

SALVE

© Baedeker

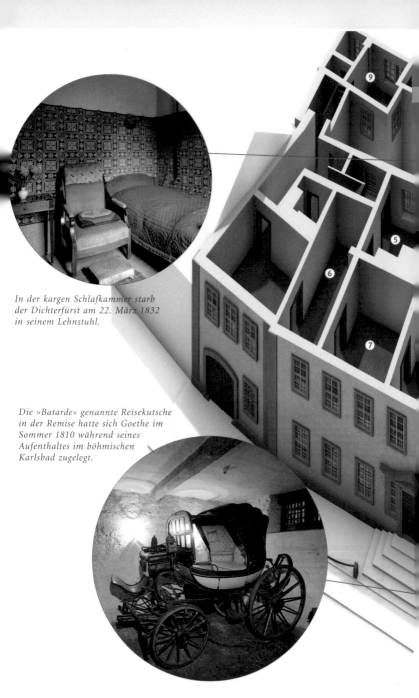

*In der kargen Schlafkammer starb
der Dichterfürst am 22. März 1832
in seinem Lehnstuhl.*

*Die »Batarde« genannte Reisekutsche
in der Remise hatte sich Goethe im
Sommer 1810 während seines
Aufenthaltes im böhmischen
Karlsbad zugelegt.*

Auch Goethes Garten präsentiert sich wie zu »klassischen« Zeiten.

Bibliothek ▶ Die anschließende Wendeltreppe führt noch einmal ins Hinterhaus. Vom Vorzimmer, in dem ein Teil der riesigen Mineraliensammlung Goethes untergebracht ist, blickt man in die – nicht zugängliche – rund 6000 Bände umfassende Bibliothek mit Werken antiker Schriftsteller, Schriften von Lessing, Wieland, Herder und Schiller sowie naturwissenschaftlichen Büchern.

Arbeitszimmer ▶ Das angrenzende Arbeitszimmer Goethes ist in seiner schmucklosen Einfachheit einer der eindrucksvollsten Räume des Hauses. Hier entstanden einige seiner bedeutendsten Werke, darunter »Die Wahlverwandtschaften«, »Dichtung und Wahrheit«, »Wilhelm Meisters Wanderjahre« und »Faust II«; hier führte Goethe auch viele der überlieferten Gespräche mit Johann Peter Eckermann.

Schlafzimmer ▶ Zwischen dem Arbeitszimmer und dem Dienerzimmer liegt Goethes Schlafzimmer, eine karge, nur mit Bett, Lehnstuhl, Fußbank und Tisch eingerichtete Kammer. Hier, im Lehnstuhl sitzend, starb Johann Wolfgang von Goethe am 22. März 1832.

Hausgarten Zuletzt gelangt man durch einen Gang in den hübschen Hausgarten, der in dem aus der Goethezeit überlieferten Stil hergerichtet und bepflanzt wurde. Im zweistöckigen barocken Gartenpavillon befindet sich heute der größte Teil seiner – nur nach Voranmeldung zu besichtigenden – Mineraliensammlung. Der westlich gelegene Pavillon ist nicht zugänglich.

In der wiederhergestellten Wagenremise schließlich ist Goethes **Reisekutsche** zu sehen, die er 1810 in Karlsbad gekauft hatte.

Ständige Ausstellung

In einem 1913/1914 zur Seifengasse hin an das Goethehaus angefügten und 1935 erweiterten »Sammlungsbau«, zeigt das Goethe-

Nationalmuseum seine Ständige Ausstellung **»Wiederholte Spiege-lungen. Weimarer Klassik 1759 – 1832«**. In 24 Kapiteln wird jene Epoche porträtiert, die mit der Regentschaft der Herzogin Anna Amalia beginnt und mit dem Tod Goethes endet. Gezeigt wird nicht nur das Leben und Werk des Dichterfürsten, von Schiller, Herder und Wieland, sondern auch die Lebensgeschichten von weniger berühmten, zum Teil heute in Vergessenheit geratenen Persönlichkeiten. Ebenso wird neben der Literatur gleichermaßen auch Landesgeschichte, Wissenschafts- und Kunstgeschichte sowie das Verlagswesen jener Zeit herausgestellt und zu verdeutlichen versucht, was im Lauf der rund 60 Jahre dauernden Epoche zum »Phänomen Weimarer Klassik« geführt hat.

Goetheplatz

B 15

Lage: Stadtzentrum

Der am nordwestlichen Rand der Altstadt gelegene Platz ist vor allem als innerstädtischer Verkehrsknotenpunkt eines der wichtigsten Zentren des modernen Weimar. Zugleich finden sich hier einige repräsentative und historisch bedeutsame Gebäude.

Vor knapp 200 Jahren befand sich hier, unmittelbar vor den Toren der damaligen Stadt, der Schweinsmarkt. Als 1797 die Scheunen, die dort standen, abbrannten, füllte man die Gräben und Teiche rund um den Schweinsmarkt auf und schuf einen breiten, mit Grünanlagen geschmückten Platz. Als eines der ersten Gebäude an seiner Westseite entstand 1799, zur Heinrich-Heine-Straße hin, die – 1801 eröffnete – **Löwen-Apotheke**, die zweitälteste Apotheke der Stadt.

Einstiger Schweinsmarkt

Daneben errichtete im Jahr 1803 der Hofjäger und Architekt **Anton Georg Hauptmann** (1735 – 1803) das heutige Hotel »Russischer Hof«. Noch nicht ganz fertiggestellt, bewirtete im dem Gebäude seit 1805 der »Alexanderhof« seine Gäste. Seinen Namen erhielt der Gasthof zu Ehren des Zars Alexander I. von Russland, des Bruders der Großherzogin Maria Pawlowna. Sie hatte 1804 den Erbprinzen Carl Friedrich, den Sohn des Großherzogs Carl August, geheiratet. Nach der Doppelschlacht von Jena und Auerstedt 1806, bei der napoleonische Truppen die Preußen vernichtend schlugen, diente das Haus als Lazarett; dort arbeitete u. a. Adele Schopenhauer, die Schwester des Philosophen Arthur Schopenhauer, als Pflegerin. Bald bürgerte sich für das Haus der Name »Russischer Hof« ein, der sich als eines der beliebtesten und exklusivsten Hotels der Stadt etablierte und eine ganze Reihe an bedeutenden Persönlichkeiten auf seiner Gästeliste verzeichnet: Franz Dingelstedt, Hans von Bülow, Richard Wagner, August Heinrich Hoffmann von Fallersleben und

»Russischer Hof«

Friedrich Hebbel, die italienische Schauspielerin Eleonora Duse und den russischen Schriftsteller Iwan Turgenjew; Robert Schumann und seine Frau Clara Wieck trafen sich hier mit Franz Liszt.

Das heutige **Grandhotel**, das nach seiner Sanierung Ende der 1990er-Jahre wieder eine klassizistische Fassade erhielt, bietet seinen Gästen u. a. zwanzig aufwendig restaurierte historische Zimmer (►S. 82).

Kunsthalle
Öffnungszeiten:
Di. – So.
10.00 – 17.00

Die »Kunsthalle Weimar – Harry Graf Kessler« am Goetheplatz 9, das vormalige »Kunstkabinett«, ist in einem Bau untergebracht, der 1880 als Ausstellungshalle des großherzoglichen »Museums für Kunst und Kunstgewerbe« im Stil eines florentinischen Palasts errichtet wurde; in die Fassade wurden originale Säulen und Bögen von italienischen Renaissancegebäuden eingefügt.

Von 1902 bis 1906 leitete der Kunstmäzen, Schriftsteller und Diplomat **Harry Graf Kessler** (1868 – 1937) das Museum. Mit Ausstellungen von Werken Max Klingers und Max Liebermanns, Rodins, Monets, Cézannes und Renoirs versuchte Kessler, das »Kunstkabinett« zu einem Zentrum europäischer Kunstavantgarde zu machen. Doch nach einem von dem Maler Hermann Behmer entfachten Skandal in der Folge einer Ausstellung von Aktstudien Auguste Rodins trat Harry Graf Kessler von seinem Amt zurück.

i Gesamtkunstwerk Buch

■ In Zusammenarbeit mit dem Insel-Verlag schuf Harry Graf Kessler Anfang des 20. Jh.s eine besonders schöne Goethe-Ausgabe. Der ehrenamtliche Leiter des damaligen Museums für Kunst und Kunstgewerbe verstand das Buch als Gesamtkunstwerk, dessen Inhalt, Ausstattung, Illustration und Typografie eine Einheit bilden sollten.

Das »Kunstkabinett« blieb als Ausstellungsort moderner Kunst erhalten, musste aber 2003 wegen fehlender finanzieller Ausstattung schließen. Ein Verein versuchte, das in »Kunsthalle Weimar – Harry Graf Kessler« umbenannte »Kunstkabinett« weiterzuführen, was aber misslang. Anfang 2007 wieder geöffnet, steht die »Kunsthalle« jetzt unter der Ägide des Kulturamts der Stadt Weimar. Gezeigt werden Wechselausstellungen zeitgenössischer regionaler Kunst.

Kasseturm

Nach dem Abriss der alten Stadtmauer konnte auch die Ostseite des Goetheplatzes – der bis 1945 Karlsplatz hieß – bebaut werden. Erhalten blieb lediglich, neben dem »Bibliotheksturm« (►Herzogin Anna Amalia Bibliothek), der dicke Wehrturm aus dem 15. Jh., der als »Kasseturm« bekannt ist. Er erhielt seinen Namen, als nach dem Schlossbrand 1774 das herzogliche Finanzministerium, die sogenannte **»Landschaftskasse«**, hier untergebracht wurde. Der Weimarer Baumeister Anton Georg Hauptmann, der das Bauwerk erworben hatte, setzte sich für die Erhaltung des Turmes ein und fügte das Obergeschoss und das kegelförmige Dach an.

Schon seit 1962 befindet sich in dem Turm ein viel besuchter **Studentenclub** der Bauhaus-Universität, deren Studenten wesentlich da-

Gegen den Studienstress hilft ein Disco-Abend im Kasseturm.

zu beitrugen, das alte Gemäuer wieder herzurichten und zu erhalten. Abends trifft man sich hier zum Bier, zu Diskopartys oder zu Konzerten bekannter und weniger bekannter Bands.

Durch einen Säulengang ist der Kasseturm mit dem angrenzenden Gebäude verbunden, das um 1860 von dem Schinkel-Schüler Ferdinand Streichhan als Versammlungshaus der Gesellschaft »Ressource« gebaut wurde, die es bis 1905 nutzte. Danach war es Konzert- und Ballhaus, Tagungsstätte für die Goethe- und die Shakespeare-Gesellschaft und ab 1946 »Club der Weimarer Jugend«, das heutige Jugendzentrum **»mon ami«**.

An das Jugendzentrum schließt sich das ehemalige »Lesemuseum« an, das 1859 ebenfalls von Ferdinand Streichhan – nach dem Vorbild des Athener Nike-Tempels – erbaut wurde. Der stattliche Bau besitzt im Obergeschoss eine offene Säulenhalle. Großherzogin Maria Pawlowna hatte die Einrichtung einer Lesehalle für die Mitglieder der 1831 gegründeten Lesegesellschaft initiiert und finanziert. Nach 1945 beherbergte das Gebäude das staatliche Reisebüro; heute hat dort das **Stadtradio »Lotte«** seinen Sitz.

Ehemaliges »Lesemuseum«

Goethe- und Schiller-Archiv

A 16

Lage: Hans-Wahl-Str. 4   **Internet:** www.klassik-stiftung.de

Hoch über dem Ufer der Ilm erhebt sich das 1896 eingeweihte neoklassizistische Gebäude des Goethe- und Schiller-Archivs, des ältesten und bedeutendsten Literaturarchivs Deutschlands, das sich in erster Linie um die Erforschung und Aufbereitung der deutschsprachigen Literatur des 18. und 19. Jahrhunderts kümmert.

»Schatzhaus der deutschen Literatur« Nach dem Tod von Walther Wolfgang von Goethe, dem letzten Goethe-Enkel, am 15. April 1885 ging der handschriftliche Nachlass des Dichters in den Besitz der Großherzogin Sophie von Sachsen-Weimar über, die im selben Jahr das Goethe-Archiv gründete. Bereits 1889 wurde das Goethe-Archiv um den Nachlass Schillers ergänzt; seither trägt das Archiv den heutigen Namen. Im Laufe der Zeit kamen weitere literarische Nachlässe hinzu, u. a. von Johann Gottfried Herder und Christoph Martin Wieland, Achim und Bettina von Arnim, Georg Büchner, Georg Forster, Ferdinand Freiligrath, Friedrich Hebbel, Karl Immermann, Otto Ludwig, Fritz Reuter und Thomas Mann. Heute besitzt das Archiv über 120 Nachlässe von Dichtern, Gelehrten, Komponisten und Künstlern, zahlreiche Bestände von Verlagen und literarischen Institutionen sowie Autografen von etwa 3000 Autoren.

Von Anfang an war das Archiv eine Stätte sorgfältiger Texteditionen; so entstand beispielsweise von 1887 bis 1919 die 143 Bände umfassende Weimarer bzw. Sophien-Ausgabe der Werke Goethes, der bis heute einzigen vollständigen Goethe-Ausgabe, die wissenschaftlichem Anspruch gerecht wird. Im Jahr 2001 wurde Goethes Nachlass von der Unesco in die Liste des Weltdokumentenerbes, des **»Memory of the World«** aufgenommen.

Sanierung ► Von Herbst 2009 bis 2011 wird das Archivgebäude saniert und ist in dieser Zeit für Besucher nicht zugänglich.

✳ Großkochberg · Schloss Kochberg

Ausflugsziel

Lage: 35 km südlich von Weimar   **Internet:** www.klassik-stiftung.de

Etwas abseits der Strecke von Weimar nach Rudolstadt liegt Großkochberg. Der Ort ist vor allem durch Schloss Kochberg bekannt, das sich einst im Besitz der Familie von Stein befand.

🕐 Öffnungszeiten: April – Okt. Di. – So. 10.00 – 18.00

Das um 1600 errichtete und mehrfach umgebaute Wasserschloss gehörte von 1733 bis 1946 der Weimarer Familie von Stein. In den Jahren um 1780 wurde das wenig ertragreiche zugehörige Gut von Goethes Vertrauter **Charlotte von Stein** (► Berühmte Persönlichkeiten) verwaltet. Nach gründlicher Restaurierung wurde das Schloss 1975 als Museum eingerichtet, das die Geschichte des Schlosses und der Familie von Stein dokumentiert. Das weitgehend original erhaltene Mobiliar, von dem ein Teil aus dem Besitz Charlotte von Steins stammt, spiegelt die Wohnkultur vom Rokoko bis zum Biedermeier wider. Besonders schön präsentiert sich der Rote Salon, einst das Gesellschaftszimmer der Familie von Stein, mit einer kunstvollen ornamentalen Wandbespannung aus dem 18. Jahrhundert und einem zierlichen Schreibtisch, den Goethe für seine Freundin entworfen hatte und vom Weimarer Hoftischler Johann Franz Andreas Preller anfertigen ließ.

Der nördlich an das Schloss angrenzende, rund 6 ha große Garten wurde um 1840 in einen Landschaftspark mit Wasseranlage, Grotte, einem chinesischen Pavillon und künstlicher Ruine umgestaltet. Angelegt wurde auch ein Blumengarten mit einem sog. **»Blumentheater«**: kunstvoll arrangierte Schmuckbeete. Von einem Badehaus führt eine knapp 150 m lange Sandsteinrinne Wasser zu einem Brunnen vor dem kleinen klassizistischen **Liebhabertheater** nahe dem Parkeingang. Charlotte von Steins ältester Sohn Carl ließ um 1800 ein barockes Gartenhaus in einen Theaterbau mit Säulen-

◄ Landschaftspark

Baedeker TIPP

Goethe-Wanderweg

Ausdauernde Wanderer können auf den Spuren Goethes marschieren, der den rund 30 km langen Weg von Weimar nach Großkochberg öfters hinter sich brachte, um seine Freundin Charlotte von Stein zu besuchen. Los geht's am Wielandplatz; die Route ist durch ein weißes »G« auf grünem Grund gekennzeichnet.

portikus umbauen, dessen Zuschauerraum 75 Plätze bietet. Familienmitglieder, Bedienstete und Freunde führten hier meist selbst verfasste Stücke auf. Heute wird das liebevoll restaurierte Theater von einem 1991 gegründeten Verein betrieben, der an den Wochenenden zwischen Mai und Silvester ein breites Programm an Theateraufführungen, Konzerten und Lesungen organisiert (den Spielplan gibt's auf www.liebhabertheater.com).

Hauptbahnhof

E 8/9

Lage: August-Baudert-Platz

Selbst der Hauptbahnhof bleibt nicht vor Weimars Nimbus als Stadt der hehren Künste »verschont«: Er trägt den offiziellen Beinamen »Kulturbahnhof«.

Das neoklassizistische Bahnhofsgebäude ist bereits das zweite an dieser Stelle. Der erste Bahnhof entstand 1846 mit dem Bau der Thüringischen Eisenbahn für die Strecke Halle–Erfurt–Kassel. Im Jahr 1887 nahm die Berkaer Bahn den Betrieb auf, deren Gleise anfangs auf der Schopenhauerstraße lagen und erst 1890 in den Bahnkörper eingefügt wurden.

Ende des 19. Jahrhunderts und verstärkt nach 1918 siedelte sich etwas Industrie im Umkreis des Bahnhofs an. Doch erst nach dem Zweiten Weltkrieg wurden in Weimar Industriebetriebe von einiger Bedeutung gegründet, die u. a. Landmaschinen und feinmechanische Geräte herstellten.

Der Weimarer Bahnhof ist nach seiner Sanierung – u. a. wurde die historische Schalterhalle in ein Reisezentrum und einen kleinen Shoppingbereich umgewandelt – heute der wichtigste Verkehrsknotenpunkt der Stadt: mit IC- und ICE-Anschluss sowie mit innerstädtischen Buslinien und Linien in das Umland.

Ernst-Thälmann-Denkmal

In der Nähe des Bahnhofs liegt der **Buchenwaldplatz**, der ehemalige »Platz der 56 000«, so benannt zum Gedenken an die Opfer des Konzentrationslagers Buchenwald. 1958 wurde auf dem Platz ein Denkmal für den aus Hamburg stammenden Ernst Thälmann (1886 bis 1944) aufgestellt, das der Dresdener Bildhauer Walter Arnold geschaffen hatte. Thälmann, von 1924 bis 1933 Mitglied des Reichstags und ab 1925 Vorsitzender der KPD, wurde im März 1933 verhaftet und des Hochverrats angeklagt. Zunächst in Berlin-Moabit, dann in Hannover und Bautzen inhaftiert, kam Thälmann am 17. August 1944 in das Konzentrationslager ▶Buchenwald, wo er einen Tag darauf ermordet wurde.

✴ Haus Am Horn

G 10

Lage: Am Horn 61 | **Internet:** www.hausamhorn.de, www.uni-weimar.de/horn

Im Haus Am Horn, dem einzigen in Weimar realisierten Bauhausgebäude, können die Ideen und Konzepte der Bauhauskünstler an einem authentischen Ort nachvollzogen werden.

🕐
Öffnungszeiten:
Mi., Sa. u. So.
11.00 – 18.00

Mit ihrer ersten Ausstellung im August 1923 in Weimar konnten die Bauhauskünstler auch ihr erstes »Musterhaus« präsentieren, mit dem das Konzept der Kunstschule (▶Baedeker Special S. 108) umgesetzt worden ist. In nur vier Monaten Bauzeit entstand direkt oberhalb des Ilm-Parks, in der Nähe von Goethes Gartenhaus, ein Einfamilienhaus, das in Konzeption und Konstruktion als Prototyp für eine geplante Bauhaus-Siedlung galt und – nicht zuletzt aufgrund der verwendeten Materialien – auf eine kostengünstige Massenfertigung ausgelegt war.

Die Realisierung des Projekts basierte auf dem Entwurf des jungen Bauhaus-Meisters **Georg Muche** (1895 – 1987), der sich in der Raumanordnung an dem von Gropius entwickelten »Wabensystem« orientierte: Um einen zentralen, quadratischen Raum – der fast die Hälfte der Gesamtwohnfläche einnimmt – gruppieren sich die übrigen, miteinander verbundenen Zimmer des Hauses. Die Einrichtung des »Hauses Am Horn«, gemeinsam mit den Dessauer Bauhausbauten seit 1996 **UNESCO-Weltkulturerbe**, war eine Gemeinschaftsarbeit von Lehrern und Studenten der einzelnen Werkstätten des Staatlichen Bauhauses. Allerdings ist in dem rekonstruierten »Muster-

Das »Neue Bauen« greift zurück auf Ideen und Konzepte des Bauhauses.

haus« kein originaler Einrichtungsgegenstand mehr vorhanden. Die raumtrennenden Einbaumöbel, die Küche und die Einrichtung des Kinderzimmers sind Nachbauten.

✸ Neues Bauen am Horn

Das »Haus Am Horn«, Musterhaus für die geplante, aber nie verwirklichte Bauhaus-Wohnsiedlung in Weimar, hat ganz in seiner Nähe – zwischen Albrecht-Dürer-Straße und Otto-Bartning-Straße – die angemessene Gesellschaft bekommen. Rund 80 Jahre später wurde das Projekt ansatzweise doch noch verwirklicht. Konkret ging es Mitte der 1990er-Jahre um die Konversion eines Kasernengeländes just dort, wo die **Bauhaus-Siedlung** einstmals vorgesehen war. Hier entstand unter Einbeziehung der Kasernengebäude ein neues Stadtquartier, dessen räumliche und bauliche Gestaltung sich an die – behutsam modernisierten – Bauhaus-Kriterien der einfachen geometrischen Formen stark anlehnt. Die Bebauung ist noch nicht ganz abgeschlossen, aber wer durch das Viertel bummelt, bekommt durchaus einen Eindruck davon, was Gropius und seine Mitstreiter mit ihren Reformgedanken ausdrücken und umsetzen wollten.

In der Tradition des Bauhaus

Haus der Frau von Stein

C 16

Lage: Ackerwand 25

Ganz in der Nähe vom Park an der Ilm, fast in Sichtweite zu Goethes Gartenhaus, wohnte die Förderin und »Muse« des nachmaligen Dichterfürsten.

Vom Wielandplatz führt die sogenannte Ackerwand in östlicher Richtung zum ▶ Park an der Ilm. Die Straße, um 1800 angelegt, be-

Hier wohnte Goethes »Muse«

zeichnete einst die südliche Bebauungsgrenze der Stadt, die in den folgenden Jahrzehnten an der Nordseite mit Wohnhäusern bebaut wurde. Am östlichen Ende steht, in der Flucht zurückgesetzt, das bereits um 1770 errichtete, als »Haus der Frau von Stein« bekannte Gebäude. Im Obergeschoss des lang gestreckten Hauses, bedeckt mit einem Mansarddach, wohnte von 1777 bis 1827 Charlotte von Stein (▶Berühmte Persönlichkeiten), die viele Jahre mit Goethe befreundet war. Heute sind in dem schön renovierten Haus, das nicht besichtigt werden kann, neben Wohnungen auch das **Goethe-Institut Weimar** untergebracht.

Charlotte von Stein, verheiratet mit dem Oberstallmeister Ernst Josias Freiherr von Stein (1735 – 1793), inspirierte den sieben Jahre jüngeren Goethe zu zahlreichen Dichtungen; sie war Vorbild für seine **»Iphigenie«** und die Prinzessin Leonore in seinem **»Tasso«**. Die beiden lernten sich kurz, nachdem Goethe 1775 in Weimar eingetroffen war, kennen und bald zählte Charlotte von Stein zu den häufigsten Gästen in Goethes Gartenhaus. In seinen ersten Weimarer Jahren berichtete Goethe in zahlreichen Briefen und »Billetten« an Frau von Stein von seinen Sorgen und Nöten, von seiner literarischen, künstlerischen und politischen Tätigkeit. Während Goethes erstem Aufenthalt in Italien, 1786 bis 1788, lockerte sich die Beziehung zu Frau von Stein allmählich, durch seine Verbindung mit Christiane Vulpius (▶ Berühmte Persönlichkeiten) kam es zum Bruch. Erst im Alter söhnte sich Frau von Stein mit Goethe aus. Beigesetzt ist sie auf dem ▶Historischen Friedhof.

Der Brunnen am Haus der Frau von Stein besticht durch vielfältige Schmuckelemente an der Brunnensäule und einen fratzenartigen Wasserspeier am Unterbau. 1859 von der Großherzogin Maria Pawlowna gestiftet, stand der mit ovalem Becken installierte Brunnen zunächst auf dem Wielandplatz.

Haus »Hohe Pappeln«

J 10

Lage: Belvederer Allee 58
Internet: www.klassik-stiftung.de

Bus: Linie 1 (Haltestelle: Papiergraben)

Jugendstil außen und Jugendstil innen: Das Wohnhaus des Architekten und Gründers der Weimarer Kunstgewerbeschule Henry van de Velde ist ein wunderschönes Beispiel des um 1900 vorherrschenden Kunststils.

Öffnungszeiten:
April – Okt. Di. – So.
13.00 – 18.00

Das einstige Wohnhaus des belgischen Jugendstilkünstlers Henry van de Veldes und seiner Familie, das Haus »Hohe Pappeln«, ist seit 2003 ein Museum. Gebaut hatte van de Velde es 1907/1908 an der Belvederer Allee im – 1922 eingemeindeten – Ehringsdorf. Eine eigenwillig anmutende Außengestaltung und die funktionale Anordnung der

Kunstvolles Jugendstilinterieur von Henry van de Velde in seinem Wohnhaus an der Belvederer Allee.

Räume mit ihrer harmonischen Ausstattung faszinieren auch heute noch die Besucher. 1915 verließ die Familie van de Velde Weimar, doch erst 1917 konnte sie ihr einstiges Domizil verkaufen.

Nach der Sanierung in den 1990er-Jahren hat es die Klassik Stiftung Weimar gemietet und der Öffentlichkeit zugänglich gemacht. Oben ist es bewohnt, in der sog. Beletage ist eine kleine Ausstellung mit von van de Velde entworfenen Möbeln zu sehen.

★★ Herzogin Anna Amalia Bibliothek

B 16

Lage: Platz der Demokratie 1   **Internet:** www.klassik-stiftung.de

Die Herzogin Anna Amalia Bibliothek wurde bereits 1691 von Herzog Wilhelm Ernst gegründet. Der berühmte, von dem Thüringer Landbaumeister August Friedrich Straßburger gestaltete Rokokosaal zählt zu den schönsten Bibliotheksräumen Europas. Namensgeberin war Anna Amalia, die Herzogin von Sachsen-Weimar-Eisenach, die 1761 den Umbau des »Grünen Schlosses« zur Bibliothek veranlasste.

Das Bibliotheksgebäude geht auf das sog. Grüne Schloss zurück, ei- **Grünes Schloss**
nen dreigeschossigen Bau mit reich bemalten Fassaden, der zwischen
1562 und 1565 von dem Baumeister Nicol Gromann als Wohnsitz
des Herzogs Johann Wilhelm errichtet wurde. Wegen seiner grün gestrichenen Arkaden wurde das Gebäude bald als »Grünes Schloss«
bezeichnet. Herzogin Anna Amalia ließ das Schloss zwischen 1761
und 1766 zur »Herzoglichen Bibliothek« umbauen und einen ovalen
Bibliothekssaal im Stil des Rokoko einrichten. Der dreigeschossige,
mit Galerien versehene und mit kostbaren Büchern, Büsten und
Gemälden ausgestattete **Rokokosaal** gilt als »Pantheon der deutschen
Klassik«.

Auf Anregung Goethes, der bis 1819 die »Oberaufsicht« über die
Bibliothek führte, wurde von 1803 bis 1805 zwischen Grünem
Schloss und dem zum Park an der Ilm hin gelegenen Stadtturm ein
Verbindungsbau errichtet. Mitte der 1820er-Jahre wurde der Turm
von Clemens Wenzeslaus Coudray zum Büchermagazin umgestaltet.
Der heutige **Bibliotheksturm** ist neben dem Kasseturm (▶S. 142) der
einzige erhaltene Wehrturm der einstigen Stadtbefestigung.

In der Nacht des 2. September 2004 zerstörte ein Brand die oberen ◀ Brand-
Stockwerke der historischen Bibliothek; betroffen war auch der be- katastrophe 2004
rühmte Rokokosaal. Nach aufwendiger Renovierung und Restaurie-
rung des Gebäudes konnte Ende Oktober 2007 die Bibliothek wiedereröffnet werden. Doch nicht nur Dachstuhl und Rokokosaal fielen dem Brand zum Opfer, Feuer und Löschwasser zerstörten auch
50 000 Bücher, zumeist Erstausgaben aus dem 17. und 18. Jh., und
beschädigten 62 000 weitere Bände und ca. 80 Porträtbüsten, darunter auch die Totenmaske Schillers. Seit der Wiedereröffnung und der,
soweit möglich, Wiederbeschaffung oder Restaurierung der zerstörten bzw. beschädigten Bestände sind im **Renaissancesaal** im Erdgeschoss erstmals Ausstellungen aus der »Schatzkammer« der Bibliothek zu sehen. Auch wurde die zweite Galerie des Rokokosaals als
Sonderlesesaal zum Studium von Handschriften, Inkunabeln und
historischen Landkarten eingerichtet. Daneben ist die einzige sicht-
bare Veränderung gegenüber dem Zustand des Saals vor dem Brand
seine ursprüngliche blassblaue Farbgebung.

Öffnungszeiten für Einzelbesucher: Di. – So. 10.00 – 14.30, Grup- ⊙
penführungen (bis max. 20 Teilnehmer) nach Voranmeldung: Di. bis
So. 15.00, 15.30 und 16.00 Uhr.

Da aus konservatorischen Gründen tgl. nur ca. 300 Besucher den Rokokosaal besichtigen dürfen, empfiehlt es sich, eine Eintrittskarte
oder Gruppenführung bereits mehrere Monate **im Voraus zu buchen**.
Für Einzelbesucher stehen im Tagesverkauf ca. 50 Karten zur Verfügung, die bereits ab 9.30 Uhr ausschließlich an der Kasse des Bib-
liotheksgebäudes erhältlich sind (Tel. 036 43 / 54 54 00; E-Mail:
info@klassik-stiftung.de).

↖ *Der prächtige Rokokosaal aus der Mitte des 18. Jahrhunderts gilt als
einer der schönsten Bibliotheksräume Europas.*

Rotes Schloss

Das – grau gestrichene – sog. »Rote Schloss« vis-à-vis an der Kollegiengasse und das direkt angefügte sog. »Gelbe Schloss« (▶ s. u.) gehören heute als weitere Bibliotheksgebäude zur Herzogin Anna Amalia Bibliothek.

Der stattliche Renaissancebau wurde 1574 bis 1576 als Wohnsitz für Dorothea Susanne (1544 – 1592), die Witwe des Herzogs Johann Wilhelm, errichtet. Anfang des 18. Jh.s, zur Zeit Herzog Ernst Augusts, gab die Hofkapelle in den Räumen des Roten Schlosses Konzerte; Mitglied des Ensembles war u. a. der junge **Johann Sebastian Bach**. Nach dem Brand des Residenzschlosses (▶ Stadtschloss) im Jahr 1774 war in dem Gebäude eine Zeitlang die Hofküche untergebracht.

Von 1782 an war die **»Freie Zeichenschule«** im Roten Schloss einquartiert, eine 1775 von Friedrich Justin Bertuch (▶ Berühmte Persönlichkeiten) initiierte Einrichtung, die jedermann kostenlos zur Verfügung stehen sollte. Ab 1807 wurde der Unterricht im Fürstenhaus (▶ Hochschule für Musik) erteilt.

Ildefonso-brunnen

Am Roten Schloss steht der Ildefonsobrunnen mit der im 19. Jh. gefertigten Kopie einer im 17. Jh. im spanischen San Ildefonso entdeckten hellenistischen Skulpturengruppe aus dem ersten vorchristlichen Jahrhundert. Eine weitere Kopie des antiken Kunstwerks befindet sich im ▶ Stadtschloss.

Gelbes Schloss

An das Rote Schloss schließt sich direkt das sog. »Gelbe Schloss« an (Ecke Kollegiengasse/Grüner Markt). 1703/1704 wurde der Vorgängerbau aus dem 16. Jh. als Witwensitz für Herzogin Charlotte Dorothea Sophie (1672 – 1738), der Frau des Herzogs Johann Ernst, barock umgestaltet.

In dem einst gelb gestrichenen Gebäude wurde 1761 **August von Kotzebue** (▶ Berühmte Persönlichkeiten) geboren, der im März 1819 in Mannheim einem Mordanschlag zum Opfer fiel. Mit seinen Rühr- und Unterhaltungsstücken war August von Kotzebue einer der erfolgreichsten Bühnenautoren seiner Zeit.

Studien-zentrum

🕐

Öffnungszeiten:
Mo. – Fr.
9.00 – 21.00,
Sa. bis 16.00

Um die auf ca. 1 Mio. Bände angewachsenen und auf verschiedene Depots verteilten Bibliotheksbestände an einem Ort zusammenzufassen – zum erstenmal seit Goethes Zeiten –, wurden unter dem Platz der Demokratie zwei **Tiefenmagazine** gebaut, die seit 2005 bestückt werden.

Nach dreijähriger Bauzeit eröffnete im Februar 2005 auch das neue Studienzentrum den Bibliotheksbetrieb. Der mehrstöckige, in Form eines 18 m hohen **Bücherkubus** im Innenhof des Gelben Schlosses eingefügte Neubau bietet neben dem freien Zugang zu rund 100 000 Bänden auch eine Fotothek mit 150 000 Bildmotiven, verschiedene Veranstaltungsräume und ein »Lesecafé«. Über einen unterirdischen Gang ist das Studienmagazin mit dem Haupthaus der Anna Amalia Bibliothek verbunden.

Fürstengruft und russisch-orthodoxes Kirchlein auf dem Historischen Friedhof

✴ ✴ Historischer Friedhof · Fürstengruft

Lage: Am Poseckschen Garten **Internet:** www.klassik-stiftung.de

In der Fürstengruft fanden nicht nur die Mitglieder der herzoglichen Familie ihre letzte Ruhestätte, hier wurden auch auf Wunsch des Großherzogs Carl August die »Dioskuren« Johann Wolfgang von Goethe und Friedrich von Schiller beigesetzt.

Im Südwesten der Stadt liegt der große Weimarer Friedhof, auf dem viele für die Geschichte und Belange der Stadt wichtige Persönlichkeiten beigesetzt sind. Zwischen 1814 und 1818 als Ersatz für den Jakobsfriedhof (▶ Jakobskirche) angelegt, wurde er mehrfach erweitert und mit schönen Grabmälern geschmückt. Besonders entlang der Friedhofsmauern gibt es interessante Gräber. Um das Erscheinungsbild des Historischen Friedhofs zu bewahren, finden nördlich der Fürstengruft keine Beerdigungen mehr statt. An den ältesten Teil des Friedhofs, den »Historischen Friedhof«, grenzt seit 1862 westlich und südlich der parkartige Hauptfriedhof. An die Zeit des Zweiten Weltkriegs erinnern Gemeinschaftsgräber für die Opfer der Bombenangriffe auf Weimar und das Konzentrationslager Buchenwald. Das 1922 von Walter Gropius geschaffene **»Denkmal für die Märzgefallenen«** erinnert an die Weimarer Opfer des Kapp-Putsches von 1920. Die als »Gefrorene Blitze« bekannte Skulptur wurde von den Nationalsozialisten zerstört und nach 1945 wieder errichtet.

🕐
Öffnungszeiten:
März – Sept.
tgl. 8.00 – 21.00,
Okt. – Febr.
tgl. bis 18.00
Fürstengruft:
April – Okt.
tgl. 10.00 – 18.00,
Nov. – März
tgl. bis 16.00

✶✶
Fürstengruft

Vom Friedhofseingang am Poseckschen Garten führt eine Lindenallee zur Fürstengruft, einem klassizistischen Bau mit achteckiger Kuppel, der nach Plänen von Clemens Wenzeslaus Coudray errichtet und 1827 fertiggestellt wurde. Vorgelagert ist eine von Säulen getragene Halle mit dreieckigem Giebelfeld. Vor dem Bau der Grabanlage wurden die Verstorbenen der Weimarer Herzogsfamilie in der Krypta der Stadtkirche St. Peter und Paul oder in der Schlosskapelle beigesetzt.

Eine schmale Treppe führt hinab zu der Gruft, deren massives Gewölbe vier Pfeiler abstützen. Schon 1824, unmittelbar nach Fertigstellung des Gewölbes, wurden 26 Särge der herzoglichen Familie hierhergebracht. Zuletzt wurde in der Fürstengruft 1905 Großherzogin Caroline beigesetzt. Insgesamt sind etwa 40 Särge der Herzogsfamilie zu sehen, darunter bemalte und plastisch verzierte Zinnsarkophage und samtbespannte Holzsärge.

Großherzog Carl August wünschte, dass man die »Dichterfürsten« Johann Wolfgang von Goethe und Friedrich Schiller ebenfalls in der Gruft beisetzte, da er den beiden auch im Tod nahe sein wollte. Schillers Gebeine wurden am 17. Dezember 1827 vom Jakobsfriedhof (▶ Jakobskirche) hierher überführt. Am 26. März 1832 fand Johann Wolfgang von Goethe hier seine letzte Ruhestätte. Die beiden Eichensärge stehen an der Ostwand nahe der Treppe.

Allerdings wurden immer wieder Zweifel an der Echtheit der Schiller zugeschriebenen Überreste laut. Um endgültig Gewissheit zu erhalten, ließ die Klassik Stiftung von 2006 bis 2008 dies in einer überaus aufwendigen Untersuchung überprüfen. Im Mai 2008 stand das Ergebnis fest: Die bislang im Schiller-Sarg liegenden Gebeine sind nicht authentisch und wurden wieder auf dem Jakobsfriedhof bestattet. Seitdem ist Schillers Sarg leer, verbleibt aber als **Kenotaph** in der Fürstengruft.

Russisch-orthodoxe Kapelle

Im Jahr 1859 starb **Maria Pawlowna** (▶Berühmte Persönlichkeiten), die Tochter des russischen Zaren Paul I. und Gemahlin des Großherzogs Carl Friedrich. Sie hatte sich gewünscht, in einer russisch-orthodoxen Kapelle bestattet zu werden. So wurde 1860 bis 1862 nach Plänen von Carl Heinrich Streichhan unmittelbar an die südliche Mauer der Fürstengruft die Kapelle mit ihren fünf vergoldeten Kuppeln gebaut; geweiht wurde sie am 24. Nov. 1862 durch den Erzpriester Stefan Sabinin. Ein Wanddurchbruch verbindet die Grablege in der Fürstengruft mit der russisch-orthodoxen Kapelle, sodass Maria Pawlowna nahe den Gräbern der herzoglichen Familie und doch in der Gruft des russisch-orthodoxen Gotteshauses beigesetzt ist.

Ausgestattet ist die Kapelle mit Wandmalereien von Hermann Wislicenus und einem eindrucksvollen, von russischen Künstlern gestalteten Ikonostas.

Ende der 1970er-Jahre renoviert, finden heute hier die Gottesdienste der Weimarer russisch-orthodoxen Gemeinde statt (die Gottesdienstzeiten sind an der Kapellentür angeschlagen).

Historischer Friedhof *Orientierung*

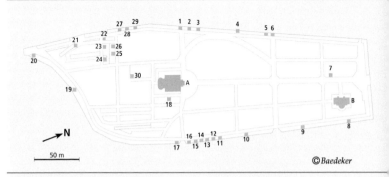

©Baedeker

A **Fürstengruft**
   und russisch-orthodoxe Kapelle
1 Grabstätte der Familie Goethe
2 Johannes Daniel Falk (Pädagoge)
3 Carl Leberecht Schwabe (Bügermeister von Weimar)
4 Clemens Wenzelslaus Coudray (Baumeister)
5 Franz Kirms (Hofkammerrat)
6 Charlotte von Stein
7 Christian August Vulpius (Schriftsteller)
8 Angelika Facius (Bildhauerin)
9 Karl Ludwig Oels (Schauspieler)
10 Johann Heinrich Meyer (Maler)
11 Grabstätte der Familie Genast (Schauspieler)
12 Johann Joseph Schmeller (Maler)
13 Wilhelm Ernst Christain Huschke (Arzt)
14 Friedrich Wilhelm Riemer (Literaturhistoriker)
15 Christine Kotzebue
   (Mutter August von Kotzebues)

B Gedächtnishalle

16 Pius Alexander Wolff (Schauspieler)
17 Anna Dillon (Hofdame Maria Pawlownas)
18 Johann Peter Eckermann
19 Grabstätte der Familie Wieland
20 Karl Eberwein (Musiker)
21 Luise Seidler (Malerin)
22 Carl August Schwerdtgeburth (Kupferstecher)
23 Ludwig Friedrich von Froriep (Arzt)
24 Erbbegräbnis der Familie Herder-Stichling
25 Friedrich von Müller (Staatskanzler)
26 Eleonore Maximiliane Ottilie Henckel von
   Donnersmarck (Oberhofmeisterin)
27 Johann Friedrich Röhr (Oberhofprediger)
28 Johann Nepomuk Hummel (Komponist)
29 Grabstätte der Familie Ridel
30 Euphrosyne-Denkmal

Hinter der Kapelle, inmitten des Gräberfeldes des Marie-Seebach-Stifts (►S. 121) steht das Euphrosyne-Denkmal, das an die 1797 im Alter von 18 Jahren verstorbene und auf dem Jakobsfriedhof beigesetzte Schauspielerin **Christiane Becker-Neumann** erinnert. Das Denkmal, auf Anregung Goethes von Johann Heinrich Meyer entworfen und von dem Bildhauer Döll geschaffen, zeigt Nymphen, Masken und Sternzeichen. Ursprünglich stand es gegenüber dem Schloss und wurde 1945 hier aufgestellt.

Euphrosyne-Denkmal

Neben einer Reihe von Einzelgräbern, z. B. für Anna Dillon, eine Hofdame der Großherzogin Maria Pawlowna, befinden sich hier auch mehrere Familiengräber, darunter die Grabstätte der **Familie Goethe**: Hier ruhen neben anderen Ottilie von Goethe, geb. von Pogwisch, die Gemahlin von Goethes Sohn August, Goethes Enkel

Grabstätten

Walther Wolfgang und Wolfgang Maximilian und Alma von Goethe, die Enkelin des Dichters, die als junges Mädchen an Typhus verstarb. Der Bildhauer Jens Adolph Jerichau hat sie als schlafende Gestalt auf dem Grabmonument dargestellt.

In der Nähe der Ruhestätte der Familie Goethe wurden der Baumeister **Clemens Wenzeslaus Coudray** (►Berühmte Persönlichkeiten) und dessen Frau beigesetzt. Coudray gehörte zum engeren Kreis um Goethe und wusste dies zu schätzen. Über sein Verhältnis zu Goethe berichtete er 1828: »Goethes Wohlwollen, ich darf sagen, Freundschaft, beglückte mich auch in diesem Jahre, und ich brachte mit dem Altmeister frohe und nützliche Stunden ... zu.« In diesem Bereich des Friedhofs liegt auch das Grab Charlotte von Steins, der langjährigen Vertrauten Goethes, die auf dem Grabmal im Profil dargestellt ist.

Ansehen sollte man auch die Grabstätte der **Familie Herder-Stichling**. Das Grabdenkmal mit barockem Zierwerk stand ursprünglich auf dem Jakobsfriedhof und ist bei dessen Umgestaltung im 19. Jh. am jetzigen Ort aufgestellt worden. Dort ist Maria Caroline Herder, geb. Flachsland, die Gattin Johann Gottfried Herders (► Berühmte Persönlichkeiten), beigesetzt, zusammen mit ihrem Schwiegersohn Carl Wilhelm Constantin Stichling und dessen beiden Frauen, deren zweite eine Tochter Johann Gottfried Herders war. Herder selbst ruht in der Stadtkirche.

Im südlichen Bereich des Historischen Friedhofs liegt die Grabstätte der **Familie Wieland**. Dort sind Nachkommen des Schriftstellers und Prinzenerziehers Christoph Martin Wieland (►Berühmte Persönlichkeiten) bestattet. Er selbst fand – wie auch seine Frau – die letzte Ruhestätte im Park seines einstigen Gutes ►Oßmannstedt.

Hochschule für Musik »Franz Liszt«

B 16

Lage: Platz der Demokratie 2   **Internet:** www.hfm-weimar.de

Kunst wird im ehemaligen »Fürstenhaus« seit jeher groß geschrieben: Jahrzehntelang war hier eine Zeichenschule zu Hause, und seit über einem halben Jahrhundert kümmert man sich am Platz der Demokratie um den musikalischen Nachwuchs.

»Landschafts-
haus«

Das Gebäude wurde in den Jahren 1770 bis 1774 auf Veranlassung von Herzogin Anna Amalia für die »Landschaft« – die Ständevertretung des Landes – nach Plänen von Anton Georg Hauptmann errichtet. Als aber im Mai 1774 das ► Stadtschloss niederbrannte, wurde das »Landschaftshaus« zum sogenannten **»Fürstenhaus«** umgebaut. Knapp 30 Jahre lang lebte dort Herzog Carl August mit seiner Familie; Herzogin Anna Amalia, die noch bis 1775 regierte, bezog das ▶ Wittumspalais. Ab 1803 konnte das Residenzschloss wieder bewohnt werden. Seit dem Jahr 1808 hatte die Freie Zeichenschule, die bis dahin im Roten Schloss (▶Herzogin Anna Amalia Bibliothek) untergebracht war, hier ihren Sitz. An der 1775 gegründeten Schule hielt 1781/1782 Goethe Vorträge über Anatomie. Die Freie Zeichenschule bestand unter der 1860 gegründeten Kunstschule weiter, verlor aber an Bedeutung. Von 1816 bis 1848 tagte im Fürstenhaus der Landtag, der die »ständische Landschaft« abgelöst hatte. Bis 1918 diente das Gebäude als Sitz von Parlament und Ministerien des Großherzogtums Sachsen-Weimar-Eisenach und von 1920 bis 1933 als Sitz des Thüringischen Landtags.

Musikstudenten mit ihrem »Handwerkszeug« vor dem Eingang zum ehemaligen Fürstenhaus.

Musik-hochschule

Im Jahr 1951 zog in das traditionsreiche Gebäude das Rektorat der Hochschule für Musik. Der Weimarer Kantor und ehemalige Liszt-Schüler Carl Müllerhartung hatte bereits am 24. Juni 1872 auf Anregung von Franz Liszt die **erste Orchesterschule in Deutschland** gegründet. Zunächst war diese Musikschule im Wittumspalais, dann im nahe gelegenen alten Franziskanerkloster, dem jetzigen Gebäude »Am Palais«, untergebracht. Heute befinden sich dort die Institute für Schul- und Kirchenmusik. Die Ausbildung von Orchestermitgliedern wurde im Laufe der Zeit ergänzt um Lehrgänge für Solisten und Dirigenten. Liszt selbst und viele seiner Schüler, insbesondere Hans von Bülow, nahmen Einfluss auf die Entwicklung der Musikschule, deren Name sich mehrfach änderte. So hieß sie ab 1899 »Großherzogliche Musik- und Theaterschule zu Weimar«, 1930 wurde sie Staatliche Hochschule für Musik und im Jahr 1956 erhielt sie die Bezeichnung Hochschule für Musik »Franz Liszt«.

Weitere Hochschul-gebäude

Neben dem einstigen Klostergebäude **»Am Palais«** besitzt die Hochschule für Musik noch eine ganze Reihe weiterer Dependancen. Im **»hochschulzentrum am horn«** in der Leibnizallee, untergebracht in einem in den 1990er-Jahren aufwendig sanierten ehemaligen Kasernengebäude, werden u. a. Musikwissenschaft, Musikpädagogik, Kulturmanagement, Blas- und Schlaginstrumente und Jazz unterrichtet. Hier befinden sich auch die Hochschulbibliothek und das Thüringische Landesmusikarchiv.

Zusätzliche Instituts- und Unterrichtsräume sind in den ehemaligen Kavaliershäusern auf dem Gelände des Schlosses ►Belvedere untergebracht: Das **»Bachhaus«** steht den Gitarristen zur Verfügung, das **»Haydnhaus«** den Akkordeonspielern, im **»Beethovenhaus«** wird Gesang und Musiktheater geprobt und im **Studiotheater**, ein zu DDR-Zeiten entstandener Bau mit 140 Plätzen, finden die Proben und Aufführungen der Opernschule des Instituts für Gesang und Musiktheater statt.

Altenburg

Auch die Altenburg, jenseits des ► Parks an der Ilm in der Jenaer Straße 3 gelegen gehört zur Hochschule für Musik. In dem klassizistischen Bau, den der Oberstallmeister von Seebach 1811 dort errichten ließ, wo sich einst vermutlich die frühmittelalterliche Fluchtburg »Aldenburgk« befand, lebte von 1848 bis 1861 **Franz Liszt** (► Berühmte Persönlichkeiten) mit seiner damaligen Lebensgefährtin, der russischen Fürstin **Carolyne von Sayn-Wittgenstein**. Offiziell wohnte Franz Liszt allerdings im »Erbprinzen« am Markt. Die Weimarer Gesellschaft hatte wohl ihre Schwierigkeiten mit der Verbindung Liszts zu der russischen Fürstin.

In dieser Zeit war die Altenburg, in der Liszts beliebte »Sonntagsmatineen« stattfanden, künstlerischer und kultureller Mittelpunkt nicht nur der Weimarer Gesellschaft, hier trafen sich auch in- und ausländische Berühmtheiten der Musikwelt und bedeutende Literaten und Maler, unter ihnen Hans Christian Andersen, Bettina von Arnim, Hector Berlioz, Johannes Brahms, August Heinrich Hoffmann von Fallersleben, Karl Gutzkow, Friedrich Hebbel, Paul Heyse, Moritz von Schwind, Clara Schumann und Friedrich Smetana.

Die Altenburg ist Sitz des 1988 gegründeten **Franz-Liszt-Zentrums** sowie der 1990 ins Leben gerufenen **Franz-Liszt-Gesellschaft**. Im »Liszt-Salon« werden wieder »Sonntags-Soireen« gegeben, außerdem besteht die Möglichkeit zur Teilnahme an Führungen durch die Dokumentation »Liszt, die Altenburg und Europa« (Führungen n. V. unter Tel. 036 43 / 55 51 38).

Hochschul-Ensembles

An der Hochschule haben sich verschiede Ensembles und Orchester gebildet, die ihr Können bei Konzerten in Weimar und Umgebung sowie auf Konzertreisen unter Beweis stellen. Zu ihnen zählen das Hochschulsinfonieorchester, das Kammer- und das Jazzorchester, das Ensemble für Alte Musik, das sich der Musik des 17. und 18. Jh.s widmet, das Ensemble für Neue Musik, der Hochschulchor, der bereits 1926 gegründete Kammerchor und das Musiktheater, das seine Stücke u. a. im Studiotheater Belvedere aufführt.

Bach-Denkmal

Schräg gegenüber der Musikhochschule steht am Platz der Demokratie ein Postament mit einer 1995 gestifteten Büste des Komponisten Johann Sebastian Bach (►Berühmte Persönlichkeiten), der von 1708 bis 1717 als Hoforganist und Kapellmeister in den Diensten des Herzogs Wilhelm Ernst stand.

Blitzblank polierte Oldtimer-Klassiker zu Gast bei Großherzog Carl August auf dem Platz der Demokratie

Beherrscht wird der Platz der Demokratie aber von einem Reiterstandbild, das den Herzog und späteren Großherzog Carl August von Sachsen-Weimar-Eisenach darstellt. Zum 100. Geburtstag des Großherzogs am 4. September 1857 erfolgte die Grundsteinlegung; am 4. September 1875, dem 100. Jahrestag des Regierungsantritts, wurde das Denkmal enthüllt. Das Standbild aus Bronze – eine Arbeit des Bildhauers Adolf von Donndorf (1835 – 1916) – zeigt den Herzog in Uniform, bekrönt mit einem Lorbeerkranz, und erinnert an die Rückkehr Carl Augusts aus den Freiheitskriegen 1814.

Carl-August-Denkmal

Jakobskirche

Lage: Am Jakobskirchhof

In der schlichten, außerhalb der Altstadt gelegenen Jakobskirche heiratete im Oktober 1806 Johann Wolfgang von Goethe seine langjährige Lebensgefährtin Christiane Vulpius.

Die evangelische Jakobskirche liegt im Norden der Stadt. Errichtet wurde sie 1712/1713 auf den Grundmauern eines Vorgängerbaus aus dem Jahr 1168, der wegen Baufälligkeit abgerissen werden musste. Beim Wiederaufbau der Jakobskirche wurde ein Teil des Altars der alten Kirche als Baustein benutzt, der – durch Zufall entdeckt – als das **älteste Steindenkmal Weimars** gilt.

In der mit drei Emporen ausgestatteten Kirche hängen Kopien von Gemälden Lucas Cranachs d. Ä., die Martin Luther, Philipp Melanchthon und Kurfürst Friedrich den Weisen von Sachsen zeigen.

Auffallend ist eine über dem Altar angebrachte Kanzel, die heute jedoch nicht mehr benutzt wird.

In der Sakristei hinter dem Altar fand am 19. Oktober 1806 Goethes Trauung mit Christiane Vulpius statt, mit der der Dichter bereits 18 Jahre lang zusammenlebte; Trauzeuge war der gemeinsame Sohn August. Die beiden Bilder in dem kleinen Raum zeigen den Hofprediger Christoph Wilhelm Günther, der Johann Wolfgang und Christiane getraut hat, und den Superintendenten Johann Friedrich Röhr, der 1832 die Grabrede für Goethe hielt.

! **Baedeker TIPP**

Weimar von oben

Der Aufstieg über 114 Stufen zur Türmerwohnung der Jakobskirche wird mit einem herrlichen Blick über die Klassikerstadt belohnt (Öffnungszeiten: Mo. – Fr. 10.00 – 15.00, Sa. 10.00 bis 12.00 Uhr).

Jakobsvorstadt Das Gebiet um die Jakobskirche und den nahen Rollplatz gilt als das **älteste Siedlungsgebiet von Weimar**. Das Jakobsvorstadt genannte Viertel erstreckt sich nördlich der ehemals ummauerten Stadt auf einem Hügel, der zum Asbachgrund und zur Ilm abfällt. Durch eine breite Straße, den »Graben«, ist sie heute von der Innenstadt getrennt. Grabungen am Rollplatz lassen darauf schließen, dass diese Gegend schon im 6./7. Jh. besiedelt war.

✳ Jakobsfriedhof

Ältester Friedhof der Stadt Weit interessanter als die Kirche selbst ist der zugehörige Friedhof mit seinen vielen alten Grabmälern. Bereits im 12. Jh. fanden hier Bestattungen statt; von 1530 bis 1818 war er der einzige Friedhof Weimars, der damals eine ungleich größere Ausdehnung hatte. Nachdem 1818 ein neuer Friedhof (▶Historischer Friedhof) angelegt worden war, ebnete man viele Gräber ein.

Kassengewölbe Das Kassengewölbe, ein ursprünglich als privates Erbbegräbnis erbautes Mausoleum, ging 1742 in den Besitz der Landschaftskasse, des damaligen Finanzministeriums, über – daher der Name.

Im südöstlichen Teil des Friedhofs gelegen, diente es nun der Bestattung Adeliger und angesehener Bürger, die sich keine eigene Grabstätte leisten konnten. U. a. wurden hier Luise von Göchhausen, eine Hofdame Anna Amalias, und die Eltern der Charlotte von Stein bestattet. Aufgrund seines Hofratstitels und seiner Erhebung in den Adelsstand im Jahr 1802 gehörte auch der am 9. Mai 1805 verstorbene **Friedrich Schiller** zu jenen Persönlichkeiten, die im Kassengewölbe beigesetzt wurden; im Dezember 1827 wurde er – vermeintlich – in die Fürstengruft (▶S. 154) umgebettet.

Jakobsfriedhof Orientierung

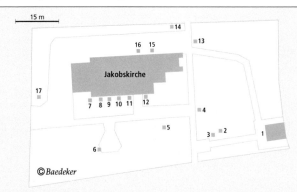

1	Kassengewölbe	10	Ferdinand Carl Christian Jagemann (Maler)
2	Johann Franz August Zimmermann	11	Joh. Joachim Christoph Bode (Übersetzer)
3	C. Becker-Neumann (Schauspielerin)	12	Johann Carl August Musäus (Schriftsteller)
4	Johann Martin Mieding (Tischlermeister)	13	Martin Gottlob Klauer (Bildhauer)
5	Grabmal einer Wohltäterin der Stadt	14	Christian Gottlob von Voigt (Minister)
6	Christiane von Goethe (geb. Vulpius)	15	Carl Ludwig Fernow (Bibliothekar)
7	Lucas Cranach d. Ä. (Hofmaler)	16	Christoph Wilhelm Günther (Pfarrer)
8	Johann Heinrich Löber (Hofmaler)	17	Maria Caroline Herder (Gattin Johann
9	Georg Melchior Kraus (Maler, Radierer)		Gottfried Herders; später umgebettet)

Der mit einem schmiedeeisernen Tor versehene barocke Pavillon über dem Kassengewölbe, das 1854 ebenfalls eingeebnet wurde, ist eine Rekonstruktion aus dem Jahr 1927.

Eine sich nach oben verjüngende Säule nahe dem Kassengewölbe bildet das Denkmal für den Zimmergesellen Johann Franz August Zimmermann, der bei Rettungsarbeiten während des Schlossbrands im Jahr 1774 ums Leben kam. In der Nähe ist die Schauspielerin **Christiane Becker-Neumann** beigesetzt, deren Euphrosyne-Denkmal auf dem ►Historischen Friedhof steht.

Grabstätten

Auf dem Friedhof befindet sich das lange verschollene, erst 1888 wieder aufgefundene Grab von **Christiane Vulpius**, Goethes Lebensgefährtin und späterer Frau. Auf der Grabplatte stehen Goethes Abschiedsverse: »Du versuchst, o Sonne, vergebens,/Durch die düstren Wolken zu scheinen!/Der ganze Gewinn meines Lebens/Ist, ihren Verlust zu beweinen.«

An der Nordwand der Jakobskirche findet sich die Gedenktafel für den Pfarrer Christoph Wilhelm Günther, der Goethe und Christiane Vulpius 1806 getraut hatte.

Ein verwitterter Sandsteinsarkophag, das einzige Denkmal auf der Nordseite des Friedhofs, markiert die Grabstätte der Familie Voigt.

Christian Gottlob von Voigt stammte aus Jena und war ab 1783 Mitarbeiter Goethes, u. a. arbeitete er in der Ilmenauer Bergwerks- und Steuerkommission. Auch Maria Caroline Herder, geb. Flachsland, die Frau Johann Gottfried Herders, war ursprünglich auf dem Jakobsfriedhof beigesetzt (► Historischer Friedhof).

An der Südwand der Kirche sind der Märchendichter Johann Carl August Musäus sowie der Übersetzer und Komponist Johann Joachim Christoph Bode bestattet. Dort befindet sich auch die Nachbildung der Grabplatte von **Lucas Cranach d. Ä.**, geschaffen vom Erbauer des Cranachhauses am ► Markt, Nicol Gromann. Das Original ist seit 1859 im Altarraum der ► Stadtkirche St. Peter und Paul zu sehen. Die Grabplatte zeigt den Maler in Lebensgröße, zu seinen Füßen das Familienwappen. Unterhalb von Cranachs Grabplatte liegt die **»Malergruft«**, in der u. a. der Hofmaler Johann Heinrich Loeber und Georg Melchior Kraus, der erste Direktor der Freien Zeichenschule, bestattet sind.

> ! **Baedeker** TIPP
>
> **Pilgerstätte für Schiller-Fans**
>
> Wer dem Dichter an seiner letzten Ruhestätte die Ehre erweisen möchte, geht auf den Jakobsfriedhof. Denn Schiller wurde vor seiner Überführung in die Fürstengruft hier im Kassengewölbe bestattet. Seit 2008 steht aber fest, dass in dem Sarg in der Fürstengruft nicht die Gebeine des Dichters lagen (s. S. 154). Daher ist wahrscheinlich in dem Gewölbe noch immer »viel Schiller drin«.

Kirms-Krackow-Haus

B 16

Lage: Jakobstr. 10   **Internet:** www.thueringerschloesser.de

Das Kirms-Krackow-Haus, im 19. Jahrhundert ein beliebter Treffpunkt von Literaten, Gelehrten und Künstlern, vermittelt einen authentischen Einblick in die Wohnkultur des klassischen und nachklassischen Weimar.

Öffnungszeiten: zzt. geschlossen

Das Kirms-Krackow-Haus in der Jakobstraße zählt zu den ältesten Häusern der Stadt. 1701 erwarb der herzogliche Amtsschreiber und spätere Kammerkommissar Johann Joachim Kirms das Anfang des 16. Jahrhunderts im Stil der Renaissance errichtete Gebäude. Im 18. Jh. ließ die Familie Kirms das Haus um zwei Etagen aufstocken; die Hintergebäude des Hofes sind durch überdachte Galerien mit dem Hauptgebäude verbunden. Der rückwärtige Teil des Anwesens grenzt an das Haus, in dem Christiane Vulpius, die spätere Frau Goethes, geboren wurde.

Im klassischen und nachklassischen Weimar etablierte sich der Wohnsitz als beliebter Treffpunkt der Weimarer »Gesellschaft«. Auch Herzogin Anna Amalia war hier von Zeit zu Zeit Gast.

Im Jahr 1823 heiratete Karl Kirms, Besitzer des Hauses und Sekretär der Geheimen Kanzlei Carl Augusts, Karoline Krackow, eine Kammerfrau der Großherzogin Maria Pawlowna. Karoline Kirms-Krackow überlebte ihren Mann um Jahrzehnte und setzte die Tradition des Hauses als **»Künstlertreff«** fort. Später fiel das Anwesen an ihre Nichten Charlotte und Sophie Krackow, die es in dem überkommenen Zustand bewahrten. Zu den zahlreichen Gästen des Hauses gehörten neben bekannten Leuten aus Weimar auch die französische Literatin **Madame de Staël** und der dänische Märchendichter **Hans Christian Andersen**. Andersen hielt sich zwischen 1844 und 1857 mehrmals bei dem Theatermann und Schriftsteller Karl von Beaulieu-Marconnay auf, der hier wohnte.

1999 umfassend renoviert, präsentierte sich das Kirms-Krackow-Haus samt Interieur, Garten und Gartenpavillon weitgehend so, wie es um 1825 ausgesehen hat und vermittelte die Lebensweise und Wohnkultur wohlhabender Bürger im klassischen und nachklassischen Weimar. Seit Januar 2009 gehört das Gebäude zur Stiftung Thüringer Schlösser, die derzeit eine Neukonzeption für die zukünftige Nutzung erarbeitet.

Von der Jakobstraße zweigt die Luthergasse ab, an der der sog. »Lutherhof« liegt. Das Haus wurde einst von Johann Burgkhardt bewohnt, dessen Bruder mit dem Reformator befreundet war. Vermutlich übernachtete **Martin Luther** hier, wenn er sich in Weimar aufhielt. Später richtete Johannes Daniel Falk (1768 – 1826) in dem Gebäude ein Heim für Kriegswaisen ein, das erste seiner Art in Deutschland. Ein Denkmal am Graben, Ecke Teichplatz, erinnert an den Schriftsteller und Pädagogen. **Lutherhof**

✶ ✶ Liszt-Museum

C 16

Lage: Marienstr. 17   **Internet:** www.klassik-stiftung.de

In dem ehemaligen Sommerdomizil des großen Komponisten zeichnet das 2006 eingerichtete Museum Leben und Werk von Franz Liszt, seinen Zeitgenossen und künstlerischen Nachfahren nach.

Das Liszt-Museum, vormals Liszthaus genannt, liegt im Süden Weimars, nahe dem westlichen Eingang des ► Parks an der Ilm an der Marienstraße. In dem Haus, 1798 im klassizistischen Stil als Hofgärtnerei erbaut, verbrachte Franz Liszt (► Berühmte Persönlichkeiten) die Sommermonate 1869 bis 1886. Nachdem Liszt Weimar 1861 verlassen hatte, war besonders Großherzog Carl Alexander bemüht, seinen früheren Kapellmeister, der die Klassikerstadt zu einem bedeutenden Zentrum des deutschen Musiklebens gemacht hatte, erneut an Weimar zu binden.

Öffnungszeiten:
April – Okt.
Mi. – Mo.
10.00 – 18.00

Ganz privates Konzert auf Franz Liszts Bechstein-Flügel im Salon seiner ehemaligen »Sommerresidenz«.

Nach seiner Rückkehr nach Weimar übte Liszt allerdings kein Amt mehr aus. Allein durch Soireen und Hofkonzerte kam er seinen Verpflichtungen gegenüber dem Hof nach. Um Franz Liszt, der eine große Anziehungskraft auf andere Menschen ausübte, bildete sich rasch ein Kreis von Schülern, deren Entwicklung zu Klaviervirtuosen und Komponisten er förderte.

Nach Liszts Tod am 31. Juli 1886 in Bayreuth verblieb der Hauptteil seines Nachlasses in Weimar. Erbin des vielfältigen Besitzes war die **Fürstin Carolyne von Sayn-Wittgenstein**, mit der Liszt in der Altenburg (▶ S. 158) zusammengelebt hatte, und nach deren Tod 1887 ihre Tochter, eine Fürstin von Hohenlohe-Schillingsfürst. Diese vermachte den Nachlass dem Weimarer Herzogshaus und gründete eine Stiftung zur Förderung junger Künstler. Bereits 1891 wurde das Wohnhaus als Museum eingerichtet.

Obergeschoss Die Räume, die Liszt bewohnt hat, liegen im ersten Stock des Hauses: Musikzimmer, Schlaf- und Speisezimmer. Zu sehen sind Erinnerungsstücke von Liszts Konzertreisen, Dokumente zu Liszts Leben, Briefe von Zeitgenossen und auch eine Büste seiner Tochter Cosima Wagner. Im angrenzenden Dienerzimmer fällt neben der Büste des 27-jährigen Musiker v. a. das **»stumme Klavier«** auf, das Liszt auf Reisen mitgeführt hat, um zu üben.

Besonders eindrucksvoll ist das fast unverändert gebliebene Musikzimmer, der sog. **Salon**, mit dem großen, schwarz polierten Konzertflügel, den die Berliner Firma Bechstein 1869 Liszt überlassen hatte.

Ein 1869 von Bernhard Plockhorst geschaffenes Gemälde zeigt Liszt im Alter von 58 Jahren; er trägt die Kleidung eines Abbés, da er in Rom die niederen Weihen des geistlichen Standes erhalten hatte.

Der Raum wird durch geraffte Vorhänge in den Farben Rot-Weiß-Grün, ein Geschenk ungarischer Freunde, in zwei Bereiche geteilt. Der hintere Teil des Raumes wird von einem Schreibtisch und einem Bild Ludwig van Beethovens dominiert. Zu sehen sind v. a. persönliche Gegenstände, Erinnerungsstücke und Porträts Franz Liszts.

Durch das original ausgestattete Schlafzimmer gelangt man in das Speisezimmer, einen Raum mit auffallend geschmackvollen Möbeln. Sie stammen aus dem Besitz der Fürstin von Sayn-Wittgenstein.

Das Erdgeschoss wurde 2006 in einer Kooperation der Klassik Stiftung Weimar mit der Musikhochschule völlig neu eingerichtet und bietet eine große Vielfalt an Möglichkeiten, sich in die Musik des Komponisten, seiner Zeitgenossen und künstlerischer Nachkommen »hineinzuhören«. **Erdgeschoss**

In drei Räumen bzw. Abteilungen – »Liszt als Weltbürger«, »Der junge Liszt« und »Liszts späte Jahre« – werden Franz Liszt und seine Zeit vorgestellt. Auf einer Europakarte lassen sich z. B. Liszts verschiedene Lebensstationen und seine Reisen nachzeichnen, eingebunden in Politik, Wissenschaft und Kunst seiner Zeit.

Der zweite Raum widmet sich dem Dirigenten, dem »organisierenden Liszt« – der immer wieder neue Präsentationsformen von Musik suchte – und dem gefeierten Klaviervirtuosen. So ist es mittels einer **Videoprojektion** möglich, den Pianisten beim Spielen zu beobachten; Spielfilmausschnitte zeigen den auch im 20. Jh. anhaltenden Starkult um Liszt. Die dritte Abteilung zeigt den Lehrer Liszt, der seine Schüler immer gemeinsam unterrichtete. Eine Auseinandersetzung mit dem Komponisten bieten **»Hörstationen«** mit unterschiedlichen Interpretionen einzelner Werke.

Eine **Klanginstallation** des Weimarer Künstlers Robin Minard, bei der eine zig Meter lange Klaviersaite durch das ganze Haus gespannt ist, verbindet die beiden Museumsstockwerke.

★ Markt

Lage: Stadtzentrum

Der Markt, Mittelpunkt der Altstadt, ist nicht nur für die Gäste des berühmten und traditionsreichen Hotels »Elephant« eine gute Adresse.

Der bereits um 1300 angelegte, etwa 60 m × 60 m große Platz ist für Weimarer und Touristen gleichmaßen die »Zentrale« der Stadt. Hier »residiert« der Oberbürgermeister, das berühmteste Hotel der Stadt

Weimars »Zentrale« mit großen Neptunbrunnen, der alten Hofapotheke, Pferdekutschenstation und einem Straßencafé vor dem Stadthaus

empfängt hier seine Gäste und im Stadthaus kümmert man sich um die Touristen. Und wer den Zwiebelmarkt (► Baedeker Special S. 168) im Oktober verpasst, versorgt sich mit den hübsch geflochtenen Weimarer Zwiebelzöpfen auf dem Obst- und Blumenmarkt, der tagsüber auf dem Marktplatz abgehalten wird.

Stadthaus Seit dem 16. Jahrhundert wird der Markt von Renaissancebauten gesäumt, zu denen an der Ostseite das Stadthaus mit der **Tourist-Information** (► S. 58) und dem »Ratskeller« sowie das Cranachhaus zählen. Das Stadthaus wurde Mitte des 16. Jh.s an der Stelle eines Vorgängerbaus im Stil der Frührenaissance und mit schönem Blendmaßwerk am Giebel errichtet;

1803/1804 gestaltete der Architekt Heinrich Gentz das Obergeschoss um und schuf einen Festsaal. Im Zweiten Weltkrieg zerstört, wurde beim Wiederaufbau in den 1970er-Jahren die Fassade in ihrer ursprünglichen Form wieder hergestellt; innen wurde das Gebäude jedoch modern ausgebaut.

Einige Schritte weiter präsentiert sich das Cranachhaus (Markt 11/ ✳
12) als farbenfrohes Doppelhaus. Das Gebäude mit den beiden cha-   **Cranachhaus**
rakteristischen Giebeln wurde von 1547 bis 1549 von Landesbau-
meister Nicol Gromann errichtet. Bauherr der linken Haushälfte
(Nr. 11) war Kanzler Christian Brück, der Schwiegersohn **Lucas Cranachs d. Ä.** Cranach zog im September 1552, ein Jahr vor seinem
Tod, in das bemerkenswert schöne Haus, das zu den größten Leistungen der Renaissancebaukunst in Thüringen zählt.

Im dritten Stock lag die **»Malstube« Cranachs**, in der er mit der
Arbeit an dem berühmten Altarbild für die ▶ Stadtkirche St. Peter
und Paul begann. Am 16. Oktober 1553 starb der Meister hier im
Alter von 81 Jahren. Sein Sohn Lucas, der ebenfalls in diesem Haus
wohnte, vollendete nach dem Tod des Vaters die Gemälde für den
Flügelaltar.

Untergebracht ist im Cranachhaus neben der »Thüringer Tanz-Aka-
demie« auch die »Klassik-Bühne« des kleinen **»Theaters im Gewölbe«.** Das im Jahr 2002 gegründete Theater spielt vor allem Stücke
über Leben und Werk der beiden Dichterheroen Johann Wolfgang
von Goethe und Friedrich Schiller

Das Rathaus an der gegenüberliegenden Seite des Markts, in früheren   **Rathaus**
Zeiten durch einen unterirdischen Gang mit dem Stadthaus verbunden, ist ein stattlicher neugotischer Bau aus der Mitte des 19. Jahrhunderts.

Auf dem Marktplatz befand sich bereits Ende des 14. Jh.s ein Rathaus, das dem großen Stadtbrand von 1424 zum Opfer fiel. Einige
Jahre später entstand ein Neubau, der 1560 bis 1583 im Stil der Renaissance umgebaut wurde. Das Rathaus schob sich damals mit einem Stufengiebel in den Platz vor.

Im Jahr 1837 brannte der Renaissancebau ab; erhalten blieben nur
das Stadtwappen, ein steigender schwarzer Löwe auf goldenem, mit
roten Herzen übersätem Schild, und zwei schöne steinerne Portale,
die in den neogotischen Neubau eingearbeitet wurden.

Eines der beiden Portale trägt die Inschrift: »HAT IMANT EIN
AMBT, DAS WARTE ER MIT VLEIS« und – um das Wappen herum
– den Vermerk: »VOL BRACHT WORDEN ANNO 1583 IST DIE-
SER BAW«.

Das dreigeschossige, nach Entwürfen des Architekten **Heinrich Heß**
gebaute und im Jahr 1841 fertiggestellte Gebäude besitzt im Erdgeschoss einen Vorbau. An den Fassaden sieht man spitzbogige Fens-
teröffnungen und eine Reihe gotischer Schmuckelemente.

Von April bis November erklingt täglich um 10.00, 12.00, 15.00 und   ◀ Glockenspiel
17.00 Uhr – im Sommer zusätzlich um 18.00 Uhr – ein 35-teiliges
Glockenspiel aus **Meißner Porzellan**. Im Jahr 1987 installiert, hat es
auch das »Deutschlandlied« in seinem Repertoire von insgesamt
36 Melodien. In einem kleinen weinseligen Akt von zivilem Unge-
horsam hatte damals das Team um den Dresdner Musikprofessor
Schwarz und »Glockenwart« Dieter Kammler die »fremde« National-

Und aus den Zwiebelzöpfen gibt's dann den ganz speziellen Weimarer Zwiebelkuchen:

Aus 150 g Mehl, einem halben Päckchen Trockenhefe, einem TL Zucker, einer ordentlichen Prise Salz und ca. 1/8 l Milch einen Hefeteig herstellen und gehen lassen. 100 g durchwachsenen Speck würfeln und in der Pfanne kross auslassen, die Speckwürfel herausnehmen und in dem Fett 1 kg grob gehackte Zwiebeln glasig andünsten. 2 Eier und 1/8 l Sahne verquirlen, mit den Zwiebeln und dem Speck mischen, mit Salz, Pfeffer und Kümmel abschmecken und auf den ausgerollten Teig geben. Im vorgeheizten Ofen bei 225 °C bzw. Stufe 4 (Gas) ca. 30 bis 40 Minuten goldbraun

AUF ZUM ZWIEBELMARKT!

Neben Kirmesfesten, die in den Thüringer Städten und Dörfern immer gern gefeiert wurden, erfreuen sich die Märkte großer Beliebtheit. Am zweiten Wochenende im Oktober feiert Weimar alljährlich seinen Zwiebelmarkt.

Er ist der einzige Markt in Weimar, der als ganz besonderes Volksfest seit dem Mittelalter bis heute erhalten geblieben ist. Die Schauplätze sind Frauenplan, Schillerstraße, Theater- bis Goetheplatz und Graben, Burgplatz und Markt. Die erste Erwähnung dieses »Viehe- und Zippelmarktes« geht auf das Jahr 1653 zurück.

Zwiebeln, Zwiebeln, Zwiebeln

Im Herbst kommen die Besucher von nah und fern wegen der »siebenhäutigen Königin«, der Zwiebel, nach Weimar; bereits eine Woche vor dem Fest wird jedes Jahr auch die **»Zwiebelkönigin«** gewählt.
Zwiebeln, bunt und in kunstvolle Rispen gebunden, in Türmen und zu Pyramiden gestapelt, werden am Markt feilgeboten, wo sich ein Stand an den anderen reiht. Die Sitte, Zwiebeln zu Zöpfen zu binden, beruht nicht zuletzt auf wirtschaftlichen Überlegungen. Die Bauern aus dem Umland, besonders die Heldrunger Gemüsebauern, transportierten die Zwiebeln anfangs in Säcken und Körben, bis einer von ihnen auf die Idee kam, die Früchte in Form von Zöpfen anzubieten. Die Käufer sprachen darauf gut an und die »Zwiebelzöpfe« wurden bald zur Attraktion.
Wer auf dem Markt und in den umliegenden Straßen der Fußgängerzone flaniert, kann jederzeit eine Stärkung zu sich nehmen, z. B. Bier und Zwiebelkuchen.

hymne in das Programm ihres russischen Computers für das Weimarer Glockenspiel aufgenommen. Gespielt wurde Joseph Haydns Melodie bislang aber noch nicht ein einziges Mal.

Unmittelbar neben dem Rathaus liegt das Geburtshaus von **Carl Friedrich Zeiss** (1816 – 1888), dem Gründer der Firma Carl Zeiss Jena. Zeiss ging bei einem Mechaniker in Jena in die Lehre und hörte an der Universität Vorlesungen über Mathematik und Physik. 1846 eröffnete er in Jena eine Werkstatt, aus der sich das spätere Unternehmen für optische und feinmechanische Geräte entwickelte. Eine Zeitlang hat Carl Zeiss auch in der Kaufstr. 1 gewohnt; an dem Haus ist noch ein schönes Barockportal erhalten.

Geburtshaus von Carl Zeiss

> ! **Baedeker** TIPP
>
> ### Die Beste
>
> Fragt man die Weimarer nach der besten Bratwurst, sind sich viele darüber einig, dass man diese nicht in entlegenen Dörfern suchen muss. Denn eine der besten Bratwürste überhaupt gibt es auf dem Markt! Und zwar an dem Stand zwischen Neptunbrunnen und Rathaus.

An der Nordseite des Markts steht »seit 1567« – wie über dem Eingang zu lesen ist – die **»Hofapotheke«**, die älteste Apotheke der Stadt. Das im Zweiten Weltkrieg zerstörte Gebäude wurde von 1988 bis 1991 rekonstruiert, inklusive eines wunderschön ornamentierten Renaissance-Erkers, der bei den Restaurierungsarbeiten gefunden wurde und noch von dem Vorgängerbau stammt.

Vor der Hofapotheke steht der Ende des 16. Jahrhunderts aufgestellte, heute denkmalgeschützte Neptunbrunnen mit einem großen, achteckigen Becken aus Berkaer Sandstein. Den Brunnen zierte zuerst ein steinerner Löwe – das Wappentier Weimars –, der 1774 durch den von **Martin Gottlieb Klauer** (1742 – 1801) geschaffenen Neptun ersetzt wurde.
Die heutige Brunnenfigur ist allerdings bereits die dritte Kopie, das Original wird in den Kunstsammlungen zu Weimar (►Stadtschloss) aufbewahrt.

Neptunbrunnen

An der Südseite des Markts steht das 1696 als Gasthaus gegründete, heutige Fünf-Sterne-Hotel »Elephant« (►Baedeker Special S. 84), das mit seinen Edelrestaurants »Anna Amalia« und »Elephantenkeller« zahlungskräftige Gäste empfängt.
Der **älteste Gasthof Weimars** ist jedoch der benachbarte, 1540 erstmals urkundlich erwähnte »Schwarze Bär«. Während des Dreißigjährigen Kriegs waren dort schwedische Truppen einquartiert.
Nach Osten hin schlossen sich das Hotel »Zum Erbprinzen« und die Weinstube »Fürstenkeller« an. An dem Gebäude des ehemaligen »Fürstenkellers«, einem Eckhaus, erinnert nur eine kleine Bronzetafel daran, dass hier **Johann Sebastian Bach** (►Berühmte Persönlichkeiten) während seiner Weimarer Zeit gewohnt hat.

Hotel Elephant

Marstall

Lage: Marstallstr. 2

Internet: www.thueringen.de/de/staatsarchive/weimar

In dem Neorenaissancekomplex beim Kegelplatz wird die Vergangenheit der Stadt und des Landes archiviert und aufbewahrt. Die unselige Rolle, die der einstige großherzogliche Marstall in der Zeit der Nazidiktatur spielen musste, wurde aber nicht in Aktenschränken verschlossen, sondern ist als »begehbare Skulptur« im Innenhof deutlich zu sehen.

Thüringisches Hauptstaatsarchiv

Das riesige Gebäude an der Marstallstraße beherbergt heute die **zeitgeschichtliche Abteilung** des Hauptstaatsarchivs des Freistaats Thüringen. Die Archivalien aus dem Mittelalter bis zum Ende des Ersten Weltkriegs werden in einer Zweigstelle des Archivs am Beethovenplatz aufbewahrt.

Bereits 1383 wurde vom Deutschritterorden an der Stelle des Marstalls Weimars erstes Spital errichtet. Seit dem 15. Jh. befanden sich hier Wirtschaftsgebäude und Stallungen des Weimarer Hofes; später

»Zermahlene Geschichte« im Innenhof des Marstalls

war in dem Gebäude der Hofpoststall untergebracht. 1816 plante Herzog Carl August, einen »neuen Marstall« bauen zu lassen, aber erst in den Jahren 1873 bis 1878 konnte die alte baufällige Anlage ersetzt werden. Die Entwürfe des Neorenaissancegebäudes stammten von dem Oberbaudirektor **Ferdinand Streichhan**. Eine Reithalle im Innenhof kam um 1900 hinzu. In den 1920er-Jahren diente das zweigeschossige Gebäude als Sitz des Justiz- und des »Volksbildungsministeriums« des neu gegründeten Landes Thüringen.

Nachdem 1935 das Thüringer Justizministerium aufgelöst worden war, installierten die Nationalsozialisten in dem Gebäude die Gestapo-Zentrale des Landes. In den Kellerräumen und in der umgebauten Remise im Innenhof wurden Gefängniszellen eingerichtet, in die hauptsächlich politische Gefangene des Naziregimes gesperrt wurden. Die allermeisten Inhaftierten wurden nach einiger Zeit in das Konzentrationslager ► Buchenwald verbracht. Eine Verwaltungsbaracke entstand 1938 zusätzlich im Hof. Mitte 1942 richtete die Gestapo in der Reithalle ein »Sammellager« ein. Von dort wurde die jüdische Bevölkerung in KZs und Vernichtungslager transportiert.

Nach dem Zweiten Weltkrieg wurde der Marstall wieder als Archivgebäude für das Thüringische Landeshauptarchiv genutzt. Nach der Auflösung des Landes Thüringen 1952 kamen dort – bis 1990 – Verwaltungseinrichtungen des Bezirks Erfurt unter. Seit der Neugründung des Freistaats Thüringen ist der ehemalige Marstall wieder Sitz des Hauptstaatsarchivs des Landes.

Die überkommene Gestapobaracke und der Gefängnisbau mussten Mitte der 1990er-Jahre wegen eines Magazinneubaus unter dem Innenhof abgerissen werden. In einer »öffentlichen Kunstperformance« wurden Ende 1997 die Abbruchreste zermahlen und in Containern – die Archivschachteln nachgebildet waren – als **»Zermahlene Geschichte«** ausgestellt. Nach der Fertigstellung des Tiefenmagazins im November 2002 wurden mit dem zerkleinerten Abbruchmaterial die Grundrisse der ehemaligen Gestapo-Gebäude nachgezogen und als **»begehbare Skulptur«**, als »Zermahlene Geschichte«, wieder sichtbar gemacht worden.

Eine **Ausstellung** zur Geschichte des Marstalls im »Dritten Reich« in den erhalten gebliebenen Gestapo-Gefängniszellen ist während der Archiv-Öffnungszeiten (Mo. – Mi. 8.00 – 16.00, Do. bis 18.00 Uhr) ⊙ nach Voranmeldung unter Tel. 036 43 / 87 01 07) zugänglich.

★ Museum für Ur- und Frühgeschichte Thüringens

C 15

Lage: Humboldtstr. 11
Bus: Linie 6

Internet: www.thueringen.de/denkmalpflege

Steinzeitliche Behausungen, Werkzeuge, Waffen und Münzen der Kelten, römisch-germanische Töpfereien und die Überreste des allerältesten Thüringers: Das für einen Besuch mit Kindern überaus geeignete Ur- und Frühgeschichtsmuseum zeigt sehr anschaulich die 400 000-jährige Geschichte des Landes.

Das Museum für Ur- und Frühgeschichte Thüringens ging aus dem »Naturwissenschaftlichen Museum« hervor, das 1889 in einigen Räumen einer Schule hinter der Herderkirche (► Stadtkirche St. Peter und Paul) eingerichtet worden war. Grundstock des Museums waren die ethnografischen naturkundlichen Sammlungen des Arztes **Bruno Schwabe** (1834 – 1918), der seine Schätze der Stadt vermachte. Rasch kamen weitere steinzeitliche, antike und mittelalterliche Exponate hinzu und das Museum zog in sein heutiges Domizil um: das 1792 gebaute ehemalige Palais des Kammerherrn von Poseck.

Anfang der 1900er-Jahre ist das Museum für Ur- und Frühgeschichte vom Freistaat Thüringen übernommen worden und steht seither unter der Ägide des Landesamts für Denkmalpflege und Archäologie.

⊙
Öffnungszeiten:
Di. 9.00 – 18.00,
Mi. – Fr.
9.00 – 17.00,
Sa. u. So.
10.00 – 17.00
Führungen:
n. V. unter
036 43 / 81 83 30

Lebensgroße Nachbildungen wie die von Steinzeitmenschen in ihrer Wohnhöhle bilden den besonderen Reiz des Museums.

Im Mittelpunkt der Ausstellung steht die 400 000-jährige Siedlungsgeschichte des heutigen Thüringer Raums, v. a. die geistig-kulturelle und soziale Entwicklung der zahlreichen Völker und Völkchen, die hier gelebt haben.

Mit zum Teil lebensgroßen Nachbildungen von Menschen, mit Rekonstruktionen von Behausungen, Werkstätten und Gräbern, mit Modellen, Schautafeln und unzähligen archäologischen Funden vermittelt das Museum ein lebendiges Bild vergangener Epochen, von Kelten, Germanen und Römern, Franken und Slawen.

Die auf zwei Etagen präsentierte Ausstellung beginnt mit einer Darstellung der Entwicklung des Menschen. 400 000 Jahre alte Reste eines Homo erectus, die bei Bilzingsleben am nördlichen Rand des Thüringer Beckens gefunden wurden, und die 200 000 Jahre alten Reste eines Homo sapiens, Anfang des 20. Jh.s in einem Travertinsteinbruch im heutigen Weimarer Stadtteil Ehringsdorf entdeckt, sind bislang die ältesten Thüringer.

Die **Nachbildung einer Wohnhöhle** aus der jüngeren Altsteinzeit (40 000 bis 8000 v. Chr.) und die Rekonstruktion eines jungsteinzeitlichen Hauses, ausgestattet mit einem »Webstuhl«, Einrichtungsgegenständen und Werkzeugen, geben einen kleinen Einblick in das Leben der Menschen vor Tausenden von Jahren.

Die mit Hilfe alter Grabungsunterlagen nachgebaute **Totenhütte von Leubingen** (Kreis Sömmerda) mit ihren reichen Beigaben, ein Grabhügel aus dem Merzelbachwald (Kreis Meiningen), Sicheln aus Bronze, Waffen und Werkzeuge aus Eisen, Töpferscheiben, Schmuck und Münzen geben Aufschluss über die Kultur und die gesellschaftliche Entwicklung in der Bronze- und Hallstattzeit.

Zahlreiche Exponate, auch eine **teilrekonstruierte Töpferei**, belegen die intensiven Beziehungen des im 1. Jh. v. Chr. in Thüringen siedelnden germanischen Stammes der Hermunduren zu den Römern. Waffen, Handelsgüter und v. a. Goldschmuck aus reich ausgestatteten Gräbern wie das der **»Frau von Oßmannstedt«** bestätigen die historisch überlieferten Kontakte des Königreichs Thüringen zu Hunnen und Ostgoten im 5. und 6. Jahrhundert.

Die Herrschaft der Franken und den Einfluss der westlich der Saale siedelnden Slawen bzw. Sorben im frühen Mittelalter dokumentieren die letzten Abteilungen der Ausstellung. Fundstücke und große Schautafeln erläutern die Herausbildung einer Feudalgesellschaft, die Entstehung von Pfalzen, Burgen und Städten, neue landwirtschaftliche Techniken und die allmähliche Durchsetzung des Christentums.

✸ Neues Museum

A 15

Lage: Weimarplatz 5   **Internet:** www.klassik-stiftung.de

Das Neue Museum in dem repräsentativen Neorenaissancebau des einstigen Landesmuseums am Rathenauplatz präsentiert sich als erstes Museum für internationale zeitgenössische Kunst in den neuen Bundesländern.

In den Jahren 1863 bis 1869 nach Plänen des tschechischen Architekten Josef Zítek erbaut, war der zweigeschossige Bau mit Freitreppe und großen Rundbogenfenstern als Ausstellungsort für die großherzogliche Kunstsammlung konzipiert. Bald als Tempel für zeitgenössische Kunst etabliert, fanden hier bis in die 1920er-Jahre Ausstellungen moderner Kunst statt.

Ein unrühmliches Kapitel in der Geschichte des Hauses wurde 1939 geschrieben, als die Nationalsozialisten hier ihre nachmals berüchtigte Wanderausstellung »Entartete Kunst« zeigten.

Im Zweiten Weltkrieg wurde das Gebäude schwer beschädigt und nach der endgültigen Schließung 1952 dem Verfall überlassen. Nach der Sanierung in den 1990er-Jahren wurde das Museum im Kulturstadtjahr 1999 wieder eröffnet.

Kernstücke des Museums sind das von dem französischen Künstler **Daniel Buren** neu gestaltete Treppenhaus und die Prellergalerie im Obergeschoss mit dem 16-teiligen Freskenzyklus »Odyssee« von **Friedrich Preller d. Ä.** (1804 – 1878).

Besuchermagnet ist die Installation »Das Zimmer«, die die Schweizerin **Pipilotti Rist** 1998 im Museumsfoyer einrichtete, u. a.

⏲
Öffnungszeiten:
April – Okt.
Di. – So.
11.00 – 18.00,
Nov. – März
Di. – So.
11.00 – 16.00

mit überdimensioniertem knallroten Sofa und Sessel. Ein Raum widmet sich dem Œuvre des Malers und Bildhauers **Anselm Kiefer**, der sich in seinen Werken mit der deutschen Geschichte auseinandersetzt. Neben der ständigen Ausstellung werden im Neuen Museum auch Wechselausstellungen zur Kunst des 20. und 21. Jahrhunderts gezeigt.

Dependance im e-werk

Ein kurzer Spaziergang führt vom Neuen Museum zu seiner »Dependance im e-werk« (Am Kirschberg 7). In einem ehemaligen Straßenbahndepot auf dem Gelände des stillgelegten E-Werks stellt die deutsche Künstlerin Rebecca Horn ihre im Jahr 1999 entworfene Rauminstallation **»Konzert für Buchenwald«** aus, »ein Versuch, sich dem Ort des Konzentrationslagers Buchenwald künstlerisch zu nähern«, und zugleich eines der bedeutendsten zeitgenössischen Kunstwerke, die den Holocaust thematisieren (Öffnungszeiten: Mai bis Okt. Sa. u. So. 12.00 – 18.00 Uhr).

Spiegel-Treppenhaus des Neuen Museums

✷ Nietzsche-Archiv

G 8

Lage: Humboldtstr. 36 **Internet:** www.klassik-stiftung.de
Bus: Linie 6

Eines der schönsten Jugendstilinterieurs seiner Zeit, entworfen von dem belgischen Architekten Henry van de Velde, ist in der als Nietzsche-Archiv bekannten Gründerzeitvilla zu bewundern.

Öffnungszeiten:
April – Okt. Di. – So.
13.00 – 18.00

Etwas außerhalb des Stadtzentrums liegt die **»Villa Silberblick«**, in der der Schriftsteller und Philosoph Friedrich Nietzsche (1844 bis 1900) seine letzten drei Lebensjahre verbrachte. Im sächsischen Röcken als Sohn eines Pfarrers geboren, lehrte Nietzsche von 1869 bis 1879 als Professor für klassische Philologie an der Universität Basel und lebte danach bis zu seinem geistigen Zusammenbruch 1889 als freier Autor an verschiedenen Orten. Nach seiner Erkrankung pflegten ihn seine Mutter und seine Schwester Elisabeth in Naumburg an der Saale. Nach dem Tod der Mutter 1897 übersiedelte **Elisabeth Förster-Nietzsche** nach Weimar – zusammen mit ihrem geistig umnachteten Bruder und dem 1894 in Naumburg gegründeten Nietz-sche-Archiv. In der »Goethe-Stadt« sollte Nietzsche als »neuer Klassi-ker erstrahlen«. Zwei Jahre nach dem Tod Nietzsches kaufte Elisabeth die von der Schweizer Schriftstellerin und Historikerin Meta von Salis-Marschlins (1855 – 1929) zur Verfügung gestellte »Villa Silber-blick« und ließ die Archivräume im Erdgeschoss umbauen. Es ent-standen eine Bibliothek, ein Arbeits- und ein Schlafzimmer, die als Nietzsche-Gedenkstätte eingerich-tet wurden. Zusätzlich erhielt die Villa einen repräsentativen Vorbau. Nach dem Zweiten Weltkrieg wur-de das Nietzsche-Archiv aufgelöst. Nietzsche selbst galt in der DDR wegen der Vereinnahmung durch die Nationalsozialisten – u. a. folgte Adolf Hitler im Januar 1932 einer Einladung Elisabeth Förster-Nietz-sches zum Besuch des Archivs – als »Persona non grata«. Sein Nachlass und die Bestände des Archivs ka-men ins Goethe- und Schiller-Ar-chiv, die Herzogin Anna Amalia Bibliothek übernahm seine Biblio-thek.

Die »Villa Silberblick« diente bis zu ihrer umfassenden Restaurierung Anfang der 1990er-Jahre als Gäste-haus der Nationalen Forschungs-und Gedenkstätten, der Vorläuferin

Nietzschehaus und Jugendstilmuseum: die Villa »Silberblick«

der Klassik Stiftung Weimar. Seitdem sind die von dem Jugendstil-künstler und Gründer der Weimarer Kunstgewerbeschule **Henry van de Velde** gestalteten Räume wieder zu besichtigen. Eine kleine **Aus-stellung** im einstigen Speisezimmer erzählt die Geschichte des Hau-ses und des Archivs.

★★ Oßmannstedt · Wieland-Museum

Ausflugsziel

Lage: 10 km nordöstlich von Weimar   **Internet:** www.klassik-stiftung.de

Leben und Werk von Christoph Martin Wieland stehen im Mittel-punkt des frisch sanierten und neu eingerichteten Literaturmu-seums im ehemaligen Gutshof Oßmannstedt, das der Dichter, Über-setzer und Journalist sechs Jahre lang bewohnte. Und der spätba-rocke Gutspark ist heute wieder jene Oase der Ruhe und Zurückgezogenheit, die der »poetische Landjunker« so schätzte.

🕐
Öffnungszeiten:
April – Okt. Di. – So.
10.00 –18.00,
Nov. – März
Sa. und So.
10.00 –16.00

Etwa in der Mitte zwischen Weimar und Apolda liegt an der Ilm das Gut Oßmannstedt, das der vielseitige Schriftsteller **Christoph Martin Wieland** (▶ Berühmte Persönlichkeiten) Anfang des Jahres 1797 für 22 000 Taler erwarb. Das zweistöckige Gutshaus, das der 63-jährige Wieland mit seiner großen Familie bezog, wurde 1757 für den Weimarer Minister Reichsgraf Heinrich von Bünau an der Stelle eines Wasserschlosses errichtet. Nach dem Tod Bünaus 1762 kaufte Herzogin Anna Amalia das Anwesen, ließ den umgebenden Park mit Brunnenhaus und Rosengarten anlegen und nutzte das Gut bis zum Regierungsantritt ihres Sohnes Carl August als Sommersitz.

Stolz berichtete Wieland in zahlreichen Briefen über sein **»Osmantinum«**, wie er das Gut – in Anlehnung an Horaz' Landhaus »Sabinum« – nannte. »In meinem Hause zu Oßmannstedt«, schrieb er 1797 an seinen Verleger Georg Joachim Göschen, »befinde ich mich ununterbrochen wohl und munter ...« und »... arbeite an meinem Schreibtisch mit Sukzeß ...« Hier konnte er »von aller Abhänglichkeit« frei sein und sich ausschließlich seinen literarischen und publizistischen Arbeiten widmen.

Viele seiner Freunde, Bekannten und Bewunderer, u. a. Herzogin Anna Amalia, die den Dichter im September 1772 als Prinzenerzieher nach Weimar berufen hatte, Goethe, Herder, Jean Paul, Heinrich von Kleist, Sophie von La Roche und der Verleger Göschen, genossen häufig Wielands Gastfreundschaft in Oßmannstedt. Doch der Dichter hatte sich mit dem Kauf seines Refugiums finanziell übernommen. Bereits wenige Jahre später stieß Wieland das wenig ertragreiche Gut wieder ab und kehrte 1803 nach Weimar zurück.

Wieland-Museum Seit 1953 befindet sich in dem einstigen Gutshaus, das 1991 in den Besitz der heutigen Klassik Stiftung Weimar überging, eine Wieland-Gedenkstätte. Mit Unterstützung des Mäzens und Wieland-Forschers Jan Philipp Reemtsma konnte das Wielandgut in den Jahren 2003 bis 2005 umfassend saniert und das Museum neu konzipiert werden.

Zu besichtigen sind jene Räume im Obergeschoss des Gutshofes, die Wieland bewohnt hatte: **Musik-, Kamin-** und **Arbeitszimmer** wurden mit Mobiliar und persönlichen Erinnerungsstücken Wielands, mit Dokumenten und Büchern, mit Plastiken, Gemälden und Grafiken eingerichtet. Vorgestellt werden Biografie und Werk Wielands, seine weltliterarische Bedeutung und seine Aktualität.

Mit Hilfe eines »Personal Digital Assistent« (PDA) erhalten die Besucher zusätzliche Informationen zu den einzelnen Ausstellungsstücken; Nach dem Rundgang können die digital gespeicherten Informationen auf einem Datenträger mit nach Hause genommen und in aller Ruhe studiert werden.

Brunnenanlage mit wasserspeiendem Fisch im idyllischen Park von Christoph Martin Wielands Gut Oßmannstedt

Der jederzeit zugängliche wiederhergestellte Gutspark, jahrzehntelang landwirtschaftlich genutzt, ist eine der letzten barocken Parkschöpfungen in Deutschland. Sehenswert ist v. a. das von Blumenbeeten umgebene Brunnenhaus mit einem großen Wasserbecken und einem Wasserspeier in Form eines Delfins. **Park**

In dem Park fand Christoph Martin Wieland – gemäß seinem Wunsch – seine letzte Ruhestätte. Nahe am Ufer der Ilm wurden er, seine Frau und die 24-jährig im September 1800 in Oßmannstedt verstorbene **Sophie Brentano** in einem Gemeinschaftsgrab beigesetzt. Sophie Brentano, die in ihren letzten Lebensmonaten bei der Familie ihres väterlichen Freundes lebte, war die Enkelin der Schriftstellerin und Jugendliebe Wielands Sophie von La Roche. ◄ Wielands Grab

Das Gut Oßmannstedt, »symbolischer Ort für die deutsche Spätaufklärung« (Jan Philipp Reemtsma), bietet aber nicht nur dem Literaturmuseum Platz. Seit seiner Wiedereröffnung im Sommer 2005 hat dort auch die Bildungsstätte der neu gegründeten **Weimar-Jena-Akademie** ihren Sitz, die Seminare und Tagungen über literarische, philosophische und historische Themen veranstaltet und an einer historisch-kritischen Ausgabe der Werke Christoph Martin Wielands arbeitet. **Bildungsstätte**

Umgebung von Oßmannstedt

Apolda, ca. sechs Kilometer östlich von Oßmannstedt, ist als Glockengießerstadt bekannt, deren über 200 Jahre währende Tradition als Glockenproduzentin 1988 zu Ende ging. Hier wurden z. B. 1923 ✶ **Apolda** der 24 t schwere »decke Pitter«, die weltgrößte frei schwingende Glocke, für den Kölner Dom und nach dem Zweiten Weltkrieg die Glocken für die Gedenkstätte ▶ Buchenwald gegossen. Doch ganz »glockenlos« ist Apolda nicht: Zusammen mit dem **Stadtmuseum**, das die Geschichte des Orts vorstellt, ist das **Glockenmuseum** in der Bahnhofstraße 41 untergebracht. Neben der »Glockenarchäologie« und der Geschichte der Glockengießerei faszinieren vor allem die aus aller Herren Länder stammenden Instrumente. Und viele der ausgestellten Hand-, Schiffs-, Tempel-, Tier-, Turm-, Schiffs- und Uhrglocken dürfen auch angeschlagen werden (Öffnungszeiten: Di. – So. 10.00 – 18.00 Uhr; www.glockenmuseum-apolda.de).

Nur wenige Schritte weiter lädt das **»Kunsthaus Apolda Avantgarde«**, das seit 1995 mit Wechselausstellungen überregionale Beachtung gefunden hat, in sein Domizil, eine um 1870 im italienischen Landhausstil gebaute Villa (Bahnhofstr. 42; Öffnungszeiten: Di. – So. 10.00 – 18.00 Uhr; www.kunsthausapolda.de).

★ ★ Park an der Ilm

G/H 9/10

Lage: zwischen Stadtschloss und Oberweimar

Weimars Spazier- und Flaniermeile, der von dem Flüsschen Ilm begleitete und von Wegen, Pfaden und Brücken durchzogene Park, hat sich, seit er in der Zeit der Weimarer Klassik angelegt wurde, kaum verändert. Mit seinen Denkmälern, Grotten und historischen Gebäuden gehört er zu den großen Attraktionen der Stadt, doch vor allem ist der Ilmpark eine Oase der Ruhe und Entspannung.

Ladschaftspark aus klassischer Zeit
Die Parkanlage – im Westen durch die Belvederer Allee, im Osten durch die Straße »Am Horn« begrenzt – zieht sich vom ▶ Stadtschloss etwa zwei Kilometer weit rechts und links der Ilm bis fast nach Oberweimar. Vorläufer des Parks waren zur Zeit der Renaissance entstandene, später barock umgestaltete Gartenanlagen.

Die heutige Parkanlage entstand zwischen 1778 und 1828 unter maßgeblicher Beteiligung von Goethe und Herzog Carl August. Den Beginn der Gestaltung eines Landschaftsparks markiert das am 9. Juli 1778 in den Gärten an der Ilm gefeierte **»Luisenfest«**. Für die Feier zum Namenstag der Herzogin Luise, der Gattin des Herzogs Carl August, waren bereits einige Veränderungen an den ursprünglichen Gärten und umgebenden Grünflächen vorgenommen worden. »Der Tag zeigte sich vollkommen günstig, die rings umgebende Grüne voll und reich«, erinnerte sich Goethe später. »Ein über Felsen herabstürzender Wasserfall, welcher von uns malerisch genug angelegt war, erteilte dem Ganzen ein frisches romantisches Wesen, welches dadurch erhöht wurde, dass man eine Szene der Art in solcher Nähe, an so wüster Stelle keineswegs hatte vermuten können. Das Ganze

Nachmittagspicknick im sommerlichen Park an der Ilm

war künstlerisch abgeschlossen, alles Gemeine beseitigt; man fühlte sich so nah und fern vom Hause, dass es fast einem Märchen glich.« Die Anlage des rund 50 ha großen Parks erfolgte allerdings nicht nach einem bestimmten, festgelegten Plan, vielmehr entstand sie in Etappen und nach den Möglichkeiten, die sich durch die Flusslandschaft ergaben; leiten ließ man sich dabei auch von Vorbildern aus Malerei und Literatur.

Der alte, einzeln oder in Gruppen gepflanzte Baumbestand – sowohl heimische als auch importierte Baumarten wie Amerikanische Eichen und Tulpenbäume – blieb weitgehend erhalten. Die großräumigen Rasenflächen des Parks sind durch Wege und Brücken miteinander verbunden. Im Osten verläuft der Corona-Schröter-Weg, an dem das berühmteste Gebäude des Parks liegt: **Goethes Gartenhaus**. Benannt ist der Weg nach einer berühmt gewordenen Schauspielerin, die auf Betreiben Goethes 1776 ein Theaterengagement in Weimar erhielt und auch als Malerin hervortrat.

Die meisten Sehenswürdigkeiten des Parks liegen in dem der Stadt zugewandten Teil. Etwas nördlich vom Stadtschloss steht ein Denkmal für den **polnischen Nationaldichter** Adam Mickiewicz (1798 bis 1855), das 1956 von Gerhard Thieme errichtet wurde. Der große Goetheverehrer Mickiewicz, der 1829 Gast bei der Geburtstagsfeier des Dichterfürsten war, gilt als Begründer und herausragendster Vertreter der polnischen Romantik

Adam-Mickiewicz-Denkmal

Sphinxgrotte, Läutraquelle

Nahe der Sternbrücke, die vom Schloss über die Ilm führt, findet sich eine künstliche Grotte mit einer von Gottlieb Martin Klauer geschaffenen Sphinx; den Entwurf dazu lieferte Georg Melchior Kraus. Daneben liegt die ummauerte Quelle der Läutra – im Volksmund **»Ochsenauge«** genannt –, ein kleiner Bach, der nach wenigen Metern in die Ilm mündet. In der Quelle mit ihrem sauberen, klaren Wasser wuschen in früheren Zeiten die Weimarerinnen ihre Wäsche.

ℹ Weimarer Dreieck

■ Im Rahmen des »Weimarer Dreiecks«, das seit 1991 in unregelmäßiger Folge und an wechselnden Orten als Treffen der drei Staatsoberhäupter von Deutschland, Frankreich und Polen stattfindet, verleiht das gleichnamige Komitee gemeinsam mit der Stadt Weimar seit 2006 jährlich den Adam-Mickiewicz-Preis für besondere Verdienste um die Partnerschaft der drei Länder.

Südlich vom Schloss steht das Denkmal des Schriftstellers und Mitbegründers der Zeitschrift »Weimarer Beiträge« **Louis Fürnberg** (1909 – 1957), das 1961 von dem tschechischen Bildhauer Martin Reimer geschaffen wurde. Fürnberg war nach dem Zweiten Weltkrieg erster Botschaftsrat der damaligen Tschechoslowakei in der DDR. Nach seiner Übersiedlung 1954 nach Weimar arbeitete er als stellvertretender Direktor der Nationalen Forschungs- und Gedenkstätten, der heutigen Klassik Stiftung Weimar.

Ehemaliges Reithaus

In der Nähe des Denkmals liegt an der Ilm das ehemals fürstliche Reithaus, ursprünglich ein Barockbau, dem der Architekt Heinrich Gentz 1803/1804 eine klassizistische Gestalt gab. 1768 gastierte dort eine Theatergruppe und machte die Weimarer mit Lessings »Minna von Barnhelm« bekannt.

Das vor der Wende als »Pionierhaus« genutzte Gebäude, in dem eine Kinderbibliothek, eine kleine Bühne für Theateraufführungen und verschiedene Werkstätten untergebracht waren, konnte auch nach der Wende für die Kinder- und Jugendarbeit erhalten bleiben.

Borkenhäuschen

Weiter südlich, nahe einer Brücke über die Ilm, kommt man zu der Stelle, an der das oben erwähnte »Luisenfest« veranstaltet wurde. Das kleine Holzbauwerk, das dort etwas erhöht steht, ist mit Baumrinde verkleidet und heißt daher »Borkenhäuschen«. In den ersten Jahren seiner Regierungszeit zog sich Herzog Carl August gern an diesen lange Zeit auch **»Luisenkloster«** genannten Ort zurück.

In der Nähe des Borkenhäuschens stößt man auf das **Felsentor**, errichtet auf Veranlassung Goethes zur Erinnerung an eine junge Frau, die sich in der Ilm ertränkt hatte.

Künstliche Ruine

Durch Umgestaltung einer alten Schießmauer entstand 1784 etwas südlich des Felsentors eine künstliche Ruine. Solche »Ruinen«, die im ausgehenden 18. Jh. zum »Inventar« vieler Landschaftsparks gehörten, sollten an die Vergänglichkeit alles Irdischen erinnern.

In unmittelbarer Nähe stößt man auf ein Shakespeare-Denkmal und auf eine Kopie des sogenannten Schlangensteins mit der Inschrift: »Genio huius loci« – »Dem Geist dieses Ortes«; das Original steht in der »Ständigen Ausstellung« des ▶ Goethe-Nationalmuseums. Um den Stein, nach antiken Vorbildern 1787 im Auftrag von Herzog Carl August von Gottlieb Martin Klauer geschaffen, windet sich eine Schlange – Symbol für Fruchtbarkeit und die Erneuerung der Natur.

Schlangenstein

Das Shakespeare-Denkmal, das erste in Europa außerhalb Englands, wurde von dem Bildhauer Otto Lessing geschaffen und am 23. April 1904 enthüllt, dem 40. Gründungstag der Deutschen Shakespeare-Gesellschaft, in deren Auftrag das Marmorstandbild entstand. Bekleidet mit einem Kostüm des elisabethanischen Zeitalters, thront William Shakespeare auf einem quaderförmigen Sitzstein. In der rechten Hand hält er eine Schriftrolle, in der linken eine Rose; zu seinen Füßen liegen Totenschädel und Narrenkappe – Ingredienzen seiner Stücke.

Shakespeare-Denkmal

Vor allem für die Schriftsteller des Sturm und Drang und der Weimarer Klassik besaßen die Stücke Shakespeares Vorbildcharakter. Bereits in den 1760er-Jahren übersetzte Christoph Martin Wieland die Werke des englischen Dramatikers. Auch Schiller bearbeitete einige Stücke Shakespeares. Vor allem unter der Intendanz von **Franz Dingelstedt** entstanden am Weimarer Hoftheater bedeutende Inszenierungen von Shakespeare-Dramen.

> ## ❓ WUSSTEN SIE SCHON …?
>
> ■ Dem Weimarer Generalintendanten der Jahre 1857 bis 1867, Franz von Dingelstedt (1814 bis 1881), waren zwar auch »unfeine« Mittel recht, um seine künstlerischen Vorstellungen durchzusetzen – so war er am Theaterskandal um Peter Cornelius und Franz Liszt beteiligt –, aber seine Verdienste überwiegen doch bei Weitem: Er war u. a. 1864 Mitbegründer der Deutschen Shakespeare-Gesellschaft, tat sich als Shakespeare-Übersetzer hervor und brachte als Erster die gesamten Historiendramen des englischen Dramatikers auf die Weimarer Bühne.

1786 wurde ein altes Gewächshaus gegenüber der künstlichen Ruine zum »Tempelherrenhaus« umgebaut und viele Jahre als **Konzertsalon** genutzt. Benannt wurde es nach vier von Martin Gottlieb Klauer geschnitzten »Tempelherren«. Im 20. Jh. diente es dem Bauhaus eine Zeitlang als Atelier.

Tempelherrenhaus

Nur im Rahmen einer ca. halbstündigen Führung ist die »Parkhöhle« zugänglich. Das 12 m tiefe **Stollensystem**, das im Zweiten Weltkrieg als Luftschutzraum ausgebaut wurde, ließ Herzog Carl August Ende des 18. Jh.s zur Bierlagerung ausheben. eine Führung bietet Interessantes über die geologischen Besonderheiten des Stollensystems, über seine Entstehung und Nutzung. Der Eingang befindet sich nahe dem Liszt-Museum (Öffnungszeiten: April – Okt. Di. – So. 10.00 – 12.00, 13.00 – 18.00, Nov. – März Di. – So. 10.00 – 12.00, 13.00 – 16.00 Uhr; Führungen jeweils zur vollen Stunde).

Parkhöhle

Park an der Ilm Orientierung

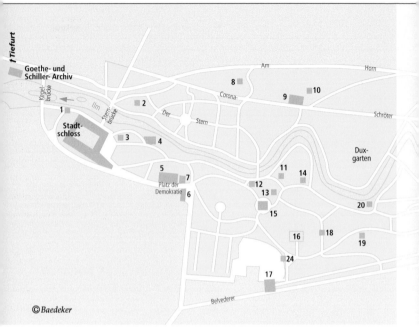

Franz-Liszt-Denkmal
In der Nähe der »Parkhöhle« liegt ein **sowjetischer Ehrenfriedhof**, an dem vorbei man auf ein **Denkmal für Franz Liszt** (► Berühmte Persönlichkeiten) trifft. Das Standbild des Komponisten, Pianisten und Dirigenten, 1902 von dem Münchner Bildhauer Hermann Hahn geschaffen, ist in weißem Carrara-Marmor ausgeführt. Das Plateau vor dem Podest trägt ein Mosaikpflaster aus farbigem Naturstein.

Sándor-Petöfi-Denkmal
Einige Gehminuten weiter südich wurde 1976 eine Gedenkbüste für den ungarischen Schriftsteller Sándor Petöfi (1823 – 1849) aufgestellt. Petöfi, ein großer Verehrer Goethes, verhalf der Volksdichtung in der ungarischen Literatur zum Durchbruch und leitete damit eine neue Stilepoche ein. Der junge Schriftsteller fiel in einer der letzten Schlachten des ungarischen Freiheitskriegs.

Dessauer Stein
Der »Dessauer Stein« nahe am Ufer der Ilm wurde 1782 zur Erinnerung an **Fürst Leopold Franz von Anhalt-Dessau** aufgestellt. Der fünf Meter hohe und rund 2,5 Tonnen schwere Travertinblock aus einem der Steinbrüche an der Belvederer Allee trägt die Inschrift »Francisco Dessaviae Principi«, eine Hommage an den »Wörlitzer Park« bei Dessau. Diese von Fürst Leopold angelegte Gartenanlage diente Carl August und Goethe als Vorbild bei der Gestaltung des Ilmparks.

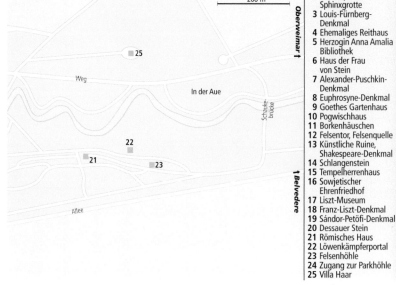

1 Adam-Mickiewicz-
  Denkmal
2 Läutraquelle,
  Sphinxgrotte
3 Louis-Fürnberg-
  Denkmal
4 Ehemaliges Reithaus
5 Herzogin Anna Amalia
  Bibliothek
6 Haus der Frau
  von Stein
7 Alexander-Puschkin-
  Denkmal
8 Euphrosyne-Denkmal
9 Goethes Gartenhaus
10 Pogwischhaus
11 Borkenhäuschen
12 Felsentor, Felsenquelle
13 Künstliche Ruine,
   Shakespeare-Denkmal
14 Schlangenstein
15 Tempelherrenhaus
16 Sowjetischer
   Ehrenfriedhof
17 Liszt-Museum
18 Franz-Liszt-Denkmal
19 Sándor-Petöfi-Denkmal
20 Dessauer Stein
21 Römisches Haus
22 Löwenkämpferportal
23 Felsenhöhle
24 Zugang zur Parkhöhle
25 Villa Haar

**Römisches
Haus**

Öffnungszeiten:
April – Okt. Di. – So.
10.00 – 18.00

Auf einem Plateau des linken Ilmufers liegt das »Römische Haus«, ein für Herzog Carl August errichteter Sommersitz. Unter maßgeblicher Mitwirkung Goethes entstand das **einem römischen Landhaus nachgebildete Gebäude** in den Jahren 1792 bis 1797 nach Plänen von Johann August Arens. Über dem Untergeschoss, das an der Talseite einen Durchgang mit Deckengemälde und Wandfries nach Entwürfen von Johann Heinrich Meyer besitzt, erhebt sich das Obergeschoss als tempelartiger Aufbau. Dem nach Westen gerichteten Eingang ist eine offene Halle mit vier Säulen und einem dreieckigen Giebel vorgelagert.

Die Entwürfe für die Raumgestaltung des frühklassizistischen Baus stammten von dem Dresdener Hofbaumeister Christian Friedrich Schuricht; allerdings ist von der ursprünglichen Ausstattung nichts mehr vorhanden. Das Vestibül mit gewölbter Kassettendecke und mit Stuckmarmor verkleideten Wänden, der Hauptraum des Hauses, diente einst auch als Speisezimmer. Im Blauen Salon, dessen Wände einst mit blauer Seide bespannt waren, empfing Carl August seine Gäste. Im dementsprechend Gelber Salon genannten Raum befand sich das Arbeitszimmer des Herzogs.

Das Römische Haus war das **erste klassizistische Gebäude in Weimar**. Dort feierte man 1825 das fünfzigste Regierungsjubiläum von

Das Römische Haus, Herzog Carl Augusts Sommerrefugium, war der erste klassizistische Bau Weimars.

Carl August. Nur drei Jahre später wurde hier der Leichnam des auf einer Reise verstorbenen Großherzogs aufgebahrt. Seine letzte Ruhestätte fand er in der Fürstengruft (▶Historischer Friedhof).

Im Untergeschoss – in der ehemaligen Küche und den Zimmern für die Bediensteten – informiert die Ausstellung »Wo sich Natur mit Kunst verbindet« über die Geschichte des Parks an der Ilm.

Bereits 1782 ließ Goethe an einem Felsen unterhalb des Römischen Hauses eine Tafel mit den Versen seines Gedichts **»Einsamkeit«** anbringen: »Die ihr die Felsen und Bäume bewohnt, o heilsame Nymphen,/Gebet jeglichem gern, was er im stillen begehrt!/Schaffet dem Traurigen Mut, dem Zweifelhaften Belehrung,/Und dem Liebenden gönnt, dass ihm begegne sein Glück./Denn euch gaben die Götter, was sie den Menschen versagten,/Jedem, der euch vertraut, hülfreich und tröstend zu sein.«

★ ★
Goethes Gartenhaus
🕐
Öffnungszeiten:
April – Okt.
tgl. 10.00 – 18.00,
Nov. – März
tgl. bis 16.00

An dem nach der Schauspielerin Corona Schröter (1751 – 1802) benannten Hauptweg des Parks liegt **eine der meistbesuchten Sehenswürdigkeiten Weimars**: Goethes Gartenhaus, in dem der Dichter von 1776 bis 1782 wohnte. Heute ist es eines der Wahrzeichen der Stadt. Goethe entdeckte es bald nach seiner Ankunft in Weimar in einem verwilderten Garten am Fuß des sog. Rosenbergs. Er war von dem unansehnlichen, halb verfallenen Gebäude so begeistert, dass es im April 1776 für 600 Taler ersteigerte. Da Herzog Carl August den Dichter an Weimar binden und in das »Geheime Consilium« berufen wollte, finanzierte er den Kauf und machte das Anwesen Goethe zum Geschenk. Damit waren die Voraussetzungen dafür erfüllt, dass Goethe das Bürgerrecht erhalten und als »Geheimer Legations-Rath« in die oberste Regierungsbehörde eintreten konnte.

Goethe ließ das Haus instandsetzen und in dem zugehörigen Garten Obstbäume pflanzen und Blumenrabatte und Gemüsebeete anlegen. Auch nach seinem Umzug in das Haus am Frauenplan (► Goethe-Nationalmuseum) kam Goethe häufig hierher. Er erhoffte sich von diesem Refugium innere Ruhe und Inspiration und genoss den Abstand vom Hof. Im Gartenhaus entstanden neben einer Vielzahl stimmungsvoller Zeichnungen auch einige seiner schönsten Gedichte, z. B. »Rastlose Liebe«, »Jägers Abendlied« und »An den Mond«, Teile des »Wilhelm Meister«, die Prosafassung der »Iphigenie« und die ersten Szenen des »Tasso«. Hier schrieb er auch mehr als 800 Briefe an Charlotte von Stein, die in Sichtweite des Gartenhauses am Rand des Ilmparks wohnte (►Haus der Frau von Stein).

Nach Goethes Tod im Jahr 1832 wurde das Anwesen von seiner Schwiegertochter Ottilie und seinen Enkeln weiterhin als Gartenhaus genutzt und zeitweilig auch vermietet. Schließlich vermachte Goethes letzter Enkel Walther den »Goetheschen Garten mit Gartenhaus im Park« dem Großherzogtum; 1886 wurde das Haus als Goethe-Gedenkstätte eröffnet.

Die Ausstattung ist weitgehend auf den nachweislichen Bestand aus Goethes Besitz reduziert. Das »Erdsälchen«, Goethes Wohn- und Gesellschaftszimmer, und die Küche im Erdgeschoss, das Arbeits- und das Schlafzimmer sowie die anderen Räume geben einen kleinen Einblick in Goethes Leben in seinen ersten Weimarer Jahren.

◄ Ausstattung

Im Arbeitszimmer zieht neben dem Stehpult der Sitzblock, der als »Esel« oder »Reiter« bezeichnet wurde und aussieht wie ein Pferdesattel, die Blicke auf sich. Ein interessantes Möbelstück ist auch Goethes Klappbett, das im Schlafzimmer zu sehen ist und das er auf

> ## ! *Baedeker* TIPP
>
> ### »Seitenblicke«
>
> Versuchen Sie doch einmal, aus dem oberen Stockwerk einen Blick auf das Dach des Hauses der Frau von Stein zu erhaschen. Die Legende besagt, dass Goethe die Parkbäume so anordnen ließ, dass diese Achse nie verdeckt wurde. Die Verehrte soll dann an einsamen Abenden ein Licht im Dachfenster platziert haben.

seinen vielen Reisen mit sich führte. Darüber hinaus sind auch zahlreiche Porträts des Dichters, seiner Freunde und der herzoglichen Familie zu sehen, konzentriert auf die Jahre von 1776 bis zum Beginn seiner ersten Italienreise 1786. Gezeigt werden auch Zeichnungen Goethes, v. a. Ansichten des Ilmparks, sowie Autografen seiner Werke und Briefe.

Der zum Haus gehörige Garten – in dem am Ostersonntag für die Weimarer Kinder ein Ostereiersuchen veranstaltet wird (► S. 65) – wurde originalgetreu rekonstruiert. Als »Huldigung« für seine Vertraute Charlotte von Stein ließ Goethe etwas östlich des Gartenhau-

◄ Garten

ses eine Steintafel mit einem Epigramm anbringen: »Hier gedachte still ein Liebender seiner Geliebten ...« Im unteren Bereich des Gartens steht der **»Stein des guten Glücks«**, auch »Agathé Tyché« genannt. Bis heute rätseln viele um die Bedeutung des aufrecht stehenden Sandsteinkubus mit der aufliegenden Kugel. Vielleicht sollte der Kubus das Beständige symbolisieren, die Kugel das Dynamische und Veränderliche? Nicht nur für manchen Weimarer ist der »Stein des guten Glücks« ein Wunschstein. Ob die Wünsche des Betrachters auch in Erfüllung gehen, ist allerdings bislang noch nicht bewiesen.

Pogwischhaus

Von Goethes Gartenhaus sind es nur wenige Schritte zum sog. Pogwischhaus. Das schlichte »Weinberghaus« wurde Anfang des 18. Jh.s gebaut und 1772 von seinem Eigentümer, dem Weimarer Staatsbeamten Johann Christoph Schmidt, umgestaltet; 1806 verkaufte er es an Eleonore Ottilie Gräfin Henckel von Donnersmarck (1750 bis 1843). Später gehörte es deren Enkelin **Ottilie von Pogwisch** (1796 bis 1872), einer Hofdame der Herzogin Luise, die 1817 Goethes Sohn August heiratete. Heute wird das in den letzten Jahren sanierte Gebäude als Gästehaus der Klassik Stiftung genutzt.

Euphrosyne-Denkmal

Etwas abseits des Corona-Schröter-Wegs, noch bevor man Goethes Gartenhaus erreicht, steht seit 1912 eine Kopie des Euphrosyne-Denkmals – das Original ist auf dem ▶Historischen Friedhof zu finden –, das dem Andenken der Schauspielerin **Christiane Becker-Neumann** (1778 – 1797) gewidmet ist. Das Mädchen wurde von Corona Schröter gefördert und gehörte später dem Hoftheater an. Für Goethe schien sie die ideale Besetzung für Mädchenrollen zu sein; sie spielte u. a. die Ophelia in Shakespeares »Hamlet« und die Amalia in Schillers »Räuber«. Als sie im Sommer 1797 an Tuberkulose erkrankte und am 22. September starb, schrieb Goethe über sie: »Es kann größeres Talent geben, aber kein für mich anmutigeres.«

Villa Haar

Knapp 500 m südlich von Goethes Gartenhaus steht die 1885 im Neorenaissancestil erbaute Villa Haar. 1905 erwarb der Kaufmann Otto Haar, seinerzeit einer der reichsten Einwohner der Stadt, die Villa und ließ einige Um- und Anbauten durchführen, u. a. den repräsentativen Wintergarten. 1945 vermachte der Sohn Otto Haars, Georg, sein gesamtes Vermögen und die Villa der Stadt Weimar mit der Auflage, diese als Waisenheim zu nutzen. Bis 1952 wurde der letzte Wille Georgs auch eingehalten, aber dann lösten die DDR-Organe die Stiftung auf und konfiszierten deren Vermögen. Die Villa Haar wurde in »Kinderheim Rosa Thälmann« umbenannt, in dem bis 1989 bis zu 50 Kinder lebten.
Nach der Wende wurde die Stiftung wieder ins Leben gerufen, aber die alte Villa entsprach nicht mehr den Anforderungen zur Betreu-

← *Eines der Wahrzeichen und zugleich eine der meistbesuchten Sehenswürdigkeiten der Klassikerstadt: Goethes Gartenhaus*

ung von Kindern und Jugendlichen. Nach ihrer Komplettsanierung im Jahr 2002 dient sie als Veranstaltungsort für Seminare, Tagungen und Feierlichkeiten aller Art. Im angeschlossenen **Café d'Este** stellen Weimarer Künstler ihre Werke aus (Dichterweg 2a, Tel. 036 43 / 77 98 80; www.villahaar.de; Öffnungszeiten: So. 13.00 – 18.00 Uhr).

Gartenanlage ► Die ► Bauhaus-Universität nutzt Teile der Gartenanlage der Villa Haar für ihr Projekt »KünstlerGärten Weimar«, in das auch internationale Künstler involviert sind.

★ ★ Schillerhaus

B 15

Lage: Schillerstr. 12
(Eingang Neugasse 1)

Internet: www.klassik-stiftung.de

Im Jahr 1799 ließ sich Friedrich Schiller dauerhaft in Weimar nieder und erwarb 1802 das Haus an der Esplanade, wie die Schillerstraße damals hieß. Er lebte hier – nur einen Steinwurf vom Haus seines Dichterfreundes Goethe entfernt – bis zu seinem Tod 1805. Viele Gegenstände im Schillerhaus stammen noch aus dem persönlichen Besitz des Dichters, ergänzt wurden sie durch zeitgenössische Einrichtungsstücke. So geben die Räumlichkeiten einen guten Einblick in die Wohnkultur um 1800.

Öffnungszeiten:
April–Sept. Di.–So.
9.00 – 18.00,
Sa. bis 19.00,
Okt. Di. – So.
9.00 – 18.00
Nov. – März
Di. – So.
9.00 – 16.00

Das Haus an der einstigen Esplanade, in das Friedrich Schiller (1759 – 1805; ► Berühmte Persönlichkeiten) mit seiner Frau Charlotte und den vier Kindern am 29. April 1802 einzog, war 1777 für den Kaufmann Johann Christoph Schmidt als relativ schlichtes zweistöckiges Bürgerhaus errichtet worden. Um die Kaufsumme von 4200 Talern aufzubringen und erforderliche Renovierungs- und Umbauarbeiten vornehmen zu können, musste sich Schiller hoch verschulden. Doch war es dem Dichter, der 1799 seinen Wohnsitz von Jena nach Weimar verlegt und zunächst mit seiner Familie im Haus Nr. 8 in der ► Windischengasse zur Miete gewohnt hatte, wichtig, ein eigenes Haus in Weimar zu besitzen. Er bat seinen Verleger Cotta um einen Vorschuss und kalkulierte sehr genau Einnahmen und Ausgaben. Danach bemaß er sein Arbeitspensum. Beim Tod Schillers 1805 war das Haus schuldenfrei. Seine Frau blieb mit den vier Kindern darin wohnen, erst nach ihrem Tod 1826 wurde es verkauft. Teile der Einrichtung wurden damals verstei-

? WUSSTEN SIE SCHON …?

■ Spätestens bei der Obduktion offenbarte sich, dass der zeitlebens kränkelnde Dichter tatsächlich ein schwer kranker Mann gewesen war. Der die Obduktion durchführende Arzt Wilhelm Huschke konstatierte, dass Friedrich Schillers Lunge »breiartig und ganz desorganisiert«, das Herz »ohne Muskelsubstanz« und die Nieren »in ihrer Substanz aufgelöst und völlig verwachsen« seien.

Nicht weit von seinem Dichterfreund Goethe und dem »Hoftheater« entfernt, wohnte Schiller in der damaligen Esplanade.

gert. Schon 1847 erwarb es die Stadt Weimar und richtete darin eine Gedenkstätte ein. Zuletzt erfolgten zwischen 1984 und 1988 umfangreiche Renovierungsarbeiten und Neuordnungen, auch wurde ein Museumsneubau angegliedert. Hier ist u. a. die Ausstellung »Friedrich Schiller auf Münzen und Medaillen« eingerichtet.

Erwähnenswert sind die handgedruckten **Papiertapeten**, die Schiller in vielen Räumen anbringen ließ. Sie waren Ende des 18. Jh.s über Frankreich und England auch in Deutschland in Mode gekommen und ersetzten die bis dahin üblichen Stofftapeten oder die gemalten Wandpaneele. Von Raum zu Raum wechseln die Tapeten in Dekor und Farbe. Sie wurden nach Originalfragmenten rekonstruiert.

Durch den Museumsneubau (Eingang Neugasse 1) betritt man das Schillerhaus. Im Erdgeschoss befinden sich die Küche und neben der Eingangstür das vermutlich von Georg Gottfried Rudolph (1778–1827), Schillers Diener und Schreiber, bewohnte Zimmer. Im Raum hinter dem Dienerzimmer informiert eine kleine Ausstellung über die Vorbesitzer des Hauses und erlaubt einen Einblick in das Leben der Familie Schiller. Ein Stammbaum, ferner Bilder von Geschwistern und Kindern Schillers veranschaulichen die verwandtschaftlichen Beziehungen des Dichters.

Über eine Treppe gelangt man ins Obergeschoss, in dem sich das Familienleben abspielte, Gäste begrüßt und Gesellschaften gegeben wurden. Im **Wohn- und Esszimmer** verdienen kleine künstlerische

Rundgang durch das Schillerhaus
◄ Wirtschaftsräume im Erdgeschoss

◄ Obergeschoss

◄ weiter auf S. 193

*Johann Wolfgang von Goethe und
Friedrich Schiller arbeiten zusammen
an dem einige Jahre von Schiller
herausgegebenen »Musenalmanach«.
(Holzschnitt nach W. Friedrich, 1890)*

SCHILLERS FREUNDSCHAFT MIT GOETHE

Auf dem Weimarer Theaterplatz sieht man Goethe und Schiller einträchtig nebeneinander stehen. Doch bei ihrer ersten Begegnung im Jahr 1788 wollte sich keine spontane Sympathie einstellen.

Erst **1794**, sieben Jahre nach Schillers Ankunft in Weimar, kam es – nach einem Gespräch über die »Urpflanze« im Anschluss an eine Sitzung der »Naturforschenden Gesellschaft« in Jena – zu einer engeren Beziehung zwischen den beiden »Geistesgrößen«.

Ein »glückliches Ereignis« ...

... nannte Goethe später diese Begegnung – beide Dichter schöpften Impulse aus dem Gedankengut der Antike und der Renaissance.

Schon bald nach ihrem Gespräch in Jena entwickelte ein intensiver Briefwechsel zwischen den Schriftstellern. Den ersten Anstoß einer engeren Verbindung gab Schillers Brief vom 13. Juni 1794, in dem dieser Goethe zur Mitarbeit an seiner neuen Zeitschrift **»Die Horen«** einlud. Sie sollte die repräsentative Zeitschrift des deutschen Geistes werden, die Behandlung strittiger Tagesfragen vermeiden, zur »Beförderung einer wahren Humanität« und zum fruchtbaren Gedankenaustausch dienen. Als Mitarbeiter für das Projekt hatte Schiller u. a. Wilhelm von Humboldt gewinnen können, mit dem ihn von da an eine freundschaftliche Beziehung verband.

Goethe sagte am 24. Juni seine Mitarbeit zu und berichtete später: »Schillers Anziehungskraft war groß, er hielt alle fest, die sich ihm näherten; ich nahm teil an seinen Absichten und versprach, zu den Horen manches, was bei mir verborgen lag, herzugeben.«

In den folgenden Jahren hat Goethe mehrere Beiträge in den »Horen« veröffentlicht, vor allem die »Unterhaltungen deutscher Ausgewander-

ter«, den Aufsatz »Literarischer Sansculottismus« und die »Römischen Elegien«.

Fruchtbare Zusammenarbeit

Auch für den **»Musenalmanach«**, den Schiller von 1796 bis 1800 herausgab, lieferte Goethe Beiträge. Neben formal vollendeten Balladen – z. B. »Der Taucher«, »Die Kraniche des Ibykus« – gehören die zusammen mit Goethe verfassten **»Xenien«**, die im »Musenalmanach für das Jahr 1797« veröffentlicht wurden, zu Schillers wichtigstem Ertrag dieser Zeit. Die besonders gegen die zeitgenössische Literaturkritik gerichteten »Xenien« lösten einen Sturm der Entrüstung und literarische Gegenreaktionen aus.

»Wilhelm Meister«

Ein zentrales Thema des Gedankenaustausches zwischen Goethe und Schiller war Goethes Roman **»Wilhelm Meisters Lehrjahre«**. In seinem Brief vom 5. Juli 1796 schreibt Schiller: »Es ist übrigens schön, dass Sie, bei aller gebührenden Achtung für gewisse äußerliche positive Formen, sobald es auf etwas rein Menschliches ankommt, Geburt und Stand in völlige Nullität zurückweisen und zwar, wie billig, ohne auch nur ein Wort darüber zu verlieren.« Gedanken, die im Gefolge der französischen Revolution auch in Deutschland Eingang fanden. Das Wesen Wilhelm Meisters charakterisiert Schiller mit den Worten: »Sein Wert liegt in seinem Gemüt, nicht in seinen Wirkungen, in seinem Streben, nicht in seinem Handeln.«

»Wallenstein«

Seit 1796 begleitete Goethe die Entstehung und Vollendung des »Wallenstein«. Schiller bemühte sich bei der Arbeit an diesem Bühnenstück um ein rhythmisch beschwingtes Drama, das große Schicksale in allgemein gültiger Form vorführen sollte. Der erste Teil der Trilogie, »Wallensteins Lager«, wurde am 12. Oktober 1798 in Weimar uraufgeführt. Am 30. Januar 1799 folgte »Die Piccolomini« und am 20. April 1799 schließlich »Wallensteins Tod«. Von dem Prolog zur Wallenstein-Trilogie war Goethe so eingenommen, dass er versucht war, ihn selbst auf dem Theater zu sprechen.

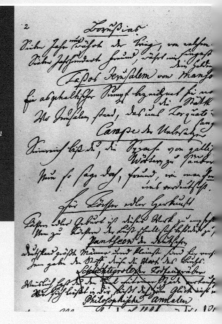

Manuskriptseite der 1796 gemeinsam von Goethe und Schiller verfassten »Xenien«, epigrammartigen Polemiken gegen den zeitgenössischen Literaturbetrieb.

Zweifellos ist es den gemeinsamen Anstrengungen Goethes und Schillers zu verdanken, dass aus dem bescheidenen Weimarer Theater zumindest für eine begrenzte Zeit eine bedeutende deutschsprachige Bühne wurde. Um die Schauspieler an einen klaren, dem Text angemessenen Sprechstil zu gewöhnen, führten sie Leseproben ein, die abwechselnd in Goethes und Schillers Haus abgehalten wurden. Der Weimarer Schauspieler und Regisseur Anton Genast schreibt in seinen Erinnerungen, Schiller habe die Schauspieler beim Vorspielen der Rollen, ungeachtet seines schwäbischen Dialekts, durch seine Phantasie und sein Feuer hingerissen.

In Schillers »Lied von der Glocke« (1797) wird der Bau der Glocke, die von jeher im Volksglauben eine Rolle gespielt hat, dargestellt, begleitet von Stationen des menschlichen Lebens – von der Taufe über die Hochzeit bis zur Beerdigung. Zu die Aufführung einer dramatisierten Version des Gedichts schrieb Goethe einen Epilog. Ein Auszug daraus zeigt, welche Eigenschaften er an Schiller besonders geschätzt hat:

Epilog zu Schillers Glocke

Denn er war unser! Mag das stolze Wort / Den lauten Schrei gewaltig übertönen! / Er mochte sich bei uns im sichern Port / Nach wildem Sturm zum Dauernden gewöhnen. / Indessen schritt sein Geist gewaltig fort / Ins Ewige des Wahren, Guten, Schönen, / Und hinter ihm in wesenlosem Scheine / Lag, was uns alle bändigt, das Gemeine.

Nun glühte seine Wange rot und röter / Von jener Jugend, die uns nie entfliegt, / Von jenem Mut, der, früher oder später, / Den Widerstand der stumpfen Welt besiegt, / Von jenem Glauben, der sich stets erhöhter / Bald kühn hervordrängt, bald geduldig schmiegt, / Damit das Gute wirke, wachse, fromme, / Damit der Tag dem Edlen endlich komme.

Er glänzt uns vor, wie ein Komet entschwindend, / Unendlich Licht mit seinem Licht verbindend.

Werke von Charlotte sowie von Schillers älterer Schwester Christophine ebenso Beachtung wie der Vitrinenschrank aus Birnbaumholz, der einzelne Stücke des Schillerschen Tafelgeschirrs enthält. Vom Esszimmer gelangt man ins **Gesellschaftszimmer**, ausgestattet mit einem Sofa, Sesseln und Stühlen. Es sind schöne Stücke, u. a. im Rokoko- und Louis-Seize-Stil, die Schillers Schwiegermutter, Luise von Lengefeld, dem jungen Paar geschenkt hatte. Auch in diesem Raum gibt es interessante Bilder und Kupferstiche zu sehen – wie »Clio, die Muse der Geschichtsschreibung« oder »Vergil schreibt seine Grabschrift«, ein kolorierter Kupferstich nach Angelika Kauffmann.

Der Rundgang führt weiter in den **Raum der Hausherrin**: Charlotte von Lengefeld, die Schiller 1790 geheiratet hatte, stellte – wie es der damaligen Zeit entsprach – ihre eigenen Ansprüche zugunsten ihres Gatten in den Hintergrund. Sie

Baedeker TIPP

Zum Fressen gern ...
Goethe und Schiller liefern nicht nur geistige Nahrung. Den Beweis treten die Museumsshops des Goethe- und des Schillerhauses an: Wer die beiden Genies buchstäblich zum Fressen gern hat, bringt die Herren im Profil als Plätzchenausstecher mit nach Hause. Herzhaftere Naturen bevorzugen die beiden vielleicht eher in Form von Salz- und Pfefferstreuern aus Porzellan.

hatte jedoch viele Interessen und informierte sich über die neuesten Ereignisse auf den Gebieten der Literatur und Kunst, der Geschichte und Naturwissenschaften, sie führte eine umfangreiche Korrespondenz und schrieb Gedichte, Übersetzungen und erzählerische Werke. Links vom Eingang birgt ein Glasschrank persönliche Gegenstände Schillers, darunter seine Teetasse und einen Becher aus Silber, in den die Initiale »S« eingraviert ist. Von Charlottes Zimmer aus gelangt man in ihr **Schlafzimmer**, ein kleines Kabinett mit einem Bett aus Fichtenholz, neben dem eine Wiege steht.

Im Mansardengeschoss hatte Schiller sein Empfangs- und Gesellschaftszimmer, ein Arbeits- und ein Schlafzimmer. In einem Brief schrieb er 1804 an seinen Schwager: »Meine beste Freude ist meine Tätigkeit, sie macht mich glücklich in mir selbst und unabhängig nach außen.«Besonders in Phasen intensiver Arbeit, aber auch in Zeiten der Krankheit wirkte sich diese Abgeschiedenheit günstig aus: Weder die Familienmitglieder waren beeinträchtigt, noch wurde Schiller von außen gestört.

◄ Mansardengeschoss

Im **Empfangszimmer** empfing Schiller wahrscheinlich Gäste, mit denen er nur kurz zu sprechen beabsichtigte, oder Fremde, die dem Dichter ihre Aufwartung machen wollten. Raumbestimmend ist eine Kopie des wohl bekanntesten Schiller-Bildes, das der Schweizer Anton Graff 1791 geschaffen hat. Es zeigt Schiller von vorn, den Kopf an die linke Hand gelehnt. Ferner gibt es in dem Raum eine Porträtbüste aus gebranntem Ton, die Johann Wolfgang von Goethe darstellt (von Martin Gottlieb Klauer). Zu den Gästen, die Schiller im Gesellschaftszimmer empfing, zählten u. a. Wilhelm von Humboldt, Goethe, der Verleger Göschen und die Damen der Weimarer Gesellschaft. Im geselligen Kreis konnte Schiller heiter sein und wusste seine Besucher zu unterhalten. Von einer besonderen Atmosphäre waren die Stunden geprägt, in denen der Dichter aus eigenen Werken vorlas.

Schillers Arbeitszimmer

Betritt man Schillers **Arbeitszimmer**, fällt der Blick sogleich auf den Schreibtisch – mit Globus, Uhr, aufgeschlagenem Buch und Manuskript. Hier verfasste der Dichter u. a. »Die Jungfrau von Orléans« und »Wilhelm Tell«. Nicht mehr vollendet wurde »Demetrius«. Während Schiller in der ersten Zeit nach dem Einzug in der angrenzenden Schlafkammer die Nächte zubrachte, ruhte er später auf dem Bett im Arbeitszimmer. Unter der Dachschräge ließ er Bücherregale einbauen, um Teile seiner Bibliothek unterzubringen. Nicht alle Bücher des Dichters blieben erhalten; ausgestellt sind gut 400 Bände. Eigene Werke und Schriften, Biografien und Lexika finden sich in der Bibliothek. Schiller starb in seinem Arbeitszimmer am Abend des 9. Mai 1805.

★★ Stadtkirche St. Peter und Paul · Herderkirche

B 15/16

Lage: Herderplatz

Die die Altstadt beherrschende Stadtkirche St. Peter und Paul ist eines der bedeutendsten Kulturdenkmäler Weimars und zählt zum Ensemble »Klassisches Weimar«. Gemeinhin wird die Stadtkirche als Herderkirche bezeichnet, denn an ihr wirkte Johann Gottfried Herder als Superintendent und Pastor. Besondere Attraktion ist das von Lucas Cranach geschaffene Altarbild.

Öffnungszeiten:
April – Okt.
Mo. – Fr. 10.00 bis
18.00, Sa. bis 16.00,
So. 11.00 – 16.00,
Nov. – März
tgl. 11.00 – 16.00

Wo heute die Herderkirche steht, wurde 1248 zunächst eine romanische Kapelle errichtet, die dem Deutschen Ritterorden unterstand. Um 1430 wurde ein Altar für den hl. Georg aufgestellt und eine neue Pfarrstelle »sanct Peter und Pauwels zu Wymar« gestiftet, wobei zum erstenmal der Doppelname auftaucht. Um 1500 erfolgte der Ausbau zu einer spätgotischen Hallenkirche mit fünf Jochen und fünfseitigem Chor. Da die Gewölbe sich nach einigen Jahrzehnten als baufällig erwiesen, begann man unter Leitung von Baumeister Hoffmann aus Schulpforta im Sommer 1726 das Dach zu erneuern und im nördlichen Seitenschiff drei Emporen einzubauen. Später wurden diese entfernt und in beiden Seitenschiffen je zwei Emporen eingesetzt. Das große sächsische Wappen vor der neu geschaffenen Hofloge in der Mitte der ersten Nordempore wurde in Stuck geformt. Die Kanzel erhielt eine barocke Umkleidung. Im Februar 1945 wurde die Herderkirche durch Bomben schwer beschädigt. Am 14. Juni 1953 beging man die Wiedereinweihung. Von 1974 bis 1976 wurde das Innere restauriert und farblich erneuert.

Von der mittelalterlichen Kirche ist nur wenig erhalten, so der aus Sandstein gearbeitete **Taufstein**, der seinen Platz in der Taufkapelle hat, ferner einige vergoldete Abendmahlskelche und eine Truhe.

Hauptanziehungspunkt in der Kirche ist der **Flügelaltar**, der 1552 von Lucas Cranach d. Ä. begonnen und von seinem Sohn vollendet wurde. Der Cranach-Altar gilt als

Das Schmuckstück der Herderkirche: der berühmte Cranach-Altar

eines der Hauptwerke der sächsisch-thüringischen Kunst des 16. Jahrhunderts. Dargestellt ist auf der Mitteltafel in abgestuft hellen und dunklen Farbtönen die Kreuzigung Christi; im Hintergrund sieht man alttestamentliche Szenen. Rechts stehen drei männliche Gestalten: Johannes der Täufer, Lucas Cranach d. Ä., den der Blutstrahl aus der Seitenwunde Christi trifft, und Martin Luther, der mit der Hand auf eine Seite der aufgeschlagenen Bibel zeigt. Auf dem linken Seitenflügel sind die Stifter, Herzog Johann Friedrich von Sachsen und seine Gemahlin, Herzogin Sibylle, dargestellt, beide mit zum Gebet erhobenen Händen; auf dem rechten Seitenflügel sieht man die drei Söhne des Herzogspaars. In geschlossenem Zustand zeigen die Seitenflügel die Taufe beziehungsweise die Himmelfahrt Christi. Ein reiches Gesprenge bekrönt den Altar.

Der sog. Lutherschrein entstand 1572 und zeigt drei Porträts des ◀ Lutherschrein Reformators (von links nach rechts): als Mönch (von Veit Thim), als Magister mit aufgeschlagenem Buch und als »Junker Jörg« (beide wohl aus der Cranachschule).

Grabdenkmäler ▶ Die wertvollen Grabdenkmäler – sowohl Bild- als auch Wappen- und Inschrifttafeln – stammen überwiegend aus dem 16. und 17. Jahrhundert. Besonders im Chorraum befinden sich eindrucksvolle Denkmäler und Tafeln: rechts und links vom Altarbild die Bronzetafeln für Herzogin Margaretha (gest. 1535), eine Tochter Johanns des Beständigen, und Johann Ernst, Sohn Johann Friedrichs des Großmütigen, die Grabplatte für Herzog Wilhelm den Tapferen (Südostwand des Chors) mit einem Relief, das den Herzog auf einem Löwen stehend zeigt; ferner die Relieftafel der Herzogin Margaretha in Gebetshaltung (gest. 1521) an der Nordostwand. Die einzige Kupfertafel der Kirche ist eine Gedenktafel für Alexander, das erste Kind von Großherzog Carl Friedrich und seiner Frau Maria Pawlowna.

An der Nordwand des Chors sieht man darüber hinaus den **originalen Grabstein für Lucas Cranach d. Ä.** (gest. 1553); das Grab selbst befindet sich auf dem Jakobsfriedhof. Die Grabplatte mit Wappen und lateinischer Umschrift, die Söhne Johann Friedrichs des Großmütigen herstellen ließen, besitzt keinen großen künstlerischen, eher einen kulturgeschichtlichen Wert. **Johann Gottfried Herder** wurde 1803 im mittleren Kirchenschiff begraben. Auf der Grabplatte ist im Rund einer sich in den Schwanz beißenden Schlange Herders Wahlspruch – »Licht Liebe Leben« – um die griechischen Buchstaben Alpha und Omega (»Anfang« und »Ende«) eingraviert.

> **! Baedeker TIPP**
>
> **Erdbeerspinat und Moosrosen**
>
> Ein Kleinod für Gartenfans ist der Garten des Pfarrhauses der Herderkirche. Mit »historischen« Blumen-, Obst- und Gemüsesorten wie Moosrosen oder Erdbeerspinat bepflanzt und genutzt wie zu Zeiten Herders, ist der Pfarrgarten kein »Freilichtmuseum«, kann aber dennoch besichtigt werden (Herderplatz 8; Öffnungszeiten: Mo. – Fr. 10.00 – 18.00, Sa. bis 14.00 Uhr).

Herderplatz Vor der Stadterweiterung (nach 1300) bildete der Platz vor der Kirche den Hauptplatz der Stadt. Da sich im Umkreis der Kirche ein Friedhof befand, konnte der Platz nur in begrenzter Form als Markt genutzt werden. 1530 wurde dieser Friedhof dann eingeebnet und ein neuer an der ▶Jakobskirche angelegt.

Herder-Denkmal ▶ Das Denkmal für Johann Gottfried Herder (▶Berühmte Persönlichkeiten) auf dem Platz zeigt den Oberhofprediger und Philosophen im geistlichen Gewand: In der Linken hält er Textblätter, die rechte Hand ist auf das Herz gelegt. Das Denkmal wurde zu seinem 106. Geburtstag 1850 enthüllt und geht auf einen Entwurf des Bildhauers Ludwig Schaller zurück. Die Tafel am Sockel vermerkt die Inschrift: »Joh. Gottfr. v. Herder / Geb. Mohrungen 25. Aug. 1744 / Gest. Weimar 18. Dec. 1803 / Von Deutschen aller Lande«.

Herders Wohnhaus ▶ ⏱ Im (Pfarr-)Haus Herderplatz 8, wohnte Herder während seiner Weimarer Zeit. 2005 wurden im Erdgeschoss ein **Kirchen-Laden** (Öffnungszeiten: Mo. – Fr. 10.00 – 18.00 Uhr, Sa. bis 14.00 Uhr) und ein Café (Öffnungszeiten: Mo. – Fr. 12.00 – 18.00 Uhr) eingerichtet.

Das stattliche Gebäude mit Freitreppe gegenüber der Kirchenapsis ist ◄ Ehemaliges
das 1716 eingeweihte frühere Gymnasium, das nach Herzog Wilhelm Gymnasium
Ernst benannt war. Herder erwarb sich große Verdienste um den Ruf
dieser Schule. Im 19. Jh. zog das Gymnasium in ein neues größeres
Gebäude in der Amalienstraße; in dem Haus am Herderplatz soll bis
2017 ein **Herder-Museum** eingerichtet werden.

Weiterhin fallen am Platz auf: das 1566 erbaute **Deutschritterhaus**, ◄ Weitere
von Carl August seiner Geliebten Karoline Jagemann (►Berühmte Gebäude
Persönlichkeiten) geschenkt (heute Fischrestaurant »Gastmahl des
Meeres«), sowie der »Sächsische Hof«, einst Stadtresidenz der Grafen
von Schwarzburg und davor dem Deutschen Ritterorden gehörend.

✱ Stadtmuseum · Bertuchhaus

A 15

Lage: Karl-Liebknecht-Str. 5   **Internet:** http://stadt.weimar.de

**Im nach Schillers Worten »unstreitig schönsten Haus der Stadt«
wird die wechselvolle Geschichte Weimars erzählt, zugleich etablierte sich das Museum als einer der wenigen Ausstellungsorte in
Deutschland zur Geschichte der Weimarer Republik.**

Das Gebäude besteht eigentlich aus drei Häusern, die für den Wei- ⏱
marer Fabrikanten **Friedrich Justin Bertuch** (►Berühmte Persönlich- Öffnungszeiten:
keiten) errichtet wurden. Der heutige Nordflügel entstand zwischen Di. – So.
1780 und 1782, das südliche Pendant in den Jahren von 1799 bis 10.00 – 17.00
1802. Der klassizistische Mittelbau besitzt eine repräsentative Vorhal-
le und eine zweiläufige Treppe.

Seit 1954 ist im Bertuchhaus das
Stadtmuseum untergebracht, das
von 2003 bis Ende 2006 aus finanziellen Gründen geschlossen war.
Wiedereröffnet wurde es mit neuen
konzeptionellen Vorgaben: Derzeit
beherbergt es eine Dauerausstellung zur Stadtgeschichte sowie eine
Dokumentation zur **Geschichte
der Weimarer Republik**. Ab 2009
soll auf einer ganzen Etage die Geschichte der Weimarer Republik
und der Deutschen Nationalversammlung erzählt werden: Ab Februar 1919 tagte die Deutsche Nationalversammlung im Deutschen

❓ WUSSTEN SIE SCHON …?

■ …dass der Reichtum des kleinen Herzogtums
Sachsen-Weimar-Eisenach mit seiner großen
literarischen Avantgarde um 1800 nicht
zuletzt auf der Produktion von Kunstblumen
beruhte? Hergestellt wurden sie in Bertuchs
»Landes Industrie Comptoir«, in dem beispielsweise auch Goethes spätere Ehefrau
Christiane Vulpius ihr Geld verdiente. Ein
letztes Exemplar dieser »Kunstwerke« aus
Samt und Seide findet sich im Stadtmuseum
und erzählt – durch die Blume – eine kleine
Wirtschaftsgeschichte der Klassikerstadt.

Nationaltheater Weimar und entwarf hier die erste demokratische
Verfassung einer deutschen Republik. Die Weimarer Republik hat
bundesweit keinen eigenen Ausstellungsort und soll ihn hier finden.

✶ ✶ Stadtschloss

B 16

Lage: Burgplatz   **Internet:** www.klassik-stiftung.de

Im Residenz- oder Stadtschloss der Weimarer Herzöge ist neben Verwaltungseinrichtungen und Restaurierungswerkstätten der »Klassik Stiftung Weimar« das Schlossmuseum untergebracht. Es beherbergt eine wertvolle Sammlung europäischer Kunst vom Mittelalter bis zum Beginn des 20. Jahrhunderts.

🕐
Öffnungszeiten:
April – Okt. Di. – So.
10.00 – 18.00,
Nov. – März
bis 16.00;
Führungen:
So. 11.00

Ende des 9. Jh.s wurde erstmals die Burg Weimar (►Stadtgeschichte) erwähnt, die den Kern der späteren Siedlung bildete und dieser auch den Namen gab. Von dieser mittelalterlichen Wasserburg am Ufer der Ilm, die seit dem 16. Jh. auch den Namen »Hornstein« trug, blieb neben dem unteren Teil des Schlossturms nur der Eingangsbau in der südwestlichen Ecke, der zum Markt hin gerichtet ist, erhalten. Der überwiegende Teil der Burg wurde seit Mitte des 16. Jh.s zu einem Renaissanceschloss umgebaut, das wiederum mehrfach umgestaltet worden ist, doch große Teile der Anlage sind abgebrannt.

Durch den Renaissance-Torbau, die »Bastille«, geht's zu der riesigen Kunstsammlung in den klassizistischen Räumen des barocken Residenzschlosses.

Nach dem verheerenden Brand vom Mai 1774 wurde für den Wie- **Außenansicht**
deraufbau des Stadtschlosses eigens eine Schlossbaukommission gegründet, der auch Goethe angehörte. Bei der Neuerrichtung suchte
man die noch erhaltenen Umfassungsmauern beizubehalten. Auf
Goethes Anregung hin wurden drei bedeutende Baumeister zu dem
Projekt herangezogen: **Johann August Arens** aus Hamburg, **Nicolaus
Friedrich Thouret** aus Stuttgart und der Berliner **Heinrich Gentz**, der
den Schlossbau vollendete. Im Jahr 1803 konnte die herzogliche Familie, die seit dem Brand im nahen Fürstenhaus (▶Hochschule für
Musik »Franz Liszt«) gewohnt hatte, in das neue Schloss einziehen.
Sein endgültiges Aussehen erhielt das Stadtschloss 1913/1914, als
man im Süden einen vierten Flügel anbaute und den Hof so gegen
Straße und Park hin abschloss.
Seitdem ist das Stadtschloss eine imposante Vierflügelanlage, wie sie
bereits im 17. Jh. vom Barockbaumeister Giovanni Bonalino geplant
worden war. Die Fassadengestaltung ist weitgehend barock, teilweise
verbirgt sich dahinter jedoch noch ältere Bausubstanz. Der älteste
Teil der Anlage befindet sich im Bereich des Schlossturms, des als
»Hausmannsturm« bezeichneten Überrests der mittelalterlichen
Burg. Er trug ursprünglich einen gotischen Spitzhelm, den der Hofbaumeister der Herzöge von Sachsen-Weimar, Gottfried Heinrich
Krohne, 1728 durch den heute noch vorhandenen barocken Aufbau
ersetzte. Der stattliche Torbau, seit dem 19. Jh. auch **»Bastille«** genannt, wurde später in den Formen der Renaissance umgestaltet.
Das u. a. mit dem Stadtwappen geschmückte Portal schuf Nicol Gromann im Jahr 1545.

Schlossmuseum

Während das Äußere des Stadtschlosses weitgehend dem Barock ver-
schrieben ist, präsentiert sich das Innere klassizistisch. Die Falkengalerie, das Treppenhaus und der Festsaal (Weißer Saal), von Gentz
konzipiert, gehören zu den **bedeutendsten Raumschöpfungen des
deutschen Klassizismus**.

Die Falkengalerie liegt im ersten Obergeschoss. Der 1800 bis 1803 **Falkengalerie
und Festsaal**
nach Entwürfen von Heinrich Gentz erbaute längliche Saal mit kas-
settiertem Tonnengewölbe diente als Versammlungsort des 1732 von
Herzog Ernst August ins Leben gerufenen »Ordens zum weißen Falken«, dessen Mitglieder aufgrund ihrer Verdienste auf kulturellem
Gebiet berufen wurden. Das Ordenstier ziert die großen roten Felder
der Längswände, in denen die Kerzenhalter verankert sind. In der
Falkengalerie finden heute Konzerte und Festveranstaltungen statt.
Kaum weniger repräsentativ gibt sich der Festsaal oder Weiße Saal,
ein großer Raum mit Stuckaturschmuck an der Decke und umlau-
fenden ionischen Säulen. Im angrenzenden **Spiegelsaal** beeindruck-
en der intarsienverzierte Boden und auch der weite Blick auf die
Ilm, der sich von den Fenstern bietet.

Rund siebzig wunderschön gestaltete Räume des Residenzschlosses präsentieren einzigartige Kunstschätze aus sechs Jahrhunderten.

Dichterzimmer Die berühmten »Dichterzimmer« im ersten Obergeschoss im West-flügel wurden auf Veranlassung der Großherzogin Maria Pawlowna ab 1836 zum Gedenken an das »Weimarer Viergestirn« eingerichtet und allesamt mit Fresken im pompejanischen Stil ausgemalt. So zeigt der erste, **Schiller** gewidmete Raum u. a. Szenen aus seinen Dramen »Don Carlos« und »Wallenstein«. Auch im zweiten Raum, geschaffen nach einem Entwurf von Karl Friedrich Schinkel und an **Goethe** er-innernd, sieht man dramatische Szenen, u. a. aus »Faust I« und »Faust II«. Auch im Raum für Christoph Martin **Wieland**, ausgestat-tet mit einer nach einem Original von Johann Gottfried Schadow ge-fertigten Büste des Dichters, und im **Herder** gewidmeten Raum be-ziehen sich die Darstellungen thematisch auf die jeweiligen Werke. Im **Audienzsaal** neben den Dichterzimmern hängt das Bild »Einzug der Maria Pawlowna in Weimar 1804«, ein Ölgemälde von Friedrich Preller d. Ä.

★ ★
Gemälde-
sammlung

Erdgeschoss:
Ikonensammlung ▶

Nach der Abdankung des letzten Großherzogs von Sachsen-Weimar-Eisenach sind die herzoglichen Kunstsammlungen ab 1922 in öffent-lichen Besitz überführt worden. Die Gemälde werden – seit 2003 von der »Klassik Stiftung Weimar« – im Schloss präsentiert.
Die Ikonensammlung gelangte erst nach dem Zweiten Weltkrieg – als Vermächtnis des Weimarer Sammlers Georg Haar – in den Besitz des Schlossmuseums. Vertreten sind überwiegend Werke aus der Moskauer und Nowgoroder Schule mit Themen wie »Geburt Christi«, »Der heilige Lukas malt das Bild der Gottesmutter« und »Der

Prophet Elias in der Grotte«. Eine nähere Betrachtung verdient die Ikone **»Die heiligen Sieben Schläfer von Ephesos«**: Das Bild geht auf die Legende der heiligen Sieben Schläfer zurück, die von sieben jungen Christen berichtet, die während der Christenverfolgung im Römischen Reich im 3. Jh. n. Chr. in einer Höhle Schutz suchten und darin eingemauert wurden. Fast 200 Jahre später sollen sie lebend wiedergefunden worden sein.

Die bedeutendste Abteilung der Sammlung stellt deutsche Malerei des 16. Jh.s und hier insbesondere wieder die **über 30 Werke von Lucas Cranach d. Ä. und seinem Sohn Lucas Cranach d. J.** aus. Thematisch überwiegen Porträts und Darstellungen biblischer Szenen. So finden sich von Cranach d. Ä. das berühmte **»Bildnis Martin Luthers als Junker Jörg«**, um 1521 / 1522 entstanden, sowie das Doppelporträt des Johann Friedrich von Sachsen und der Sibylle von Cleve als Brautleute (1526). In diesem Raum steht auch eine astronomische Uhr von 1706. Von **Albrecht Dürer** stammen die Porträts des Nürnberger Patriziers Hans Tucher und dessen Frau Felicitas (1499), die als Zeichen ihrer ehelichen Verbundenheit einen Ring bzw. eine Nelke in der Hand halten. **Hans Baldung, gen. Grien** war einige Jahre bei Albrecht Dürer als Geselle tätig. Von ihm stammt das Tafelbild »Der Opfertod des Marcus Curtius« (1530), das eine römische Volkssage aus dem 4. Jh. v. Chr. wiedergibt.

Das **Christusbild des italienischen Malers Jacopo de' Barbari**, der mit Dürer und Lucas Cranach d. Ä. zusammenarbeitete, hat eine besondere Geschichte: Großherzogin Maria Pawlowna erhielt es 1838 geschenkt. Im Zweiten Weltkrieg war es nach Schloss Schwarzburg ausgelagert worden, von wo es 1945 US-Soldaten entwendeten. Es tauchte erst 1999 in den USA wieder auf und konnte nach Weimar zurückgebracht werden.

Im ersten Obergeschoss ist die umfangreiche Sammlung niederländischer Malerei des 16. bis 18. Jh.s ausgestellt. Ein Sujet aus der Geschichte – den Unabhängigkeitskrieg der Niederlande – griff **Hendrik de Meyer** in seinem Gemälde »Die Ausschiffung des Prinzen Friedrich Heinrich von Oranien vor Dordrecht im Sommer 1646« (um 1663) auf und orientierte sich dabei an Simon de Vlieger, der das beliebte Motiv erstmals zum Thema eines Marinestücks machte (1649; Kunsthistorisches Museum Wien). Emanuel de Witte widmete sich besonders Kircheninterieurs (»Inneres einer protestantischen Kirche«, 1687). Parallel dazu entstanden Genrebilder und Stillleben – etwa »Angreifender Hund, Graugans und Pfau« von David de Coninck, »Stillleben mit Silberkanne und Pastete« von Willem Claesz Heda (1645) und »Stillleben mit Blumenstrauß und Früchten« von Jan van Huysum. Anna Dorothea Therbuschs »Selbstbildnis« (um 1764 / 1765) zeigt ein Altersporträt der Künstlerin, bei dem die Wirkung besonders durch die Lichtführung erzielt wird.

Das erste Obergeschoss präsentiert auch in der Zeit Goethes entstandene Gemälde. Die Skala reicht von Johann Friedrich August Tischbein (»Bildnis Lady Louisa Hervey mit Taube im Arm«, 1778),

◄ Erdgeschoss: Deutsche Malerei des 16. Jh.s

◄ Erstes Obergeschoss: Niederländische Malerei

◄ Deutsche Malerei der Goethezeit

»Julia, die Gemahlin des Pompejus, erfährt den vermeintlichen Tod ihres Gatten«: das Hauptwerk von Angelika Kauffmann aus dem Jahr 1785

Philipp Otto Runge (»Die kleine Perthes«, 1805), Georg Friedrich Kersting (»Die Stickerin«, 1811), Caspar David Friedrich (»Böhmische Landschaft mit See«, 1810), Johann Christian Clausen Dahl (»Wasserfall / Norwegische Landschaft«, 1832), Ernst Friedrich Oehme (»Blick auf den Golf von Neapel«, 1836) und Wilhelm von Kobell (»Drei Jäger zu Pferde«, 1822) bis – über die Goethezeit hinausweisend – zu Moritz von Schwind, der mit »Der Handschuh der heiligen Elisabeth« (1856) ein Motiv aus dem Thüringer Sagenkreis aufgreift. Nicht zu vergessen: **Angelika Kauffmann** (1741 – 1807) mit ihrem 1785 geschaffenen Hauptwerk sowie »Cornelia, Mutter der Gracchen« (1785).

Zweites Obergeschoss: Weimarer Malerschule und Galerie der Jahrhundertwende ▶

Bevor die Weimarer Kunstschule 1860 als »Großherzoglich-Sächsische Kunstschule« gegründet wurde, konnte man im 19. Jh. an der Freien Zeichenschule in Weimar Unterricht nehmen. Zu ihren Schülern gehörten u. a. Friedrich Wilhelm Martersteig und Friedrich Preller d. Ä. (»Felsen in der Brandung«, 1846). Die Kunstschule, an der für wenige Jahre auch Franz Lenbach und Arnold Böcklin unterrichteten, brachte als wichtigste Stilrichtung die sog. Weimarer Malerschule hervor, die den Weg bereitete für die Landschaftsmalerei vor der freien Natur. **Max Liebermann**, der 1868 für einige Jahre nach Weimar ging, schuf Szenen aus dem bäuerlichen Leben, u. a. die »Kartoffelsammlerin«, die sich an dem Bild »Die Ährenleserinnen« des Franzosen Jean-François Millet orientiert. Von Theodor Hagen, Lehrer für Landschaftsmalerei an der Kunstschule Weimar und von 1876 bis 1881 deren Direktor, stammt »An der Windmühle bei Wei-

mar« (1890), in dem sich die gewandelte Auffassung von Kunst wi-
derspiegelt; es ist mit leichter Hand ausgeführt, die Farben wirken
durchscheinend. Beachtenswert sind die rund 20 Arbeiten von **Christian Rohlfs** (1849 – 1938), der sich später der impressionistischen
Malerei zuwandte, darunter »Schneidemühle an der Ilm bei Ehringsdorf« (1883), »Die gedeckte Ilmbrücke in Buchfart bei Weimar«
(1889) und »Belvederer Allee im Hochsommer« (1898), dessen Reiz
Lichtgebung und farbliche Nuancen ausmachen. Ebenfalls Schüler in
Weimar war Max Beckmann, der mit dem Frühwerk »Junge Männer
am Meer« (1905) vertreten ist. 1905 erwarb Galeriedirektor Harry
Graf Kessler »Die Kathedrale von Rouen« von **Claude Monet**.

✹ ✹ Schloss und Park Tiefurt

E 12

Lage: 3 km östlich vom Zentrum   **Internet:** www.klassik-stiftung.de
Bus: Linien 3, 9

**Von den drei Schlössern, die zu den klassischen Stätten Weimars
gezählt werden – Ettersburg, Tiefurt und Belvedere –, vermittelt
das Tiefurter Schloss wohl den lebendigsten Eindruck der geselligen und kulturellen Atmosphäre der Weimarer Klassik. Besonders
Goethe fühlte sich mit Tiefurt stark verbunden.**

In einem Bogen der Ilm liegt das heute zu Weimar eingemeindete   **Ländlicher**
Dorf Tiefurt, einst umgeben von den Ländereien des herzoglichen   **Musenhof**
Kammerguts. Aus dessen Pächterhaus ist Schloss Tiefurt hervor-
gegangen. Nach dem Weimarer Schlossbrand von 1774 bezog Prinz
Friedrich Ferdinand Constantin (1758 – 1793) das Haus, das 1776 zu
einem Schlösschen umgebaut wurde, dabei aber sein einfaches Äuße-
res behielt. Herzogin Anna Amalia wählte es 1781 zu ihrem Sommersitz und ließ die Räume unter Federführung von Adam Friedrich
Oeser, Goethes ehemaligem Zeichenlehrer, umgestalten.
In den Achtzigerjahren des 18. Jh.s entfaltete die Hofgesellschaft um
Anna Amalia ein reges gesellschaftliches Leben in Tiefurt. Vor allem
die Aufführungen des Weimarer Liebhabertheaters, darunter die Premiere von Goethes Singspiel »Die Fischerin« (1782), gehörten zu
den besonders beliebten Ereignissen. Neben Goethe, Herder und
Schiller war vor allem Christoph Martin Wieland hier häufig zu
Gast. Als literarisches Organ schuf sich der Kreis um Anna Amalia
das **»Journal von Tiefurt«** nach dem Vorbild des »Journal de Paris«.
Im Tiefurter Journal veröffentlichte Goethe erstmals die später bekannten Verse »Edel sei der Mensch, / Hülfreich und gut! / Denn das
allein / Unterscheidet ihn / Von allen Wesen, / Die wir kennen«.
1806 wurde das Schloss von napoleonischen Truppen geplündert,
1813 veranlasste Herzog Carl August die Gründung eines ökonomi-
schen Instituts zur Ausbildung von Landwirten. In den Zwanziger-

Nicht weit vom Parkeingang steht der von üppig blühenden Blumenrabatten umrahmte »Teesalon«.

jahren des 19. Jh.s richtete sein Sohn Carl Friedrich Tiefurt wieder als Landschlösschen her und verwandelte es mit über 3000 Sammlungsgegenständen in ein Raritätenkabinett. 1907 wurde das Tiefurter Schloss in ein Museum umgewandelt und von 1978 bis 1981 umfassend renoviert. Nach erneuter Renovierung ist es im Frühjahr 2007 wiedereröffnet worden.

Schloss Tiefurt

Öffnungszeiten:
April – Okt.
Mi. – Mo.
10.00 – 18.00

Goethezimmer ▶

Die vier Haupträume sind die annähernd authentische Rekonstruktion des Zustands zu Anna Amalias Zeit und repräsentativ für den Geschmack und die Wohnwelt des Adels im ausgehenden 18. Jh.; die übrigen Räume entsprechen stilistisch der Zeit von Großherzog Carl Friedrich und Maria Pawlowna.

Das ursprüngliche Gästezimmer wurde zu Ehren des häufig hier weilenden Goethe in ein »Goethezimmer« umgewandelt. Beherrscht wird der Raum von einer Büste des jungen Goethe von Martin Gottlieb Klauer (1778 / 1779). Rechts neben der Tür hängt über einer Sitzgruppe **eines der bekanntesten Goethe-Porträts**, der Kupferstich von Johann Heinrich Lips aus dem Jahr 1791. Drei Aquarelle von Georg Melchior Kraus zeigen Szenen aus dem Weimarer Theaterleben, darunter die Uraufführung von Goethes Singspiel »Die Fischerin« auf dem Tiefurter »Wald- und Wassertheater«. Über dem Sekretär hängt das Selbstporträt der Schauspielerin Corona Schröter (um 1780), deren Name mit der Geschichte des Weimarer Theaters eng verbunden ist. Einen Höhepunkt ihrer Laufbahn erreichte sie als erste Darstellerin von Goethes »Iphigenie auf Tauris« 1779.

Blick in den weitläufigen Landschaftspark von Herzogin Anna Amalias Sommersitz und »Musenhof«

Im Obergeschoss wohnte Herzogin Anna Amalia. Im größten Raum, dem mit einfachen Holzdielen ausgelegten Speisezimmer, versammelten sich am großen runden Esstisch Angehörige des Hofes und prominente Besucher aus Weimar, außer dem »Viergestirn« Herder (oft mit Frau Karoline), Wieland, Goethe, Schiller u. a. auch der Komponist und Kammerherr Siegmund Freiherr von Seckendorff, der Goethes Gedichte »An den Mond« und »Der Fischer« vertonte, oder der mit seinen Töchtern in Weimar lebende Engländer Charles Gore. Sie speisten umgeben von wertvollem Porzellan, darunter echtes Chinaporzellan aus dem 18. Jh. und verzierte Deckelvasen aus der Manufaktur Fürstenberg. Ein sehr schönes Stück ist auch der Serviertisch mit Lackmalerei (um 1800).

Im Musikzimmer, dessen Wandgestaltung – Aufteilung in gerahmte Felder mit einem Sockel – weitgehend dem originalen Zustand um 1785 entspricht, sind Musikinstrumente zu sehen, etwa ein Hammerklavier im Louis-Seize-Stil und eine sechssaitige Gitarre aus der Zeit um 1800. Die Wände schmücken u. a. Porträts der Familie Anna Amalias, darunter das ihres Gemahls Herzog Ernst August Constantin (1737–1758) und auf einem Relief das ihres jüngeren Sohnes, Prinz Constantin. An der Wand gegenüber ist Anna Amalia auf einem Ölgemälde eindrucksvoll dargestellt.

Das Prunkstück des Schlafzimmers ist ein Sekretär aus Mahagoniholz, über dem ein Schabkunstblatt hängt mit einem Porträt des Onkels Anna Amalias, des preußischen Königs Friedrich II. mit seinen Hunden. Zeitgenössische Bilder erinnern an Anna Amalias Aufenthalte in Rom, Neapel und Pompeji.

Wohnbereich Anna Amalias
◄ Speisezimmer

◄ Musikzimmer

◄ Schlafzimmer

Göchhausen-zimmer

Vom Schlafzimmer gelangt man in einen Vorraum und von dort zu einem schmalen Gang, der zum sogenannten Göchhausenzimmer führt. Luise von Göchhausen (1752–1807), Hofdame Herzogin Anna Amalias, war eine bekannte Figur im Weimar des 18. Jh.s und tat sich als Mitglied des Tiefurter Kreises und der Tafelrunde hervor. Ihr ist letztlich die Überlieferung von Goethes »Urfaust« zu verdanken, der nur in ihrer Abschrift erhalten ist. Während der Tiefurter Aufenthalte bewohnte sie dieses über der Küche liegende Zimmer, das außer mit Bildern und Porzellanfiguren auch mit einem Mahagoniflügel und einen Spieltischchen ausgestattet ist, für das besonders Wieland eine Vorliebe hatte. Klauer hat die Gesichtszüge der Luise von Göchhausen, die im Kassengewölbe des Jakobsfriedhofs (▶ Jakobskirche) beigesetzt ist, in einer Büste (1782) festgehalten.

Mansarde

Vom Flur führt eine Treppe hinauf zum Mansardengeschoss, u. a. mit Bücherzimmer, Porzellankabinett und Fächerzimmer, in dem Anna Amalias Fächersammlung aufbewahrt wird.

Küche

Die Schlossküche im Erdgeschoss ist nicht nur mit alten Küchengeräten aus Holz, Kupfer und Zinn ausgerüstet, dazu Porzellan mit Zwiebel- und Blumenmuster aus Thüringen, sondern auch mit der Zeit nachempfundenen Speisearrangements.

Schlosspark

Linkes Ufer der Ilm

Folgt man vom Eingang des ganzjährig zugänglichen Parks dem Weg nach rechts, kommt man zum **Teesalon**, einem Fachwerkbau mit Ziegelausmauerung. In einiger Entfernung rechts Richtung Ilm steht auf einer Wiese **das erste Mozartdenkmal auf deutschem Boden**, 1799 von Martin Gottlieb Klauer geschaffen: ein Gedenkstein mit der Inschrift »Mozart und den Musen«, von einer Lyra bekrönt, an die sich die Masken der komischen und der tragischen Muse anlehnen. Vom Teehaus geradeaus weitergehend kommt man zum 1804 aus Felsblöcken errichteten Denkmal für Johann Gottfried Herder und von dort einige Meter weiter zu einer platzartigen Erweiterung am Ilmufer: Hier befand sich **das »Wald- und Wassertheater«** von Tiefurt. Von der alten Bootsanlegestelle aus erkennt man am gegenüberliegenden Ufer das **Constantin-Denkmal** in Form eines römischen Sarkophags, das Anna Amalia 1795 ihrem »zweiten und letzten, zu früh abgeschiedenen Sohn« errichten ließ; er kam 1793 im Koalitionskrieg gegen Frankreich ums Leben.

Am Ufer entlang flussaufwärts kommt man zum Musentempel, einem offenen Säulenbau auf sechseckigem Grundriss, unter dessen leicht geschwungenem Dach die Statue der Polyhymnia steht, der Muse des Gesangs.

Rechtes Ufer der Ilm

Jenseits der Ilm nach rechts erreicht man bald »Wielands Lieblingsplatz«, markiert durch eine Wieland-Büste, deren Postament Verse

Schlosspark Tiefurt *Orientierung*

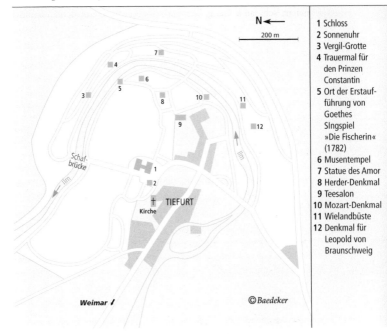

N ◄—

200 m

1 Schloss
2 Sonnenuhr
3 Vergil-Grotte
4 Trauermal für den Prinzen Constantin
5 Ort der Erstaufführung von Goethes Slngspiel »Die Fischerin« (1782)
6 Musentempel
7 Statue des Amor
8 Herder-Denkmal
9 Teesalon
10 Mozart-Denkmal
11 Wielandbüste
12 Denkmal für Leopold von Braunschweig

Schafbrücke

† TIEFURT
Kirche

Weimar ✔

© *Baedeker*

von Goethe zieren. Ein Stückchen weiter steht das **Leopold-Denkmal**, gewidmet Herzog Leopold von Braunschweig, dem Bruder Anna Amalias, der 1785 in der Oder ertrank. Auf einem der vielen Wege, die am Hang entlangführen, kann man nun zur Vergils-Grotte gehen und dann über die Schafbrücke zum Schloss zurückkehren, wo der Rundgang an der Sonnenuhr endet.

Wanderung durch das Webicht nach Weimar

Für die Rückkehr nach Weimar bietet sich als Alternative zur Busfahrt eine Wanderung durch das Webicht an, ein Waldgebiet nordöstlich der Stadt mit Steilabfall zur Ilm. Am Hang gibt es mehrere Quellaustritte, die eine starke Durchfeuchtung des Waldbodens zur Folge haben und den im 14. Jahrhundert entstandenen Namen »Webit« oder »Wepet« erklärt, was so viel wie »Morast« bedeutet. Hier gedeihen Eichen, Hainbuchen, Eschen, Ahorn und Ulmen, Gold- und Taubnesseln, Haselwurz und Lungenkraut, Buschwindröschen und Schlüsselblume.

Die Künstler der »Weimarer Malerschule«, die sich besonders der Landschaftsdarstellung widmeten, fanden hier eine Vielzahl interessanter Motive.

✶ WeimarHaus

B 15

Lage: Schillerstr. 16   **Internet:** www.weimarhaus.de

Als Erlebnismuseum präsentiert sich seit 1999 das WeimarHaus in der Schillerstraße. Hier wird die Geschichte und der Mythos Weimar zu einem Erlebnis für alle Sinne.

Öffnungszeiten:
April – Sept.
tgl. 10.00 – 19.00,
Okt. – März
tgl. bis 18.00

Auf einer Zeitreise durch fünf Jahrtausende lernt der Besucher die Geschichte Thüringens und der »Stadt der deutschen Klassik« auf einer Ausstellungsfläche von über 1000 m² mit Hilfe von traditionellen Theater- und Bühnentechniken sowie modernen Unterhaltungstechniken, animierten Kulissen, Special Effects, Wachsfiguren und Multimedia-Präsentationen kennen. Beginnend bei der ersten Besiedelung der magischen Sümpfe, der »Wihemara«, wird der Besucher durch die verschiedenen Epochen Weimars geführt. Auf die wilden, plündernden Franken folgt das Mittelalter mit Pest und Hexenverbrennung. Oft machte auch Luther auf seinen Reisen in Weimar Station. Schließlich kommt man in die Zeit der Großherzogin Anna Amalia, die die Geistesgrößen ihrer Zeit nach Weimar zog und damit die Saat legte für das, was die Stadt so besonders machte und noch immer macht. Der halbstündige Gang durch 5000 Jahre Weimar ist ein spannender, witziger und **unterhaltsamer Geschichtsunterricht**.

Zum Geschichtsspektakel? Da lang!

Weimarhalle

A 15

Lage: UNESCO-Platz 1   **Internet:** www.weimarhalle.de

Die Konzerte der renommierten »Staatskapelle Weimar«, die dem Deutschen Nationaltheater angegliedert ist, genießt man heute im größten Saalbau der Stadt.

congress
centrum neue
weimarhalle

Die Weimarhalle liegt westlich der Karl-Liebknecht-Straße zurückgesetzt an einem bereits im 15. Jh. angelegten, heute nach der Stadthalle benannten Park. 1924 erwarb die Stadt das Parkgelände, doch erst für die Gedenkfeier zu Goethes 100. Todestag wurde der Bau realisiert und konnte am 12. März 1932 eingeweiht werden. Von 1945 bis zum Wiederaufbau seines zerstörten Hauses im Jahr 1948 diente die Weimarhalle als Spielstätte das Deutschen Nationaltheaters; von 1952 bis 1964 wurde der Bau als »Haus der sowjetischen Offiziere« von der Roten Armee genutzt.

Im Jahr 1997 wurde das Gebäude abgerissen und durch einen modernen Neubau ersetzt, der als Kongresszentrum, für kleinere Messen und für Ausstellungen dient und bis zu 1200 Besuchern Platz bietet. Seit dem Jahr 2000 ist das jetzt »congress centrum neue weimarhalle« genannte Gebäude auch Konzertsaal und Spielstätte der **Staatskapelle Weimar** (►S. 124).

Der »Park hinter der Weimarhalle« erstreckt sich auf einem Gelände, das – im 15. Jh. als »Baumgarten« erwähnt – mehrere Jahrhunderte lang im Besitz der herzoglichen Familie war, bis es im Jahr 1777 an Friedrich Justin Bertuch (► Berühmte Persönlichkeiten) verkauft wurde; die Grabstätte der Familie Bertuch liegt am südwestlichen Parkende.

◄ Weimarhallenpark

Windischenstraße

B 15

Lage: westlich des Markts

Die bereits im 14. Jh. angelegte Straße führt vom Markt in westlicher Richtung am Rathaus vorbei und weist eine besondere Dichte an Gebäuden auf, die einst von bedeutenden historischen Persönlichkeiten bewohnt waren.

Im Haus Nr. 8 wohnte von 1799 bis 1802 **Friedrich Schiller** mit seiner Familie. Einige Jahre zuvor hatte **Charlotte von Kalb** (1761 bis 1843), eine frühere Freundin Schillers, zusammen mit ihrem Mann, einem Offizier in pfalz-zweibrückischen Diensten, eine Wohnung in dem Haus gemietet. Jean Paul (1763 – 1825), den sie 1796 kennenlernte, setzte ihr in seinem 1800 / 1803 veröffentlichten Roman »Titan« in der Figur der Linda ein literarisches Denkmal.

In Haus Nr. 12 lag die Wohnung von **Friedrich Adam von Müller** (1779 – 1849), seit 1815 Kanzler des Herzogtums Weimar. 1806 hatte er durch Verhandlungen mit Kaiser Napoleon I. verhindert, dass das Herzogtum Sachsen-Weimar an Frankreich fiel, wurde daraufhin geadelt und stand in hohem Ansehen. Müller war mit Johann Wolfgang von Goethe befreundet und erwies sich nach dessen Tod – Goethe hatte ihn zu seinem Testamentsvollstrecker bestimmt – als umsichtiger Nachlassverwalter.

Das Eckhaus gegenüber, Nr. 15, wurde zu Goethes Zeit von der Malerin **Julie von Egloffstein** (1792 – 1869) und ihrer Schwester Caroline (1789 – 1868), einer Hofdame der Großherzogin Maria Pawlowna, bewohnt.

In der Windischengasse Nr. 17 lag die Wohnung von **Georg Neu-mark** (1621 – 1681). Heute so gut wie vergessen, war er zu Lebzeiten ein berühmter Dichter. Er verfasste geistliche Lieder, unterhielt freundschaftliche Beziehungen zum Königsberger Dichterkreis um Simon Dach (1605 bis 1659) und trat mit seiner 1668 veröffentlichten Schrift »Neusprossender Teutscher Palmenbaum« als Chronist der 1617 in Weimar gegründeten **»Fruchtbringenden Gesellschaft«** hervor. Die »Fruchtbringende Gesellschaft«, die erste der sog. Sprachgesellschaften, widmete sich der Pflege der deutschen Sprache und Literatur und bemühte sich u. a. um eine Normierung der deutschen Orthografie.

Ein Schlussstein am Haus Nr. 25 erinnert an den jüdischen Bankier **Julius Elkan**, der in seinem Haus eine Privatsynagoge einrichten ließ. Das Gedenken an die Weimarer jüdische Gemeinde hält auch der jüdische Friedhof an der Leibnizallee wach. Er diente seit 1774 als Begräbnisplatz und wurde 1983 von der jüdischen Landesgemeinde Thüringen und der Stadt Weimar als Gedenkstätte gestaltet: Alte Grabsteine wurden wieder aufgestellt und ein Gedenkstein für die jüdischen Opfer der Nationalsozialisten errichtet.

✴ Wittumspalais

B 15

Lage: Theaterplatz   **Internet:** www.klassik-stiftung.de

Der Witwensitz der Herzogin Anna Amalia bildete zu ihren Lebzeiten ein Zentrum des gesellschaftichen und literarischen Lebens in Weimar und vermittelt ein genaues Bild adeliger Wohnkultur im ausgehenden 18. Jahrhundert.

🕐
Öffnungszeiten:
April – Okt. Di. – So.
10.00 – 18.00,
Nov. – März.
Di. – So.
10.00 – 16.00;
Führungen:
So. 11.00

Das Wittumspalais steht am südlichen Rand des Theaterplatzes, nahe der Schillerstraße. Das Gebäude wurde 1767 bis 1769 von dem Baumeister Johann Gottfried Schlegel für den Weimarer Minister Jakob Friedrich von Fritsch errichtet. Es steht auf dem Gelände eines Franziskanerklosters aus dem 15. Jh., das nach der Reformation aufgehoben wurde. In die Gesamtanlage wurden ältere Bauteile wie das Torgebäude aus dem 16. Jh. einbezogen. Als 1774 ein Brand das Stadtschloss zerstört hatte, stellte der Minister das Palais der Herzogin als Wohnung zur Verfügung. Seit 1775, dem Jahr, in dem Anna Amalia die Regierungsgeschäfte an ihren Sohn Carl August übergab, war es ihr Witwensitz; daher der Name »Wittumspalais«.

Ausstattung Das nach verschiedenen Umbauten gemäß den Ideen und Entwürfen von dem Leipziger Maler Adam Friedrich Oeser (1717 – 1799), Johann Heinrich Meyer und Goethe ausgestattete barocke Stadtpalais vermittelt ein genaues Bild adeliger Wohnkultur im ausgehenden 18. Jahrhundert. Im ersten Stock liegen die herzoglichen Wohn-

Auch Goethe (3. v. li.) und Herder (re.) stellten ihre neuen Ideen und Schriften in Anna Amalias »Tafelrunde« vor (Aquarell von G. M. Kraus, 1795).

räume: das sog. Tafelrunden-Zimmer, zwei Empfangszimmer, das Schlaf- und das Schreibzimmer, das Wohnzimmer, der sog. Grüne Salon, sowie das Mal- und das Musikzimmer.

Im Tafelrunden-Zimmer im ersten Stock traf sich wöchentlich die ◄ Tafelrunden-
»Tafelrunde« der Herzogin Anna Amalia, ein Kreis von Adligen, Zimmer
Hofleuten, Künstlern und Schriftstellern, zu Gesprächen über bildende Kunst, Literatur, Musik und Politik. Georg Melchior Kraus, der selbst Mitglied der Tafelrunde war, hat auf einem um 1795 entstandenen Aquarell die ungezwungene Atmosphäre der Treffen festgehalten (►Abb. oben). Zu der Tafelrunde gehörten neben Goethe, Herder, Schiller und Wieland u. a. Friedrich Justin Bertuch, Johann Heinrich Meyer, Johann Carl August Musäus und Charlotte von Stein. In den Sommermonaten traf sich die Tafelrunde zunächst in Schloss ►Ettersburg, später in ►Tiefurt.

Von 1791 bis 1796 tagte im Wittumspalais auch die von Goethe gegründete **»Freitagsgesellschaft«**, die sich hauptsächlich mit naturwissenschaftlichen Themen befasste.

Im zweiten Stock liegen die Repräsentationsräume: der Festsaal, der ◄ Festsaal
für Feiern, Konzerte und Theateraufführungen genutzt wurde, und der Blaue Salon mit einem Ölbild von Carl August. Der Festsaal mit seinen mit Stucco-lustro – glänzendem Stuck – geschmückten Wänden wurde 1804 von Johann Heinrich Meyer gestaltet. Die Deckengemälde des Spiegelgewölbes stammen von Adam Friedrich Oeser. Nach dem Tod der Herzogin diente das Palais als Versammlungsort der Freimaurerloge »Anna Amalia zu den drei Rosen«, als Tagungsstätte des Thüringer Landtags und als »Lesemuseum«. 1875 wurde das Palais der Öffentlichkeit zugänglich gemacht.

VERZEICHNIS DER KARTEN & GRAFISCHEN DARSTELLUNGEN

BILDNACHWEIS

---

i | atmosfair

nachdenken · klimabewusst reisen

atmosfair

Reisen bereichert und verbindet Menschen und Kulturen. Jedoch wer reist, erzeugt auch CO_2. Dabei trägt der Flugverkehr mit bis zu 10% zur globalen Erwärmung bei. Wer das Klima schützen will, sollte sich somit nach Möglichkeit für die schonendere Reiseform entscheiden (wie z. B. die Bahn). Wenn keine Alternative zum Fliegen besteht, kann man mit atmosfair handeln und klimafördernde Projekte unterstützen.
atmosfair ist eine gemeinnützige Klimaschutzorganisation unter der Schirmherrschaft von Klaus Töpfer. Die Idee: Flugpassagiere spenden einen kilometerabhängigen Beitrag für die von ihnen verursachten

Emissionen und finanzieren damit Projekte in Entwicklungsländern, die dort den Ausstoß von Klimagasen verringern helfen. Dazu berechnet man mit dem Emissionsrechner auf **www.atmosfair.de** wieviel CO_2 der Flug produziert und was es kostet, eine vergleichbare Menge Klimagase einzusparen (z.B. Berlin – London – Berlin 13 Euro). atmosfair garantiert die sorgfältige Verwendung Ihres Beitrags. Auch der Karl Baedeker Verlag fliegt mit *atmosfair*. Unterstützen auch Sie unser Klima. Alle Informationen dazu auf www.atmosfair.de.

IMPRESSUM

Ausstattung:
114 Abbildungen, 17 Karten und grafische Darstellungen, ein großer Cityplan
Text:
Isolde Bacher, Gisela Bockamp, Dr. Helge Bathelt, Wieland Höhne, Friedrich von Klinggräff, Dieter Luippold, Hans-Joachim Volkert, Jens Wassermann, Katja Weber
Bearbeitung:
Baedeker Redaktion
(Dieter Luippold)
Kartografie:
Franz Huber, München;
Falk Verlag, Ostfildern (Cityplan)
3D-Illustrationen:
jangled nerves, Stuttgart
Gestalterisches Konzept:
independent Medien-Design, München
(Kathrin Schemel)

Chefredaktion:
Rainer Eisenschmid,
Baedeker Ostfildern

7. Auflage 2010

Urheberschaft:
Karl Baedeker Verlag, Ostfildern

Nutzungsrecht:
MAIRDUMONT GmbH & Co KG; Ostfildern
Der Name Baedeker ist als Warenzeichen geschützt. Alle Rechte im In- und Ausland sind vorbehalten. Jegliche – auch auszugsweise – Verwertung, Wiedergabe, Vervielfältigung, Übersetzung, Adaption, Mikroverfilmung, Einspeicherung oder Verarbeitung in EDV-Systemen ausnahmslos aller Teile des Werkes bedarf der ausdrücklichen Genehmigung durch den Verlag Karl Baedeker.

Anzeigenvermarktung:
MAIRDUMONT MEDIA
Tel. 0049 711 4502 333
Fax 0049 711 4502 1012
media@mairdumont.com
http://media.mairdumont.com

Printed in China
Gedruckt auf 100% chlorfrei gebleichtem Papier

BAEDEKER VERLAGSPROGRAMM

LIEBE LESERINNEN, LIEBE LESER,

ein herzliches Dankeschön, dass Sie sich für einen Baedeker Allianz Reiseführer entschieden haben. Er wird Sie zuverlässig auf Ihrer Reise begleiten und Sie nicht im Stich lassen.

Natürlich beschreibt er die wichtigen Sehenswürdigkeiten, aber er empfiehlt auch die nettesten Kneipen und Cafés, dazu Hotels für den großen und kleinen Geldbeutel, gibt Tipps für Restaurants, Shopping und für vieles mehr, was eine Reise zum Erlebnis macht. Dafür haben unsere Autoren und die Redaktion Sorge getragen. Sie sind für Sie regelmäßig nach Weimar gereist und haben all ihre Erfahrungen und Kenntnisse in diesen Reiseführer gepackt.

Trotzdem: Die Erfahrung zeigt, dass Fehler und Änderungen nach Drucklegung, für die der Verlag keine Haftung übernehmen kann, nicht ausgeschlossen werden können. Für Kritik, Berichtigungen und Verbesserungsvorschläge sind wir Ihnen außerordentlich dankbar. Schreiben Sie uns, mailen Sie uns oder rufen Sie an:

▶ **Verlag Karl Baedeker GmbH**
Redaktion
Postfach 3162
D-73751 Ostfildern
Tel. (0711) 4502-262, Fax -343
E-Mail: info@baedeker.com

Besuchen Sie uns auch im Internet unter www. baedeker.com. Hier finden Sie jeden Monat den aktuellen Reisetipp der Redaktion und das gesamte Verlagsprogramm. Hier können Sie auch lesen, wer Karl Baedeker war und wie er seinen ersten Reiseführer geschrieben hat. Mit seinen über 180 Jahren ist der Karl Baedeker Verlag der älteste Reiseführer-Verlag der Welt.

www.baedeker.com

⊙ ZU GEWINNEN: STADTREISE NACH LONDON

Unter allen Einsendungen verlost der Verlag am Jahresende – unter Ausschluss des Rechtswegs – eine Städtekurzreise für zwei Personen nach London.
Freuen Sie sich auf ein spannendes Wochenende in London. Natürlich ist ein Baedeker Allianz Reiseführer London auch dabei!